AF437917

UNA CITA EN EL PISO 32

TU EXPERIENCIA DE COACHING

GISELA GILGES

HOJAS DEL SUR

Buenos Aires

www.hojasdelsur.com

Una cita en el piso 32
Gisela Gilges

1a edición

Editorial Hojas del Sur S.A.
Albarellos 3016
Buenos Aires, C1419FSU, Argentina
e-mail: info@hojasdelsur.com
www.hojasdelsur.com

ISBN 978-987-8310-46-6

Dirección editorial: Andrés Mego
Edición: Paola Adler
Fotografía de la autora: Sebastián Dabusti
Diseño de portada e interior: Arte Hojas del Sur

Gilges, Gisela
   Una cita en el piso 32 : tu experiencia de coaching. - 1a ed. - Ciudad Autónoma de Buenos Aires : Hojas del Sur, 2020.
   304 p. ; 15 x 23 cm.
   ISBN 978-987-8310-46-6
   1. Coaching. 2. Desarrollo Personal. 3. Relaciones Interpersonales. I. Título.
   CDD 111

*Dedico este libro a quien dedico mi vida, a mi amor,
Mariano, que es magia, porque él hace alquimia con
la vida y, en especial, con cada uno de mis sueños.*

CONTENIDO

AGRADECIMIENTOS

Cuando era niña, mi mamá nos hacía transportar con la imaginación a juegos de roles que incluso hoy recuerdo con ilusión.
En uno de ellos yo tenía tres hijos que llamaba los F. Y parece que los deseé tanto, que se hicieron realidad; mis amados F son: Feli, Fini y Fran

Por eso, hoy los celebro juntos en este recuerdo:
A Felicitas, mi pequeña gigante;
a Delfina, mi sensible mujercita;
a Francisco, mi nene mimoso;
a Estefi y Flor, mis hermanas, compañeras de aventuras; y a mi mamá, mi ejemplo de vida.

INTRODUCCIÓN

Me encanta la idea de que tengamos una cita, porque una cita es un encuentro y la vida, justamente, consiste en el arte del encuentro.

Cuando nos encontramos con otro, ya sea un amigo, un amor, un desconocido, incluso cuando nos encontramos con nosotros mismos, crecemos interiormente porque en el proceso del encuentro nos redescubrimos, y entonces, nos transformamos.

Esa es la razón por la cual a los seres humanos desde pequeños nos encanta comunicarnos y lo hacemos a diario; porque cuando lo hacemos, evolucionamos.

También hay momentos en que preferimos no comunicarnos y nos alejamos, porque algunas veces nos cuesta mirarnos y lo evitamos.

Los otros son un reflejo, un reflejo de quienes somos, de quienes queremos ser; dicen mucho más de nosotros de lo que creemos.

Si alguna vez te peleaste con alguien y nunca comprendiste qué había pasado, si alguna vez te sentiste desilusionado, si alguna vez fuiste malinterpretado, si te lastimaron o aún si lastimaste a otra persona, si te diste cuenta tarde de lo que sentías y eso tuvo un costo emocional alto, si te perdiste; si alguna vez no te entendieron o no entendiste a alguien, si te sentiste completamente atraído por otra persona sin entender el porqué de su magnetismo o si, por el contrario, sentiste incomodidad junto a alguien; si alguna vez te pasó una o más de estas cosas, estamos en el momento justo para tener nuestra cita.

Lo divertido de este libro es que los aprendizajes van a ser a través de experiencias de coaching, a las que te voy a invitar a sumarte para, desde la práctica, "bajar a tu mente" toda la teoría. A estas experiencias las llamo Mag-In, y son herramientas que te van a servir para siempre.

Este libro me llevó muchos años de encuentros y desencuentros para hacerlo posible, porque reúne el lado visible, y también el lado oculto, de muchas historias de vida que nos atraviesan a todos y que, si nos detenemos a mirar, dicen más de las personas de lo que habitualmente creemos.

Muchas veces las personas se sorprenden cuando descubro tristeza en sus miradas, incertidumbre en sus posturas, enojo en su respiración, estrés en sus suspiros, duda en sus gestos, felicidad en sus ojos; y entonces parezco una hechicera a los ojos de quien no comprende que todos tenemos el potencial para saber leer las emociones del entorno y también las propias con muchísimas menos preguntas que las que habitualmente hacemos.

Es que todo habla de nosotros y de los otros: quienes nos rodean, a quiénes elegimos y a quiénes evitamos; lo que decimos y lo que no decimos; lo que hacemos y lo que no hacemos; lo que expresamos y cómo lo expresamos; lo que ignoramos, lo que miramos, lo que elegimos, lo que criticamos, y también lo que amamos.

Las personas solemos dedicar mucho tiempo a cuestiones superficiales, a vernos bonitos, el cabello arreglado, ropa que combine, looks nuevos, dedicamos tiempo a estar limpios, a poner orden en nuestra casa, el tiempo se va en cuestiones de imagen que, claro, contribuyen a nuestro bienestar, de una manera bastante indirecta.

Este libro es una invitación a hacer esas mismas cosas pero dentro nuestro, ordenarnos, embellecernos y limpiarnos para ser más bonitos y, en consecuencia, vernos más bonitos.

Solo hay un camino para hacerlo y es conociéndonos mejor, porque no podemos conocer a nadie si antes no nos conocemos a nosotros mismos y no podemos conocernos a nosotros si no le dedicamos tiempo.

Por eso este libro es una invitación a mirarnos al espejo, descubriendo en las historias de otros nuestras propias historias.

Muchas veces escucho críticas y entonces me sorprende la liviandad con la que la gente opina, sin darse cuenta de que una opinión está cargada de historia personal y entonces, al fin de cuentas, toda opinión es una confesión.

Mirarnos al espejo es difícil porque cuando lo hacemos (digo mirarnos, porque vernos es una cuestión del ojo, pero mirarnos es una cuestión bastante más profunda), tenemos que hacernos cargo y esta, sin duda, es la parte más difícil.

En general nos cuesta hacernos cargo porque implica modificar nuestra propia imagen y, entonces, *mortalizarnos*, o sea, hacernos más humanos, finitos en el tiempo.

Me pregunto: si no nos conocemos lo suficiente, ¿cuánto podemos conocer a los otros para creernos habilitados para juzgarlos? Y de igual forma: ¿cuánto podemos afligirnos por lo que los demás no nos conozcan, si quizás no se conocen siquiera a ellos mismos? Una vez me dijeron: "bastante difícil es cambiarse a uno mismo como para frustrarse por fallar en el intento por cambiar a los otros"; y desde entonces esta frase la he aplicado en muchas ocasiones, pues; ¿cuánto podemos pretender que nos ame alguien que no se ama aún a sí mismo? Por esta razón es que todo empieza por uno, porque nadie podrá dar lo que no tiene; nadie podrá ser lo que no siente, y nadie podrá estar donde no está.

Los deseos, las ganas, la intención... son todos conceptos hermosos, que son importantes, pero se quedan a mitad de camino cuando lo que importa es el resultado. Ya que ni con ganas ni con deseos se puede ser feliz; felizmente o tristemente hace falta algo más, y es el compromiso a hacer que las cosas sucedan.

A lo largo de los capítulos siguientes podrás entender sobre errores, círculos viciosos, posturas, expectativas, por qué hay relaciones que prosperan, por qué tendemos a repetir los mismos errores. Te invito a una lectura activa que te dotará de un conocimiento mucho más sólido de nosotros mismos y de las relaciones.

¿Por qué? Porque la única manera que tenemos de evolucionar y ser felices es mirándonos.

AMOR PROPIO ANTE TODO, ¿TE ANIMAS?

Te propongo lo siguiente:

Donde estés, mira a la persona que tengas más cerca, levántate y corre a decirle: "Eres un verdadero inútil, ¡bueno para nada!". Seguramente no te animes a hacerlo, o eso espero; ahora bien, si lo hicieras, ¿cómo te imaginas que sería la respuesta de esa persona cuando te acerques a decirle eso? Son tres las posibilidades:

1. Seguramente se enojaría y se pelearían.
2. Si es alguien con mayor templanza, te preguntaría: "¿Qué te sucede? ¿Por qué me estás diciendo algo tan feo?".
3. Si no, probablemente, alguien muy sensible o inseguro se pondría a llorar de inmediato.

Te pregunto, si no estás dispuesto a hacer esto con otras personas, ¿por qué razón lo harías contigo mismo? Muchas veces, tendemos a tener mayores cuidados con otras personas que con nosotros mismos, y este es un grave error en el que solemos caer porque así fuimos criados.

Si algo trabajo con mi familia es justamente a enseñarles cuánto valen, a no dejarse maltratar, a valorarse, a quererse; es el mejor regalo que puedo dejarles, porque si ellos saben lo que valen, todos lo sabrán tan solo con verlos.

Es un cambio difícil de hacer cuando estuvimos acostumbrados por años a no hacerlo, pero te puedo asegurar que es posible y maravilloso cuando lo logras. Todos los días, antes de dormir, proponte decir cinco cosas bonitas tuyas que se vieron reflejadas en el día, cualidades, acciones, cosas positivas. Quizás los primeros días no puedas decir cinco, o quizás sí. Con el ejercicio no solo cada vez te será más fácil, sino que cada vez habrá más, porque tu mente se irá a dormir con armonía, programándose también para el día siguiente.

El amor funciona igual que la mascarilla de oxígeno del avión: no podrás ayudar a nadie si no te ayudas primero. Amar a los otros es un lujo, amarse a sí mismo es un deber. Y, para amarse, es esencial conocerse, pues nadie puede amar a quien no conoce.

AUTOCONOCIMIENTO EMOCIONAL

Todos vimos películas que nos inspiran a través de ese protagonista que conquista sus sueños, que con su valentía vence tempestades, es un héroe, un ejemplo, un romántico, un alguien especial; pero la pregunta que quizá no nos hicimos es: ¿habríamos tenido valor para hacer todo eso que hizo aquel héroe?

El autoconocimiento se podría definir como un proceso introspectivo mediante el cual nos conocemos íntimamente, es la capacidad de reconocer un sentimiento en nosotros mismos, y constituye un factor esencial en la inteligencia emocional.

Nuestras emociones pueden proporcionarnos información valiosa sobre nosotros mismos, sobre otras personas y sobre determinadas situaciones que nos potencian y nos dotan de poder para hacer casi cualquier cosa.

Las personas, muchas veces, nos esforzamos por aprender de todo: estudiamos, nos formamos en nuestros trabajos, leemos libros, asimilamos de otras personas, pero no siempre aprendemos de nosotros mismos y ahí, justamente, residen muchos tomos de aprendizaje esencial.

Por norma general creemos conocernos, saber quién somos en realidad y creemos que otras personas no nos conocen realmente. También creemos tener clarísimo quiénes son los otros e inclusive cómo nos ven.

Si esto fuera así, no habría tantos malentendidos.

Dos errores muy comunes son los que llamo:

SER LA CHAPA y SER UN SUEÑO.

SER LA CHAPA: confundir lo que somos con lo que hacemos; entonces, cuando preguntamos a alguien quién es, nos contesta lo que hace, por ejemplo: "soy abogado". El trabajo no es lo que te define, es una parte de tu vida pero no te define. Este error lleva a muchas personas a hacer cosas que no desean, porque cambiar implicaría, para ellos, perder su esencia, o sea, lo que creen y dicen ser.

SER UN SUEÑO: algunas veces nos contamos el cuento; entonces nos inventamos una imagen de nosotros mismos con la cual soñamos pero que no somos, y el costo de este error es altísimo para nuestra personalidad y autoestima, porque corremos toda la vida por ser algo que jamás seremos, reprimiendo lo que en realidad somos. No conozco a ninguna persona que haya caído en este error y logre ser feliz, porque nadie puede ser feliz siendo otra persona.

Entonces, cuanto más nos conocemos, más posibilidades tenemos de ser felices, de llegar a donde queremos, de tener buenas relaciones, menos conflictos y de crecer.

Y claro, conocerse implica correr riesgos. El riesgo de encontrarnos con una imagen que quizás no nos guste del todo; que no cumpla las expectativas que teníamos o que quizás otros tenían sobre nosotros. Sin embargo, te cuento un secreto: no mirarnos no implica no saberlo, es imposible esconder a nuestro registro la verdad de quiénes somos, por la simple razón de que ambos habitan en el mismo cuerpo.

Aprender a conocerse es para valientes; al igual que la felicidad. Espero que seas uno de ellos, y si no, ya tendremos varias páginas para convertirte.

QUIÉNES SOMOS

De todos los conocimientos posibles,
el más sabio y útil es conocerse a sí mismo.
William Shakespeare

Somos resultado de todo lo que vivimos (nuestra historia), de todo lo que soñamos (futuro) y también de nuestras emociones, pensamientos y relaciones (presente). Pero también somos el resultado de las personas que pasan por nuestra vida, porque todos dejan huella. Sin importar si estas vivencias son buenas o malas, todas nos conforman.

Por esta razón, podemos decir que el autoconocimiento está relacionado con todo lo que nos concierne, ya sea tangible o intangible, concreto o abstracto, existente o imaginado.

¿Por qué es tan importante el autoconocimiento? Porque una persona que es consciente de lo que siente, de lo que quiere y de quién es, puede enfrentarse a las situaciones con más control y esto no solo afectará a su comportamiento y a su forma de enfrentarse a los problemas, sino que también influirá en las relaciones con las demás personas.

En determinadas situaciones o con algunas personas nos sentimos raros, o de pronto nos sentimos felices sin saber por qué. También nos suele pasar que elegimos o pensamos de maneras que antes habríamos creído ridículas, o no entendemos por qué, de un momento para otro, nos gusta algo que antes no nos gustaba.

Estos desconciertos se deben a la falta de conocimiento sobre nosotros mismos.

El autoconocimiento nos permite reconocernos interiormente, tal como nos reconocemos en lo físico cuando nos miramos al espejo, y entonces vemos lo que nos gusta, lo que no nos gusta, nos reconocemos con nuestros defectos y virtudes; por esta razón el autoconocimiento influye en nuestra autoestima.

La autoestima es el conjunto de juicios sobre nosotros mismos, es lo que creemos acerca de nosotros; de ahí se desprenden nuestras expectativas y creencias acerca del lugar que ocupamos y lo que podemos alcanzar. Cuando nos conocemos, podemos potenciarnos, transformarnos, también podemos tener noción de nuestras posibilidades, de los desafíos y de las limitaciones. Reconocer cuando erramos, y también cuando acertamos, podríamos decir que así como nos costará llegar a destino si no sabemos a dónde vamos, nos costará también ser felices si no sabemos quiénes somos.

LA AUTOESTIMA

Hace algunos años me explicaron qué es la autoestima de una manera que incorporé para siempre. Me dijeron: tener autoestima hace la vida más fácil porque te permite sobreponerte a iguales eventos en menos tiempo y con menos heridas. Por ejemplo, una persona con alta autoestima que es desvinculada de su trabajo, al día siguiente de la mala noticia se pone a buscar un nuevo empleo y se activa para rearmar su vida sobre la base de un evento no esperado. En cambio, una persona con baja autoestima, tras semejante noticia, demora mucho más tiempo, semanas, meses e incluso años en sobreponerse al evento, quedando herido o paralizado frente a la circunstancia.

La autoestima va más allá del otro, aunque se haya construido sobre la base de otro; es la confianza que tenemos acerca de quiénes somos, qué podemos hacer y quién podemos ser. Por eso, el camino hacia la autoestima es el autoconocimiento, porque cuando uno se conoce elimina fantasmas de la mente y se valora.

Hay un experimento que me parece maravilloso, se llama Sketches y fue llevado adelante por un artista forense llamado, Gil Zamora.

El objetivo del experimento era conocer la percepción que tienen las personas sobre sí mismas, en comparación con la percepción que tienen los demás sobre ellas. El procedimiento era así: invitaban a una mujer a una sala en la cual nunca había estado; el espacio estaba separado en dos ambientes con una cortina. De un lado estaba el artista, Gil Zamora, y del otro estaba la mujer. Sin mirarse en ningún momento, el artista le preguntaba a la mujer cómo era su rostro y entonces ella iba describiendo cada parte de su cara mientras el artista bosquejaba un identikit. Zamora hacía preguntas respecto a detalles de su fisonomía: el tamaño de la mandíbula, la nariz, la parte más destacada de su rostro, entre otras.

Antes de entrar solo le habían dado una consigna a la mujer: ser amigable con la otra mujer que también estaba esperando en la antesala.

El artista posteriormente llamaba a la persona desconocida con la que había sido amigable la mujer, y le pedía que la describiera. Con lo cual el resultado eran dos identikits de la misma mujer, uno basado en las propias referencias y otro en las referencias de un tercero.

En la mayor parte de los casos, al comparar los dos dibujos podía observarse que el surgido de la autodescripción siempre era más desfavorable ya que, por inseguridad o por vergüenza, muchas veces las personas tienden a descalificarse y hacer mayor foco en sus defectos.

Comparto uno de los cuadros resultados de este experimento:

Florence descripta
por ella misma.

Florence descripta
por una desconocida.

La autoestima, como fruto del autoconocimiento, refleja la confianza en nuestras oportunidades, en saber cuánto valemos, todo aquello por lo cual merecemos ser respetados, y nada tiene que ver con el narcisismo.

Amarse no es ni soberbia, ni narcisismo. Amarse es valorar lo que somos, lo que hacemos y lo que seremos.

Amarse es dar seguridad al entorno, porque el amor que empieza adentro, se ve multiplicado afuera.

El amor propio es tu máximo tesoro, porque de él se desprenderán hermosas relaciones, grandes sentimientos, momentos divertidos, una historia digna y un futuro divertido; personas que te dejen regalos de vida y personas a quienes vos se los dejes. Tu amor propio es ese lugar donde ahí todo sana, todo pasa y todo pasará. Por eso es tan importante cuidarlo, porque de él dependen las emociones y las etapas de tu vida.

Un simple consejo que espero que te sirva para siempre y que te evite temer amarte por miedo a ser narcisista: el narcisista tiene una visión exagerada de sí mismo, en la cual no existe lugar para la imagen real (con defectos y virtudes), es una imagen desvirtuada que alimenta su ego.

Quien tiene autoestima, reconoce sus defectos, sus virtudes y se ama aún a pesar de ellos.

Uno niega, el otro acepta ; y es por esta razón que uno es inseguro y necesita el refuerzo del exterior (narcisista) y otro es seguro y el exterior es solo disfrute (autoestima); pues porque uno se engaña y el otro, simplemente, se acepta.

SER EXITOSOS

Estamos muy acostumbrados a hablar del éxito. Cuando alguien que conocemos tiene algo importante por delante (un examen o una entrevista), le deseamos éxito. También leemos libros sobre cómo ser exitosos o sobre los hábitos de las personas exitosas, y ni qué hablar cuando nos referimos a los éxitos musicales, un éxito musical es la canción que les gustó a todos.

Sin embargo, para muchos profesionales de las relaciones humanas, entre los que me incluyo, ser exitosos por suerte tiene otra acepción: el éxito consiste en ser felices con nuestra vida. La noción de éxito, no obstante, es subjetiva y relativa. Lo que para una persona puede ser un éxito, para otra puede ser apenas un consuelo ante el fracaso. En este sentido, podemos considerar como un éxito todo aquel resultado que nos genere una sensación de realización y de bienestar o, en resumidas cuentas, de felicidad.

De esta manera, hay éxitos obtenidos formalmente, relacionados con nuestro desempeño, bien sea en el ámbito profesional, académico o escolar, como graduarnos, obtener las más elevadas calificaciones o lograr el ascenso o el aumento por el que trabajamos tan duro. Asimismo, hay éxitos personales, como lograr establecer nuestra propia empresa, comprar nuestra casa o formar una familia.

De allí que el éxito sea también una sensación íntima, que ocurre dentro de nosotros cuando conseguimos lo que nos propusimos o lo que nunca pensamos que alcanzaríamos. Así, un éxito personal de la vida cotidiana puede ser lograr preparar aquella receta de cocina tan deliciosamente como la recordamos.

Como tal, el valor del éxito en la vida está tanto en los grandes empeños como en las pequeñas acciones, en la voluntad para superar las adversidades, en la conciencia de nuestras competencias y capacidades así como en las ganas de ser siempre mejores y salir adelante.

Por eso celebro el éxito, porque las personas exitosas en general son felices y por suerte la felicidad suele ser contagiosa.

El exitoso hace lo que le gusta y se conecta con personas y circunstancias que tienen su mismo entusiasmo. La pasión también suele ser contagiosa. Cuando, por ejemplo, uno escucha a un músico talentoso se da cuenta de que es una persona apasionada por lo que hace. Y alinearse detrás de aquello que se ama despierta una fuerza imposible de detener. Por eso, la mejor herencia que podemos dejar a nuestros hijos es enseñarles a conocerse para descubrir dónde tienen esa pasión incontrolable que los hará exitosos, felices, que los hará irradiar buenas vibras y, en consecuencia, rodearse de gente similar.

HECHICEROS

Algunas personas irradian naturalmente una especie de magnetismo sobre otras; atraen, gustan, y generan algo especial que los convierte en importantes en nuestra vida, nos transmiten seguridad, valores y confianza de manera casi automática. Quizás estas personas no sean las que más frecuentamos, pero son aquellas en las que primero pensamos frente a una dificultad o una adversidad, a las que consultamos o a quienes recordamos, muchas veces en silencio, sin mencionarlo.

Mientras acompañas estas líneas, si ya no lo hiciste por tu cuenta, te invito a pensar quiénes son estas personas para ti, aquellas que tienen la capacidad de hacernos sentir seguros emocionalmente o que vienen a nuestro recuerdo frente a la adversidad, para envolvernos en un manto de seguridad.

A lo largo de años de observación, análisis e investigación pude concluir que estas personas tienen un núcleo de personalidad similar, lo que les da un perfil nutrido de habilidades que los transforma en *hechiceros* (palabra que me fascina), porque hechizar significa seducir o cautivar intensamente a alguien.

Son personas que proporcionan a quienes se relacionan con ellas un marco de seguridad, ¡y esta seguridad otorga mucha tranquilidad! A menudo, a estos personajes se los llama líderes (que no siempre tiene que ver con cadenas de autoridad). Desliguemos el concepto de líder exclusivamente del ámbito laboral, ya que si bien este es el lugar en el que más a menudo los identificamos, los líderes existen en todos lados; me rectifico, los líderes existen en todos aquellos lugares en donde las cosas fluyen. Hay un líder de familia, un líder en el grupo de amigos, un líder en el club y, claro está, también un líder en la oficina.

Mi objetivo es que al terminar de leer este libro tengas una experiencia rotunda e intensiva de liderazgo, tanto desde el rol de actor (líder) como desde el rol del participante (liderado), pues aprenderás a ser, dejar ser, conectarte, advertir conexiones, liderar y ser liderado. Espero contribuir a tu aprendizaje de vida, personal y de tu entorno de manera constructiva, de crecimiento y superación.

CRECER Y SUPERARSE

Desde el punto de vista intelectual *crecemos* cuando evolucionamos, cuando, por ejemplo, nuestro pensamiento se hace más complejo o cuando establecemos relaciones entre hechos que antes considerábamos aislados; desde el punto de vista concreto de la acción, cuando hacemos algo que antes éramos incapaces de hacer. Crecemos cuando aprendemos algo nuevo, cuando generamos nuevas redes sociales, crecemos cuando nos confundimos, lo reconocemos y lo admitimos, y crecemos también cuando nos permitimos tener un nuevo sueño.

¿Y cuándo nos *superamos*? Cuando volvemos a hacer algo que alguna vez hicimos y ahora lo hacemos mejor gracias a nuestro crecimiento individual. O sea, para poder superarnos tenemos que haber elegido crecer. Entonces podremos crecer y superarnos tantas veces como lo deseemos cada día, cada año. Podemos crecer muy rápidamente o muy despacio; y si no abrimos nuestra mente podremos pasar días enteros sin hacerlo.

Uno de mis objetivos, como parte de mi proceso personal, es crecer a través de mis lectores, dándoles herramientas que les permitan superarse en todos los ámbitos: como personas, profesionales, líderes, parejas, padres, hermanos y amigos.

¿Por qué creceré enseñando? Porque al finalizar este libro habré generado contigo, con mis lectores, una red de conexión que nos habrá transformado.

LOS PRIMEROS AÑOS

¿Cuál es tu recuerdo más lejano? ¿Algo que sucedió en el jardín de infantes? ¿O un recuerdo con tu mamá? Los más memoriosos recordarán escenas de cuando recién habían aprendido a caminar; haciendo un pequeño esfuerzo en este momento, mientras avanzas en la lectura, encontrarás una escena que tu memoria elija, no importa de cuándo sea.

Mientras recorremos este libro, tu cerebro seguirá pensando en cuál es el recuerdo más lejano que tienes de tu historia y, seguramente al terminarlo logres encontrarte con un recuerdo aún más lejano de lo que recordabas en este momento. ¿Por qué? Porque lo que haremos será aprender a librarnos de prejuicios, miedos, preconceptos y creencias; aprenderemos a reconocernos, a transformarnos, a comprender, a leer a los otros, y a incorporar la información que circula en el mundo de una manera adecuada.

Al finalizar, habremos hecho un trabajo de ordenamiento y limpieza en nuestra mente que la hará más libre para recuperar información y recrearse.

Apenas 300 milisegundos le bastan al cerebro humano para generar un recuerdo, el tiempo que tardan las "neuronas de concepto" en relacionar imágenes.

Esto quiere decir que si el cerebro fuera como una videograbadora digital podríamos registrar lo que equivale a un televisor funcionando continuamente durante más de trescientos años para agotar todo el espacio disponible, o sea, físicamente sería posible grabar en la memoria cada segundo de lo que ocurre en toda nuestra vida.

Entonces, es posible afirmar que no hay motivos estructurales para no recordar toda nuestra historia, ya que cabrían perfectamente en nuestra capacidad cerebral, sino que estas limitaciones se deben a otras razones.

De acuerdo con los estudios realizados en la Universidad Memorial de Terranova, Canadá, dirigidos por la doctora Carole Peterson (2011), antes de comenzar la educación inicial (alrededor de los cuatro años) los niños son capaces de recordar lo que les ocurrió en sus años previos (incluso experiencias anteriores a los 18 meses), pero dos años más tarde esas memorias ya no será posible recordarlas, quizás se hayan borrado.

Los investigadores pidieron a 140 niños de entre 4 y 13 años que nombraran tres de las experiencias más tempranas que pudieran recordar. Descubrieron que mientras más pequeños fueran los niños, más recuerdos tenían de sus primeros años, que luego fueron corroborados con los padres para confirmar que efectivamente hubieran sucedido y entonces se determinaron como válidos.

Luego de dos años, los científicos volvieron a evaluar a los mismos niños y les dieron la misma consigna: recordar las tres experiencias más tempranas de su vida. Tal como lo habían esperado, los niños recordaban nuevas experiencias y muchos de los recuerdos que habían tenido dos años antes habían desaparecido.

Señala Carole Peterson:

Lo que nos sorprendió es que dimos a los niños claves muy detalladas sobre los recuerdos de los cuales nos habían hablado dos años antes en el estudio, y todos nos respondían: "No, no, eso nunca me pasó".

¿Qué sucede en nuestro cerebro? La pérdida de recuerdos se debe a la producción de neuronas en edades tempranas. El cerebro de un bebé recién nacido es una cuarta parte de lo que llegará a ser en la edad adulta. En los primeros tres años el ritmo de crecimiento es muy alto, tanto que a los tres años de edad el cerebro ya ha doblado su tamaño; luego continúa creciendo hasta la adolescencia, que es cuando deja de crecer, aunque sigue madurando.

Este proceso de crecimiento, conocido como neurogénesis, es el responsable del aprendizaje de cosas cada vez más complejas, pasar de aprender a escuchar a aprender a hablar, a aprender a formular oraciones, por ejemplo, pero también es el responsable de la pérdida de recuerdos, aunque no de todos, solo de algunos.

Pese a esto, aunque en nuestra adultez estos recuerdos desaparezcan, desde que somos niños empiezan a condicionar nuestras elecciones, pensamientos y comportamientos de los años siguientes. O sea, se pierde su contenido pero no se borra la huella que deja. Esta huella, vacía de contenido pero fuerte en su marca, origina un accionar subsiguiente del cual será responsable, en gran medida, porque así es como vamos creciendo y aprendiendo: sobre cimientos previos, aunque no los recordemos.

Te compartiré una situación vivida en mi familia y que, gracias a este saber, mi marido y yo pudimos advertir, reconstruir y solucionar:

Nuestra hija, Felicitas, se angustiaba muchísimo cada vez que, al vestirla, su remera se le quedaba atascada en la cabeza; se ponía frenética, gritaba y se la arrancaba con todas sus fuerzas como si viviera una sensación de ahogo. Cuando esto le sucedía a los dos años creíamos que ya pasaría, que se trataba de algo pasajero, pero a los cuatro años esta desesperación no solo continuaba, se había intensificado.

Entonces nos dimos cuenta de que esta situación requería de más atención, pues como padres no podíamos dejarla avanzar con este malestar; claramente podría llegar a ser algo que, en caso de continuar o progresar, podría limitarla en su vida, pues la etiquetarían o se auto-etiquetaría, por ejemplo de fóbica, o bien la haría encontrarse con una propia limitación incomprensible para ella y que consideraría como estructural de su persona.

Pensando por qué le sucedería esto, sobre todo porque era una niña extrovertida, dinámica y despreocupada, recordamos entonces el día de su nacimiento. Luego de cuatro horas en la sala de parto ya con la dilatación máxima alcanzada, la partera decidió hacer un último tacto para confirmar al obstetra el inicio del trabajo de nacimiento. Esta acción de la partera, mal realizada, atascó a Felicitas en el canal de parto por algunos largos segundos que no le permitían moverse, produciéndole una baja en la oxigenación que obligó a los médicos a realizar una cesárea de emergencia, pues el oxígeno de Felicitas bajaba rápidamente. Por suerte, su nacimiento fue perfecto, su APGAR dio 9/10 en el primer intento y 10/10 en la segunda evaluación. Esto quiere decir: nació sana, sin secuelas. Sin embargo, aunque ese pequeño momento quedó solo en la anécdota de cómo fue su llegada a este mundo, algo de aquel día quedó, sin que ella lo supiera, grabado en su persona: su cabeza atascada en el canal de parto como indicador de inseguridad ante su riesgo de vida.

Entonces, recordando lo sucedido, mi marido y yo pensamos: la remera la ahoga cuando pasa por la frente pues le recuerda su inseguridad de supervivencia de sus últimos momentos en mi panza.

¡Ahora empezamos a entender todo!

Aunque con sus pequeños cuatro años no tenía la capacidad para comprender la complejidad de esta historia, confiábamos en su escucha e interés en nosotros y entonces se la contamos de manera graciosa y sensible. Le contamos también que seguramente por eso que le había pasado justo antes de nacer, ella se ponía nerviosa cuando la remera se le quedaba trabada en la frente.

Mientras contábamos la historia, Felicitas se reía porque le daba mucha risa y nervios escuchar una historia propia que no recordaba

Nos hizo muchas preguntas tiernas, que respondimos con interés porque demostraban que nos estaba escuchando.

Luego de ese día, Felicitas nunca más volvió a sentir que se ahogaba al ponerse o sacarse la remera; de hecho, ahora jugamos a caminar con la remera en la cabeza como si fuéramos fantasmas, ¡¡y es un juego que encontramos divertido!!

Una historia de final feliz, que pudimos hilvanar y conectar pensando, y que nos permitió revertir un evento que, en caso de no haber hecho nada, seguramente habría acompañado a nuestra hija toda su vida y, quizás, hasta derivado en un cuadro de fobia más complejo en su adultez, sin que ella conociera el porqué, pues los recuerdos de sus primeros minutos de vida estarían para entonces completamente inalcanzables.

¿Cuál es la finalidad de esta historia? Demostrar que los recuerdos que se borran no desaparecen del todo, sino que siempre dejan algo, ya sea una marca o una conexión con futuros comportamientos que se irán ramificando a lo largo de nuestra vida.

En función de lo sucedido en su infancia un niño instintivamente tendrá como guía estas huellas para continuar sus selecciones de los años siguientes (de acuerdo con lo que desea, lo que rechaza, lo que entiende y cómo lo entiende), y es probable que no entienda por qué siente de determinada manera si los recuerdos que fundan su comportamiento se han borrado, pero tampoco podrá cambiar con facilidad esa elección.

De manera asociativa y evolutiva nos vamos formando, con algunos recuerdos que perduran y otros que ya no están a nuestro alcance, pero que funcionan como puente hacia nuevas situaciones.

Con los años, todos vamos cambiando, y con nosotros también cambia el recuerdo de nuestros recuerdos; sin embargo, un pequeño hilo invisible lo hilvana todo y hace que todo adquiera un sentido.

Muchas veces, la intuición, que es la capacidad de análisis de pequeños detalles de todas las épocas de nuestra vida y que, conectándolos, ponen en evidencia (cuando sabemos cómo leerlos) patrones de conducta, explicaciones, detalles que nos dan información clave para nosotros. Como, por ejemplo, lo que logramos con Felicitas.

LIDERARNOS Y LIDERAR

Un buen líder lo es cuando tiene la capacidad de ejercer el liderazgo sobre sí mismo, o sea, puede actuar consigo mismo como lo hace con un equipo o un grupo. Nadie que no pueda liderarse a sí mismo podrá hacerlo con otros.

Existen múltiples definiciones de liderazgo porque es un tema ampliamente estudiado en las ciencias humanas; entre las conocidas, te propongo una que desarrollé y me resulta exquisita: liderar es inspirar al ser y al deber.

El ser: es lo que emana de nuestra naturaleza, el estado más puro de nuestra persona. Por ejemplo, somos divertidos, intelectuales, histriónicos, alegres, responsables, irresponsables, activos, pasivos… Tenemos características que nos conforman en una personalidad única e irrepetible que nos define y nos hace individuos.

El deber: lo que se nos hace necesario hacer más allá de nuestro ser; ambos pueden coincidir o no, pero es una responsabilidad, una obligación intransferible a la que debemos responder.

El buen líder sabe ser y sabe su deber y puede complementarlos, ponderándolos de acuerdo con las circunstancias.

Algunas veces el ser predomina sobre el deber y, en esos casos, somos infantes, pues domina la satisfacción de nuestro ser, tal como lo hacen los niños.

En otros casos, el deber se superpone al ser y ahí es cuando somos tutores, pues el deber tapa al deseo del ser, como lo hace quien marca el camino.

Otras veces nuestro ser y nuestro deber se alinean y ahí es cuando somos adultos: logramos el equilibrio y la confluencia de ser y deber.

Quien pueda integrar su ser y su deber de acuerdo con el contexto, logrando un balance entre ambos, comenzó a entender las reglas del liderazgo. Aquí comienza la consistencia de una persona, en el poder obrar según las circunstancias, tomando en consideración a los otros y también a sí mismo.

Siendo pequeña me dijo mi abuelo: "Hasta las nubes más grandes siguen al viento, porque el viento sabe hacia dónde va", y es al día de hoy que cuando veo el cielo dedico unos segundos a este recuerdo.

Quien sabe a dónde va, opera con consistencia y es, sin duda, muy placentero seguir a aquel que avanza en paso firme.

Una persona que no sepa controlar su ser o suela pasar por alto su deber, no podrá enseñar con su ejemplo a quienes deba inspirar para desarrollar sus capacidades.

La consistencia y la puesta en práctica de valores son el núcleo duro de un buen líder. Pues quien sepa a dónde va, lo haga de forma sostenida, constante y con valores y dignidad, dará seguridad y confianza a todos sus seguidores; o sea, podrá ser su referente.

NOSOTROS Y LA REALIDAD

Nuestra interpretación de la realidad está modelada y tiene basamento en nuestras vivencias del pasado y está claro que esa visión no es imparcial, completa ni justa. Como prueba de esto elige a tres hermanos y pídeles que, por separado, hablen de su padre. Luego del relevamiento obtendrás tres padres distintos, aun sabiendo que es el mismo.

Todos somos distintos y pensamos distinto, porque los recuerdos, las vivencias y sus conexiones son infinitos e indescifrables en su totalidad. Es imposible encontrar dos mentes iguales entre los miles de millones de seres que existen. Será mucho más probable encontrar dos caras muy parecidas entre sí que dos mentes gemelas.

En nuestra vida iremos transitando por diferentes entornos sociales, donde encontraremos personas afines: novios, amigos, parejas. Personas de tránsito: conocidos, auxiliares, referentes. También nos cruzaremos con personas no gratas.

Esto sucede porque nuestras características nos hacen complementarios con algunos y no complementarios con otros tantos; para referirnos a estos últimos vínculos solemos decir: "No existe química". Una "no química" que, en función de la inestabilidad interna que nos provoque el contacto, será una relación superficial o una de rivalidad.

¿Cuándo una persona se transforma en nuestro rival? Cuando la percibimos como una amenaza porque, por ejemplo, pone en riesgo algo que consideramos valioso en nuestra vida: un confort, un status, una relación, una percepción, una exposición. O sea, ingenierilmente sería una inconsistencia a nuestro sistema tejido.

Rechazamos a aquel que sentimos que pone en riesgo algo valioso para nosotros; si no lo sintiéramos así sentiríamos desinterés por continuar con esa relación, pero no rechazo.

Debemos tener cuidado con las personas por las cuales sentimos rechazo, porque generalmente son los que más se nos parecen y lo que verdaderamente ponen en riesgo de amenaza es nuestra insatisfacción con nosotros mismos. Decía Buda: "Todo lo que te molesta de otros seres es solo una proyección de lo que no has resuelto de ti mismo".

LOS MAG-INS: TUS NUEVAS EXPERIENCIAS

A lo largo de muchos encuentros y desencuentros propios y de quienes recurrieron a mi ayuda, me dediqué a analizar los comportamientos sociales e individuales, lo que me permitió entender un poco más sobre nosotros, las personas.

Hoy puedo decir que me es posible convivir con cualquier persona, con la más distinta a mí, la más parecida, puedo compartir con ellos, entenderlos y no ofenderme, incluso cuando intentan hacerlo. Creo que si pudiéramos alcanzar un nivel similar de comprensión, probablemente viviríamos en una sociedad constructora de valor y de buenos momentos, en la cual las personas puedan sentir tanto felicidad como tristeza, pero no soledad y rabia.

A partir de esta experiencia, que se fue extendiendo a lo largo de mi carrera, ideé una herramienta que llamé *mag-in*, que se formula en lenguaje común, que nos ayuda a conocernos y a entender qué nos sucede, pero tomando distancia de nuestras emociones y nuestra naturaleza.

Son metáforas que nos permiten sintetizar en ellas explicaciones sobre las relaciones humanas, sobre nuestro comportamiento o el de otras personas de nuestro entorno que nos ayudan a entender por qué hicimos algo o nos sentimos de determinada manera. En algunos casos son objetos comunes; en otros, son escenas; penetrando en su significado y en sus variaciones se transforman en herramientas que nos permiten crecer.

Descubrimos, a través de ellos, una realidad muy distinta a la que estábamos aferrados, por ejemplo, por nuestras creencias. En ese momento crecemos, pues podemos pensar con esas creencias, pero también entender las de otros distintos a nosotros. Nos hacemos más grandes de mente, nos superamos.

Esta claridad que nos confiere un objeto de nuestra vida cotidiana o una situación frecuente de nuestro entorno tiene la capacidad de enseñanza sustentada en la abstracción que logramos al poder ver un evento o entender un concepto desde afuera, o sea, como observadores y no como protagonistas. De esta forma, le quitamos al análisis prejuicios, emociones, y lo analizamos con mayor libertad.

Producto de mi vocación aplicada a mi labor como coach, durante años fui encontrándome con la demanda de colegas, profesionales y amigos que me trajeron un "problema" sobre el cual tenían una postura que les impedía avanzar. Un problema que creían imposible de solucionar o de conciliar, ya que tenían una visión absoluta desde su propia mirada que no les permitía tender un lazo de apertura hacia una nueva interpretación.

Luego de varios años de ejercitar este rol descubrí lo que encontrarás en este libro: una propuesta de solución, un aporte para entendernos con nosotros mismos, con colegas, con amigos, con empleados, con la familia; en fin, entendernos.

Cuando se nos presenta un mag-in, las ramificaciones neuronales comienzan a trazar nuevas vías de conexión con conceptos que desconocían y estos conceptos modifican creencias que tenemos de la vida, logrando someter a revisión discusiones, decisiones y razones que creíamos absolutas y ahora reencontramos. O sea, luego de conocer y experimentar un mag-in, crecemos.

Crecer, lo más maravilloso que podemos hacer, porque cuando crecemos crecen también quienes nos rodean, y crece también nuestro futuro.

El aprendizaje, la incorporación de una nueva mirada, es lo que crea nuevas redes y sincronías, a nivel cerebral, proceso por el cual se conectan los conocimientos y se actualizan. Incorporar nuevos conocimientos o formas de pensamiento de una misma idea, es vincular la información significativa. Estudiando el cerebro al momento de descubrir un nuevo concepto o bien de concebir una idea, se ha descubierto que en estos sucesos existe una transformación neuronal que puede conducir a un incremento de inteligencia, incluso en la tercera o cuarta edad (etapa en la que muchos creen que ya nada crece).

¡Basta de vueltas! ¿Qué es un mag-in?

Por ejemplo, es el aprendizaje que nos deja Tom Hanks en su personaje Forrest Gump[1] cuando dice "la vida es como una caja de bombones; nunca sabes lo que te va a tocar". Es aquel mensaje que en su simpleza y claridad nos permite entender algunos aspectos de la vida y reflexionar sobre vivencias que quizás antes no entendíamos.

La vida como una caja de bombones invita a convertir los eventos afortunados y desafortunados de nuestra vida como bombones, en donde lo que toca es inesperado, es desconocido y sorpresivo. Y todas las sensaciones y experiencias en el evento de la búsqueda de un bombón se trasladan a las sorpresas de la vida.

---

1. *Forrest Gump* es una comedia dramática estadounidense estrenada en 1994. Fue dirigida por Robert Zemeckis y protagonizada por Tom Hanks, Robin Wright, Gary Sinise y Sally Field.

Un mag-in aporta un nuevo conocimiento por medio de la comprensión de cómo funciona un objeto de la vida cotidiana; lo internalizamos logrando en consecuencia la transformación de nuestros pensamientos y, por ende, de nuestras reacciones.

El cerebro está formado por neuronas que se encargan de transmitir información por un proceso llamado sinapsis; en esta se genera una descarga eléctrica de neurona a neurona en una ruta determinada.

Cuando vemos algo o escuchamos una cierta melodía o percibimos un olor, nuestras neuronas asocian esa percepción con algún evento previo; así funciona la memoria, también la imaginación y la creación de ideas. La palabra clave es "asociación": nuestro cerebro asocia las ideas para crear otras o bien para reemplazar viejos conocimientos. De esta forma, al incorporar un mag-in, se produce la descarga eléctrica neuronal de una ruta determinada que reconfigura la conexión de conceptos previos, dando oportunidad a una nueva mirada del mundo o bien a la actualización de una mirada que ya teníamos.

Por ejemplo, mi hija, Delfina, estaba jugando con una amiga en casa y viéndolas jugar escucho que le contestó de mala manera, provocando el enojo de su amiga que ya no quería jugar con ella. En este momento las invité a amigarse y pudieron continuar jugando hasta que vinieron a buscarla sus padres.

Al irse la nena le pregunté a mi hija por qué le había contestado así, y me respondió: "Porque me enojé, igual después se olvida y nos amigamos". Al intentar explicarle a mi hija que su comportamiento no solo se relacionaba con ese hecho, sino que condicionaba sus vínculos futuros y la forma en la que luego también podían contestarle a ella al sentar precedente de que el irrespeto era válido para esa relación, me daba cuenta de que a sus ocho años no lograba entender lo que yo le estaba diciendo, aunque asentía con la cabeza repetidamente.

Mientras conversábamos y me daba cuenta de que no entendía por qué es correcto comportarse bien y tener buenos modos, ya que estos determinan nuestras relaciones, configuran nuestra personalidad y nuestros vínculos, vi en la pared un viejo tapiz que había confeccionado yo cuando era niña: descubrí un mag-in que la ayudaría a comprender mi enseñanza. Le pedí que tomara el tapiz y que me dijera qué veía: "Un hermoso paisaje con hilos de distintos colores". Le pedí entonces que lo diera vuelta y me contara qué estaba viendo. Al verlo del revés se dio cuenta de que el paisaje ya no se veía con la misma nitidez y que presentaba un sinfín de nudos, hilos cortados y vueltos a atar: era el revés de la trama, con imperfecciones y puntadas mezcladas que no permitían distinguir el paisaje. Le expliqué que los errores que cometemos no se borran, inclusive cuando nos perdonan, porque dejan una marca que puede no generar nada más que el recuerdo de aquel evento, pero que existe pese a que parecen haber sido olvidados. Aunque demos vuelta el tapiz y veamos nuevamente el paisaje intacto, perfecto y estético, en su reverso contiene el historial de su pasado.

Desde entonces esta historia quedó de manera cómplice en nuestra relación y ella entiende que cuando se confunde, es importante corregirse y aprender, porque de esta forma el nudo solo se ve en el revés y es experiencia de vida, pero conserva su estética en el frente.

Las relaciones humanas, en cualquiera de sus facetas, están en el centro de la actividad cotidiana, no importa cuál sea su nivel, cada día, su capacidad de lograr relaciones saludables y momentos felices, forman parte de nuestro deber.

CAMBIO CONTINUO

*No hay nada como volver a un lugar
que no ha cambiado, para darte cuenta
de cuánto has cambiado tú.*
Nelson Mandela

Hermosas palabras de Mandela; las tengo muy presentes; las encuentro tan ciertas que solo basta que te invite a experimentarlas para que compruebes cómo has cambiado respecto a hace algunos años. ¿Te ha pasado de volver primero con la imaginación a un lugar al que hace mucho que no regresas y luego ir físicamente?; seguramente muchas cosas serán distintas de como las recordabas.

Pese a la nostalgia, ¡el cambio siempre es bueno! Cambiamos porque crecemos y empezamos a entender el mundo con una mayor complejidad de variables, porque conocemos gente nueva que nos sorprende con maneras de pensar y comportamientos que no conocíamos e incorporamos; cambiamos porque somos seres con ansias de superarnos, de deseo y, sobre todo, ¡porque somos seres sociales!

Si estás entre quienes creen que no has cambiado, te invito a que le preguntes a amigos y familiares en qué te pareces a quien conocieron hace diez años. Cambiar es parte de la vida.

Este sistema que nos conforma no solo nos acompaña con nuestra lectura de la realidad sino que, en consecuencia, nos hace sentir y como resultado final del pensar y el sentir, nos hace actuar.

Hoy, los conocimientos técnicos son necesarios pero no suficientes. Lo que crea las distinciones es precisamente nuestro punto de vista como observadores. Pero este punto de vista, normalmente excluyente de otros, nos limita. No buscamos entender el de otros sino reafirmarnos en nuestras creencias. Tener razón es algo a lo que difícilmente renunciamos.

Sin embargo, eso equivaldría a admitir que el observador nunca cambia, lo que no es cierto. Si mi sistema de creencias no se modificara, no podría adaptarme al mundo en el que vivo en cada momento y mi capacidad de poner en duda mis creencias para adaptarlas a nuevas formas de mirar explica mi capacidad o incapacidad para aceptar y adaptarme al cambio.

Normalmente, esa capacidad de modificar mi posición como observador no es uniforme. Lo que está sujeto a modas no suele producir problemas. Por ejemplo, quizás nunca volveríamos a iniciar un romance con aquella persona que hace quince años nos parecía la única que nos podía enamorar o bien quizás nunca volveríamos a meternos en aquella discusión que no supimos manejar por no tener razón y luego nos trajo tantos problemas. Hoy a esa misma persona la veríamos poco compatible con nosotros, o aquella discusión la veríamos sin sentido.

Lo mismo sucede con nuestras compras, nuestras relaciones, nuestra mirada de nosotros mismos, nuestras actitudes, nuestras reacciones. En contraposición, no sucede lo mismo con creencias más profundas. No hablo de estereotipos sino de creencias particulares y profundas que permanecen inmutables en nuestro interior y que siguen explicando nuestra mirada como observador aunque esa creencia se fundara en un momento de la vida en que yo era claramente diferente de quien soy hoy. ¿Cuál es nuestra capacidad de revisitarlas con nuestros ojos del presente? ¿Convendría hacerlo? ¿Opinaríamos lo mismo en este momento?

La respuesta a estas preguntas determina quiénes somos y, por tanto, cuál es nuestra percepción de la realidad y de nuestra capacidad de adaptación. Asimismo, determina diferencias con nuestras versiones del pasado y entonces pregunto: si vemos la vida distinta a como la veíamos en el pasado, ¿qué tan distinta pueden verla aquellos con quienes nos relacionamos hoy? Te invito a una experiencia que tiene que ver con esto. Piensa en una creencia que tengas fuertemente instalada. Trata de recordar en qué momento de tu vida surgió, cómo eras entonces. Pregúntate si ahora eres la misma persona que entonces y si te parece que esa creencia debería ser modificada porque tu experiencia es distinta. En definitiva, si ahora eres el mismo observador que antes y, si no es así, de qué manera te limita actuar con supuestos que no tienen sentido.

Es posible que la respuesta te sorprenda. Así como añoramos parecernos a las personas que admiramos más que como somos genuinamente, es probable que descubramos que dentro de nosotros mismos mantenemos juicios y creencias que tampoco nos corresponden. No como somos ahora, sino como éramos antes.

La realidad tiene tantas lecturas como personas la observen, y esto es un nudo que debemos desenredar quienes tenemos la tarea de liderar, conducir, influir en la opinión de otros o bien acompañar desde el asesoramiento. Debemos hacerlo para tener la habilidad de leer las historias sin sesgos que nos hagan interpretar la realidad de una forma muy subjetiva.

A PUNTO DE EMPEZAR

Creo que ya hubo mucho preámbulo y deseo que vivas tu experiencia de los mag-in, y me imagino que también estás queriendo hacerlo.

Todos tenemos la opción de cambiar, de crecer, de arrepentirnos, de volvernos mejores; por eso, hagamos un stop a la vida y ahora, con este libro, démonos la oportunidad de seguir nuestra vida siendo más transparentes, más sabios y más sanos.

Las personas que se sienten bien consigo mismas suelen ser también seguras de sí mismas, capaces de disfrutar de la diversidad de opiniones en cualquier tipo de conversación.

Cuando una persona se siente a gusto consigo misma suele tener la necesidad de liderar algún proyecto, ya sea en el ámbito laboral o en el personal; confía en sus propias capacidades y habilidades para llevarlo adelante. Por eso CUMPLEN SUS SUEÑOS.

Suelen ser amables con los demás, y tener relaciones sanas, porque crean un clima agradable y relajado de manera que quienes las rodean también respondan con amabilidad.

No buscarán ser el centro de atención puesto que tienen la suficiente confianza como para no necesitar llamar la atención sobre sí mismas ni tendrán problemas de enfrentarse a la competencia. No necesitan buscar la atención para conseguir validar sus ideas o ser más importantes. Además de aprender de los errores, saben recompensarse por los aciertos.

Te invito, entonces, a disfrutar la experiencia de los ocho magins que, con seguridad, contribuirá a que descubras nuevos aspectos de tu persona.

Adelante.

PISO 32

La libertad no necesita alas,
lo que necesita es echar raíces.
Octavio Paz

Quiero introducir este capítulo con una pregunta; te pido que la contestes interiormente y la consensuaremos al final. Tienes WhatsApp, ¿cierto? Algunos de tus contactos, quizás también te pase, tienen la hora de su última conexión oculta, bajo la premisa de deseo de libertad.

Te consulto: ¿quién es verdaderamente más libre, aquel que la tiene a la vista o aquel que la bloquea?

Dejo este interrogante en suspenso; ahora sí, comencemos.

Muchos de nosotros fuimos educados para ser buenos, funcionales a los contextos sociales, nos enseñaron a obedecer y hasta a postergar nuestros deseos ante las necesidades de los otros. Yo siempre fui educada para ser correcta (lo cual no quiere decir mala o buena, sino correcta) y entonces creía que esta era la única manera de lograr la aprobación de los demás, siendo condescendiente con ellos. Con el tiempo pude darme cuenta de que ser condescendiente con los otros, y no conmigo misma tenía dos efectos ocultos: me sentía poco valorada y no generaba ningún plus en los otros, tan solo era una buena corista. La perfecta ecuación contempla ambas partes: nosotros y los otros; sin embargo, es habitual cruzarse por la vida con los extremos pero no con una mezcla de ellos.

Cerca de mis dieciocho años pude descubrir el poder del límite. Saber hasta dónde llegan nuestros límites es esencial para mantener relaciones sanas y sentirnos bien con nosotros mismos. Para muchas personas, este concepto es relativamente novedoso.

Aquí me permito un gran descubrimiento: todos creen que aprender a poner límites es respetarse, pero el alcance del límite no es solo privado, ya que aprender a hacerlo incluye respetar a los otros. ¿Por qué? Lo vas a descubrir en este capítulo.

Cuando se habla sobre liderazgo, ya sea en ámbitos sociales, políticos o laborales, suele hablarse sobre dirigir, generar seguidores, sobre la capacidad para incidir, influenciar y conducir a otros, pero muy poco sobre la capacidad de poner límites y ser consistente. Dos habilidades que, bien gestionadas, son el secreto del éxito del líder.

Es probable que esto suceda por los abusos cometidos en este terreno a lo largo de la historia, pasada y reciente.

Sin embargo, considero que esta habilidad es una estrategia de diferenciación entre ejecutivos con liderazgos admirados, y ejecutivos de alta capacidad, pero de baja influencia en sus equipos de trabajo.

En el ámbito familiar es un diferenciador entre aquel padre o madre que es respetado como jefe/a de familia y el que tiene a su grupo familiar desintegrado bajo las voluntades individuales, sin ejemplos ni conductas que propicien un crecimiento digno y unido.

¡Cuánta información! Te propongo dar el primer salto de crecimiento aprendiendo el arte de la consistencia a través de los límites.

VAMOS AL PISO 32

Te invito a conocer uno de los edificios más altos de Buenos Aires; un edificio de treinta y dos pisos, contemporáneo, equipado con alta tecnología. Desde el exterior podemos apreciar que sus paredes son espejadas y rectas, sin salientes ni adornos además de los zócalos de aluminio que separan los paneles de vidrio; es una gran pared espejada que asciende por 160 metros.

Al llegar a la puerta de entrada al edificio y mirar hacia arriba solo podremos ver el borde de la terraza si inclinamos mucho la cabeza.

Una vez que atravesamos el hall de ingreso, te invito a tomar uno de los ascensores del vestíbulo principal para apreciar la hermosa vista de la ciudad desde la terraza. Viajaremos aproximadamente unos 52 segundos para llegar al piso 32; desde allí subiremos un piso más por escalera hacia nuestro destino.

Abrimos la puerta de salida a la terraza: frente a nosotros vemos gran parte de la ciudad y hacia el este el Río de la Plata. Difícilmente podamos distinguir el modelo de los autos que circulan tantos metros más abajo y a las personas solo las veremos como puntos de colores; algunos pájaros nos estarán acompañando y el cielo azul, radiante, logrará una imagen de inmensidad más cercana a la del campo que a la de la ciudad.

Luego de haber realizado este paneo general y mirando el plano sobre el cual estamos parados nos damos cuenta de que la terraza no tiene baranda ni cuenta con ningún tipo de protección. La presencia de una leve brisa fresca cobra importancia para nuestros sentidos, generándonos incomodidad.

En este momento quizás desees bajar, por el vértigo de la desprotección; también es posible que te animes a recorrer un trecho más, tanto como te permita la sensación de caída inminente. Es altamente improbable, sin embargo, que te pares al límite del final de esta terraza dejando la punta de los pies al borde de la última baldosa del piso.

¿Qué pasaría entonces si yo te pidiera que, pese a estas sensaciones, te acerques a este límite marginal de contacto con la superficie del piso para llegar al final de esta terraza?

Si formáramos parte de un grupo, algunos se abstendrían de esta aventura decidiendo que no les interesa; otros seguramente se acercarían lo más posible o bien encontrarían una estrategia para lograr esta acción con posiciones alternativas, por ejemplo, acostados en el piso, sentados, o bien de rodillas para contrarrestar la sensación de vértigo.

Todos los seres humanos tenemos miedos similares, aunque con varas distintas; si agregara una pendiente más marcada, la cantidad de arriesgados disminuiría rápidamente. Te pregunto: ¿qué pasaría si el piso tuviera una pendiente de 20° con el objetivo de drenar el agua de la lluvia? ¿Y si la pendiente fuera de 30°?

¿Por qué con el aumento de la inclinación serían cada vez menos los candidatos a acercarse al borde? Porque el control sobre el proceso disminuiría drásticamente.

¿Qué podríamos hacer para aumentar la cantidad de candidatos para este experimento? Luego de experiencias con distintos grupos de personas a quienes planteé esta situación, encontré una alternativa de solución que tuvo éxito en más del 80 % de los casos: poniendo una baranda que delimite el espacio de la terraza y lo separe del espacio aéreo que la rodea. O sea, un elemento que proporcione seguridad y protección para quienes quieran apoyarse, agarrarse o solo saber que cuentan con esta opción.

Esta baranda, al margen de las emociones que pudiera despertar con su firmeza, nos permitirá reducir una variable de control que es necesaria para todo ser humano: el riesgo. O sea, la baranda actuará como un límite, también psicológico, al riesgo potencial de una caída.

Si en lugar de subir hasta la terraza nos hubiéramos quedado un piso más abajo, varios de los visitantes, salvo aquellos que padezcan acrofobia, se habrían parado frente a uno de los ventanales para observar la magnificencia de la vista de la ciudad y el río a tantos metros de altura.

LAS EMOCIONES Y EL RIESGO

En nuestro interior todo el tiempo nos atraviesan pensamientos, percepciones, ideas, sentimientos y, desde afuera, situaciones, eventos, conflictos, éxitos, comportamientos. Todos ellos (internos y externos) confluyen en nuestro cerebro generando conexiones, aprendizajes, sentencias y alertas.

El procesamiento de todas estas variables se produce en una región del cerebro: la ínsula, que es un lugar donde integramos y procesamos emociones; es la responsable de predecir posibles escenarios y sus consecuentes resultados. O sea, es la responsable del alerta sobre el riesgo.

La ínsula no siempre nos juega a favor: algunas veces acierta y otras veces falla. Entonces, por ejemplo, si estamos apostando en una mesa de ruleta y perdemos, y a pesar de las pérdidas seguimos apostando, es la ínsula, que impulsada por las emociones que la atraviesan, falla a favor de que continuemos apostando porque el riesgo de perder es subestimado, aunque es alto.

Como en la ínsula integramos y procesamos emociones, los riesgos que imaginamos se vinculan directamente con nuestro comportamiento, lo cual incide sobre nuestras emociones y, en consecuencia, sobre nuestro accionar.

Los expertos en el campo de la conducta humana consideran que este descubrimiento es importante, ya que indica que necesitamos actualizar nuestra comprensión de las bases neuronales de la anticipación de la recompensa en circunstancias inciertas para incluir la valoración del riesgo.

El hallazgo de que la predicción del riesgo y el procesamiento de las emociones están relacionados sugiere que las emociones pueden estar íntimamente relacionadas con la toma racional de decisiones, y ellas podrían ayudarnos a valorar el riesgo de manera correcta en un mundo en el que predomina la incertidumbre, influyendo de manera directa sobre nuestras reacciones defensivas con el entorno.

Regresando a la metáfora de la terraza y la cornisa, la incorporación de variables de control tal como una simple baranda, nos proporcionará herramientas para minimizar el riesgo y, en consecuencia, las emociones, logrando un comportamiento social acorde con lo esperado para nuestro rol social, evitando generar malestar de incomprensión o incertidumbre en nuestro entorno.

Extrapolando nuestro ejemplo de la cornisa y la baranda a nuestras relaciones humanas, sucede algo similar con nuestras interacciones en las que la cornisa representa la inconsistencia, y la baranda los límites y la claridad de comunicación.

LOS LÍMITES SOCIALES Y LA CORNISA

Cuando determinamos límites claros, tanto a los otros como a nosotros mismos (expectativas), y los comunicamos adecuadamente, sosteniéndolos en el tiempo, generamos en el otro "una baranda de confianza" que lo habilita a moverse con libertad, en la certeza de que con su accionar no recibirá un silbato de sanción de nuestra parte.

Un ejemplo oportuno

Un amigo de la familia que vive en el exterior estaba de visita en Buenos Aires por algunas semanas y lo invitamos a alojarse en casa. Al llegar le dimos una cálida bienvenida, le teníamos su cama preparada con sábanas limpias y perfumadas y una gran sonrisa que le demostrara que, lejos de ser una carga o un favor, era un placer para nosotros tenerlo en casa. Luego del reencuentro, los saludos y el momento grato de ver a alguien estimado después de mucho tiempo, me tomé unos minutos para contarle sobre el funcionamiento de los próximos días y entonces le dije algo así como: "Qué lindo tenerte en casa, Diego, puedes moverte con comodidad; la heladera, como si fuera tuya; está a tu disposición el baño de abajo que tiene ducha y toallones dentro del armario; si llegaras a necesitar un auto, en este cajón están las llaves (de lunes a viernes úsalo con tranquilidad ya que nosotros no lo necesitamos), la ropa para lavar va en este cesto y una vez a la semana la lavamos toda y te la dejamos planchada sobre la cama. Solo te pido un favor: luego de las 10 de la noche no utilices la TV del living ya que arriba se escucha muy fuerte y en ese horario los chicos ya están durmiendo. Seguramente le dije algo más que ahora no recuerdo; lo cierto es que las reglas estaban claras y eso le permitía a Diego moverse con total comodidad y naturalidad porque sabiendo qué podía y qué no podía hacer, predecía con facilidad todo el funcionamiento del hogar y entonces se sentía como en casa. Si llegaba a la 1 am porque estaba de visita con amigos, sabía que podía calentarse comida sacada de la heladera, darse una ducha caliente o mirar TV en la cocina.

Fueron dos semanas maravillosas.

Esta situación puso en evidencia que las relaciones necesitan de límites que den confianza, que permitan predecir al otro con acierto.

Cuando las relaciones son de mucha confianza, nos juegan a favor la calidez de la palabra y la ventaja del vínculo; sin embargo, juegan en contra los prejuicios de la historia de la relación y los temas que se den por sentados si no quedan aclarados.

Por el contrario, cuando las relaciones son de poca confianza tendemos a actuar con niveles altos de riesgo por el temor que nos genera el desconocimiento del otro; entonces adoptamos muchas medidas de reserva y de procesamiento de variables antes de actuar, y aquí es donde damos lugar a la actuación de la ínsula.

En función del nivel de riesgo que predigamos y de la cantidad de variables que procesemos, nuestros comportamientos podrán ser acertados o desacertados, cautelosos o arriesgados, temerosos o firmes; en consecuencia, nuestras expectativas y nuestro accionar nos llevarán a diferentes resultados.

Cuando identificamos y presentamos límites claros y ciertos a nuestro entorno y estos límites definen el campo libre de acción para los otros, las interacciones tendrán mayor claridad y mejores resultados, ya que liberaremos a nuestros interlocutores del análisis de variables de permisos para abocarse íntegramente al tema en cuestión, sin temores, sin prejuicios y sin consideraciones innecesarias.

LÍMITES Y AMOR PROPIO

Ahora bien, los límites no solo sirven en nuestras relaciones con el entorno, también sirven a nuestra relación con nosotros.

Si convenimos que los límites son libertad, y a esto sumamos el concepto universal de que la libertad es amor, podríamos emparentar directamente a los límites con el amor. Con el amor hacia afuera (relaciones sanas) y con el amor hacia adentro (amor propio).

Las personas aprendemos todo el tiempo. Aprendemos a confiar, a hacer, a intentar, a negociar y, ¡claro!, aprendemos también a amar. Por eso, me encanta recordar que enseñamos al entorno cuánto valemos con los límites que ponemos, con lo que toleramos, con lo que creemos que valemos.

Pues las personas van por la vida haciendo cosas sin un reparo consciente de cuánto nos afectan con lo que hacen o dicen, y esto no es maldad, para nada, ya que no siempre el otro tiene o debe tener pleno registro de nuestra historia o emociones.

Por eso, todo se refleja en nuestros vínculos, y difícilmente podamos construir amor si no sabemos amarnos.

Con los límites que ponemos enseñamos a cuidarnos, enseñamos hasta dónde, enseñamos por qué y enseñamos dónde no.

Quizás a uno le da vergüenza o lo hace sentir incómodo decir: "no me gusta que me digas eso", "no me gusta que me llames así", "no me siento cómodo con esto que pasó", entonces, dejamos pasar situaciones que merecían un límite.

El mal cálculo que hacemos al "dejar pasar" es que lo que molesta no desaparece al ignorarlo, tan solo se guarda. ¿Dónde se guarda? En el registro de nuestro amor propio, en el hilo invisible que nos conecta con los otros. Y es un recuerdo que luego, algún día, explota, ya sea un una crisis de inseguridad (esto sucede cuando se archiva en el amor propio) o en un enojo o reacción inesperada (esto sucede cuando se archiva en el hilo invisible con otros).

Entonces podríamos resumir que el límite achica distancias, mientras que la ausencia de él las asienta. Justo a la inversa de como podría interpretarse de forma rápida.

LÍMITES EN EL MUNDO LABORAL

En el trabajo se presentan un sinfín de situaciones generadas por una incorrecta definición de límites. Algunos básicos, como el horario, hasta aquellos complejos, como la asignación de responsabilidades;

todo quebranto sobre el acuerdo inicial desgasta la relación laboral hasta la ruptura del contrato psicológico.

La falta de claridad en la imposición de los límites y la ausencia de ejemplos concretos dan lugar a la libre interpretación, así como la oportunidad de no cumplir con los límites que alguien creyó establecer.

De la misma manera, poner límites que luego nadie cumple genera una inconsistencia muy grave, en especial cuando el que los impuso también los incumple y pierde, así, el derecho a sancionar cualquier transgresión.

En un trabajo de horario estipulado, como una oficina administrativa, un grupo de trabajadores con similar responsabilidad desarrolla las tareas de manera homogénea. Si, por ejemplo, uno de ellos siempre está dispuesto a aceptar trabajos después de hora, con el mero objetivo de congraciarse o agradar, y esto es recompensado por el superior, en el resto aparecerá un sensación de inequidad, dado que el beneficio se establece por la transgresión de un límite que no todos están dispuestos a transgredir. El error es poner un límite horario estricto. Desde finales de la década de 1990 comenzó a aparecer el beneficio del *flex time* y el cambio de los límites de horas a objetivos, acelerados, en gran medida, por la propensión a poner límites a las nuevas generaciones.

En el terreno de las responsabilidades y dependiendo de la complejidad del trabajo a realizar, la fijación de límites en ambos sentidos puede complejizarse hasta niveles imposibles, relegando desde la autoridad algunos aspectos tales como: la confidencialidad de cómo se alcanzará un objetivo: "Quiero que incrementes las ventas un 20 %; el cómo es tu trabajo". Estas situaciones son muy adversas cuando el cómo se transforma luego en un elemento de juicio para hacer un reclamo o, aun, sancionar al trabajador.

En general estas cuestiones se dilucidan durante los tres primeros meses y el estrés de un trabajo recién iniciado deviene en gran parte de comprender de qué tamaño es la baranda en esta nueva terraza.

En el terreno laboral, una de las cosas más complejas es readecuar límites para seguir haciendo lo mismo, lo cual se lo conoce como "procesos de cambio organizacional". En estos procesos, lo más importante es comunicar primero los nuevos límites y acto seguido hacerlos cumplir con consistencia; según cómo actúe la consistencia en la operacionalización de los cambios, variará el tamaño de la destrucción de valor que habremos ocasionado en la organización.

La incompetencia en la traducción de una nueva visión en límites bien definidos puede acabar con una compañía aunque la visión sea perfecta. Esto se pone de manifiesto cuando las comunicaciones efectivas se dilatan en el tiempo aun sabiendo que no se desea seguir con el modelo actual y la inercia se traduce en la organización produciendo fricciones entre sus integrantes.

QUÉ SIGNIFICA PONER LÍMITES

Significa ejercer la autodeterminación, tener la capacidad de identificar nuestros comportamientos y nuestros momentos y hacerlos respetar, transmitiendo a los otros la información suficiente para que logren una relación sana y de confianza con nosotros; que puedan predecir con la certeza de que si avanzan dentro de ciertas líneas tendrán nuestro acompañamiento; asimismo, la claridad de que si los transgreden no podrán ser acompañados, dejando este riesgo a libre decisión de quien así lo haga y de los dados a las aventuras.

Poner límites implica responsabilidad sobre nuestras decisiones y, lo más importante: libertad para nosotros y nuestros vínculos, puesto que les permitirá tomar decisiones sin nuestra presencia o supervisión; los límites son lazos que articulan las relaciones humanas haciéndolas atractivas y sumando autonomía, más que barreras que nos separan de los demás.

Muchas veces la dificultad para poner límites radica en nuestra propia inseguridad, algo que nos empuja a buscar todo el tiempo la aprobación de los demás, que nos bloquea ante la incertidumbre sobre qué pensarán los otros si somos determinantes, sin darnos cuenta de que el límite no puesto y transgredido seguramente luego generará el quiebre de vínculos y relaciones.

No poner límites tal vez nos recubra de una imagen de amabilidad, tolerancia y generosidad, pero es una manera equívoca y finalmente costosa de conquistar la valoración ajena a costa de sacrificar nuestras propias expectativas y necesidades.

Es innegable que adaptarse a los deseos de los otros también implica cierto nivel de comodidad, porque poner límites representa un esfuerzo y un trabajo: el de reconocer los propios comportamientos y expectativas, manifestarlos luego, proponerlos con claridad y aceptarlos cuando en consecuencia los recibamos. Cuando, por complacer a los demás, vamos en contra de nuestra naturaleza y nuestras necesidades, hacerlo nos producirá resentimiento y otras consecuencias de variable naturaleza, en nosotros mismos (como problemas de salud, por ejemplo) y en nuestras relaciones con otras personas.

Si establecemos límites desde la primera vez que algo nos molesta, es probable que no tengamos que hacerlo en una segunda oportunidad: habremos sentado las bases del respeto y tomado las riendas de nuestra propia vida. Contrariamente a lo que podríamos pensar, a partir de esto, seremos más valorados y queridos por los demás.

Aquí encuentro pertinente referirme a la palabra *autoridad*, que es temida y malinterpretada por muchos luego de la connotación con la que han abusado, transformando la autoridad exagerada en autoritarismo, algo que consideramos como una incompetencia.

El término autoridad deriva de autor, que significa creador. Y es muy acertado ser el creador de nuestra propia vida, de las propias decisiones, de las elecciones esperadas, de los pensamientos acordes y de las creencias que nos rigen.

Para esto es necesario hacernos cargo de lo que sentimos, actuar en consecuencia y establecer los límites básicos de mi relación con el entorno de manera de que esta sea sana y segura para todos.

De la mano de la autoridad y los límites llega entonces el tercer actor de la triangulación: la confianza.

Poner límites a la confianza no significa desconfiar, sino identificar espacios claros y respetuosos en una relación que darán mayor frescura y transparencia al dejar libertad y espontaneidad en los actos.

Más aún, es imposible tener una relación verdadera con alguien si no hay espacios claramente delimitados, ya que hacerlo sin esta previa determinación dejará librado al azar y a la suerte el futuro de la relación al quedar esta entregada a la superposición de intereses comunes, o bien a la superposición de comportamientos con intereses opuestos.

Autoridad, límites y confianza parecen conceptos sueltos, pero están íntimamente relacionados.

LOS DOS EXTREMOS DE LA CONFIANZA

La confianza se autodestruye en sus dos extremos; por un lado, *la desconfianza*, y por el otro, *la confianza ciega*, ya que en ninguno de ellos se da una relación humana respetuosa.

En la desconfianza considero al otro como una amenaza y no hay aproximación posible: no hay confianza porque no hay relación, los límites no alcanzan a conectarse y por lo tanto no es posible el intercambio y la interpretación del espacio de libre circulación.

En el otro extremo, la confianza ciega es la eliminación de los límites, y aquí tampoco hay una relación posible ya que no puedo ver al otro porque esto implicaría "desconfianza" sobre las bases de su propia argumentación, pero tampoco me dejo ver por él. La confianza ciega es ciega y sorda e impide establecer una relación porque no podemos ver a quién tenemos enfrente. Por este motivo cuando alguien pide o exige confianza ciega, después le parece una agresión poner límites, justamente porque, al partir de la premisa de la falsa libertad, esta no permite conversar.

Una relación de confianza implica establecer límites claros, consistentes, transparentes y maduros, que confieren libertad y capacidad de acción al otro.

Los límites comunicados eficientemente, sostenidos con consistencia, y planteados de manera transparente y positiva aumentan el nivel de confianza entre las personas y, en consecuencia, fortalecen los vínculos sociales.

EL EFECTO LEVADURA

La confianza y los límites no deben ser analizados e implementados solo hacia afuera, en las relaciones con otros, sino también hacia adentro, pues primero debemos liderarnos para poder liderar.

En tal sentido, la consistencia (acompañada por los límites y la confianza) debe funcionar en todos sus sentidos:

- De nosotros hacia los otros.
- De los otros hacia nosotros.
- Y de nosotros hacia nosotros.

Cuando esto se rompe, se quiebran las relaciones y aparece el *efecto levadura* para hacer crecer la creencia de una conspiración. El efecto levadura es la capacidad motriz que tienen los pensamientos no dichos para hacernos daño y hacer daño a nuestro entorno.

Cuando algo que pensamos, creemos, sentimos, padecemos, no es tratado y es oprimido hace *efecto levadura* en nuestro interior, por lo general rompiendo todo. O sea, crece indiscriminadamente en una autoconversación que se genera para llenar el espacio que queda vacío: lo no dicho.

Te propongo el siguiente gráfico para esclarecer este tema: ante la inconsistencia, ya sea por límites no puestos o por límites irrespetados, existen formas de reacción habituales. Pueden diferenciarse en Activas o Pasivas y en Directas o Indirectas; en cada cuadrante puede caracterizarse un estilo de respuesta frente a las situaciones que se nos van planteando, dando lugar a cuatro modos de comportamiento muy diferentes.

Tipos de relaciones:

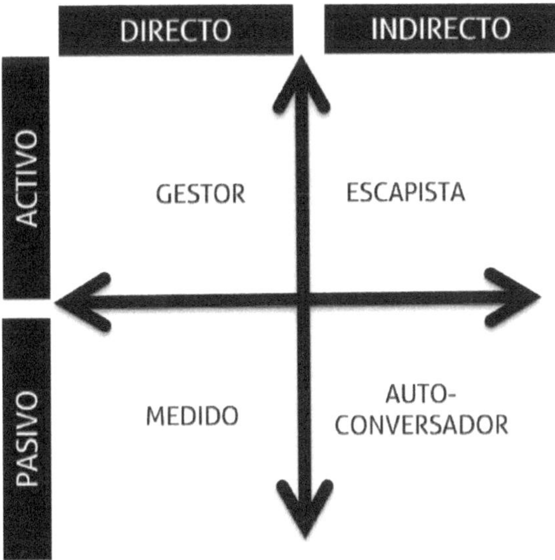

- **El gestor**: se hace cargo de la situación que se le presenta. La lidera, se expresa, escucha, dialoga, la enfrenta e intenta resolver con la verdad delante, sin tramas ni temores. Es activo y directo.
- **El medido**: afronta el evento, pero sin la acción y la fuerza del gestor; sabe esperar las reacciones de su entorno, acompañarlas y llevar a su resolución mediante una postura de escucha. Es pasivo y directo.
- **El escapista**: no resiste la situación y tampoco resiste hacerse cargo, entonces huye dejando todo el evento malogrado. Es activo e indirecto.
- **El autoconversador**: el más perjudicial de los estilos, pues ni se hace cargo ni actúa, sino que vive y revive la historia en su interior, generando conclusiones apresuradas e individuales que lejos de conciliar, aíslan. Es pasivo e indirecto.

Muchas veces las personas se comportan como:
Autoconversador → Medido → Escapista

Lo esperado para un buen líder es:
Gestor → Medido

Te cuento una historia real de lo sucedido con una autoconversadora nata a la cual he coacheado por muchos años.

Elsa es, sobre todo, una mujer buena, generosa y con vocación de servicio para su entorno. Le gusta agradar y también hacer sentir a gusto a quienes la rodean. Llega a ser capaz de mentir (lo que ella llama "mentiras piadosas") con el solo afán de hacer sentir mejor al otro o de no hacerle pasar un mal momento.

Un día escuchó por accidente una conversación entre dos

compañeras del trabajo en la cual la estaban criticando con saña, a su persona, a sus comportamientos y a lo interesado de su forma de relacionarse. Escuchó comentarios como: "Viste a Elsa el otro día cuando llegó Carlos, enseguida acercándose a ver cómo estaba su hija; es más falsa , hace todo a propósito porque lo único que espera es la oportunidad para cambiar de área".

Frente a este evento, la primera sensación de Elsa fue de gran angustia, sintió que algo en su pecho pegaba fuerte y presionaba luego el dolor fue disminuyendo y se fue convirtiendo en un millón de conversaciones internas (Autoconversador). Elsa pensaba las ganas que tenía de decirles tantas cosas, imaginaba los diálogos que tenía de furia, de ida y de vuelta, las describía con sus peores defectos…; en fin, estaba enfurecida y triste y eso la llevaba a mal pensar.

La actitud que tomó al otro día fue de Medido y Escapista, se mostró distante pero no confrontó el evento; tan solo lo ignoró, se alejó. Elsa no fue la de siempre, pero tampoco fue honesta sobre lo que sabía y sentía, y entonces tuvo a ojos de los demás un comportamiento completamente incoherente.

Cuando vino a mi encuentro a contarme su semana y su disgusto con lo que estaba viviendo le presenté esta herramienta: la levadura.

Su accionar había hecho, de un evento pequeño, un montón de sensaciones enormes… ella sola lo había hecho crecer por autorreproducción.

¡Qué distinto habría sido todo si adoptaba el rol Gestor! Pues en ese momento de diálogo imprudente debería haber intervenido la reunión diciendo: "Disculpen, ustedes se referían a mí, ¿cierto? ¿Por qué motivo hablan así de mí cuando saben que yo soy así con todos? Ya sea jefes, compañeros o bien personas que ocupan posiciones inferiores en la empresa".

Seguramente frente a un evento digno, activo y directo como este las chicas se habrían sentido incómodas (quien habla por atrás no resiste ser expuesto y confrontado). Siguiendo a este rol de Gestor seguramente habría venido un tiempo de Medido, en el cual Elsa habría debido esperar las disculpas y el comportamiento conciliador de quienes la criticaban para dar fin al tema.

Los eventos tienen un tamaño dado; bien expuestos y enfrentados, se reducen o mantienen. Mal expuestos y ocultados en nuestro interior crecen de manera exponencial generando daños innecesarios.

El buen líder de su vida sabe administrar lo que genera y aquello que no genera en forma de Gestor para evitar que las autoconversaciones rellenen espacios vacíos.

CLAVES PARA PONER LÍMITES CON RESULTADOS EXITOSOS

Para entender la forma sana de establecer límites y sostenerlos en el tiempo, será útil recurrir a las bases de un maestro en esta disciplina: Don Bosco,[2] quien sostenía que los límites o las normas debemos explicarlos cuidadosamente, dando los fundamentos de sus determinaciones, aunque demanden tiempo o explicación de estrategias. Por ejemplo, no podemos decirles a nuestros empleados o colegas que hemos tomado tal o cual decisión relacionada con límites "porque sí": es indispensable el diálogo profesional, en el cual se explique el sentido o la razón por la cual debemos respetarlos. Si podemos llegar a explicar el valor que los límites están protegiendo y el antivalor que se esconde detrás de

---

2. [1815-1888] Sacerdote, educador y escritor italiano.

su transgresión, habremos dado la oportunidad a nuestro colega de respetarnos y contribuir a su cumplimiento.

Cuando explicamos el sentido o la razón de un límite, estamos valorando al otro como persona capaz de comprender. En cambio, si decimos: "Algún día entenderás", estamos diciendo implícitamente que es poco inteligente y lo único que lograremos con ello será generar distancia y desconfianza. En tal sentido, al momento de poner límites será necesario evaluar que el límite cumpla **las tres C**: consistencia, claridad y corrección.

- Ser **consistentes**: que se sostenga en el tiempo y que aplique con equidad a quienes corresponda. Demostrando consistencia en el tiempo y siendo coherentes; si transgredimos el límite que impusimos, tarde o temprano ello será percibido y tanto nosotros como el propio límite seremos desacreditados.
- Ser **claros**: que no sea comunicado con ambigüedades. Dar la explicación y el contexto que haga lógica la postura del límite. Aunque esto lleve más tiempo y trabajo será realmente más eficiente en la práctica, ya que permitirá ahorrar la duda durante la ejecución.
- Ser **correctos**: que sea algo razonable porque, si no, será una imposición. Si lo que hacemos es poner un límite sin exponer una razón, parecerá que solo implica un beneficio propio, y perderemos el respeto de quien debe cumplirlo por su sensación de "abuso".

Es un buen ejercicio hacer pasar por nuestra mente el límite entre las tres C antes de comunicarlo, esto nos dará más confianza y en consecuencia garantizará su éxito.

Cuando los límites no son claros surgen las especulaciones; aparece la oportunidad de la confusión; se rompen los vínculos; emerge el desconcierto.

Cuando los límites son claros, se afianzan las relaciones; aparecen las oportunidades; las heridas no son una amenaza; crecen las posibilidades, porque ahí es donde nace la verdadera libertad: la libertad de pensar, decir y hacer.

Límites claros = personas seguras.
Personas seguras = relaciones sanas.
Relaciones sanas = ¡buena vida!

LA AMBIGÜEDAD DE LA HORA DEL WHATSAPP

Trabajaba con nosotros una empleada bastante conflictuada con sus emociones; Ana vivía en una sensación de desventaja permanente con el entorno, desconozco el motivo real aunque podría esbozar que el divorcio de sus padres fue para ella algo complicado que la marcó con una sensación de inferioridad frente al resto por sus propios prejuicios. Ana vivía declarando sus derechos cuando se le pedía que hiciera algo a última hora del día, cuando debía hacer una tarea compleja o cuando no era festejada como ella creía que merecía. Es que sus autoconversaciones eran tan poderosas que hablaba conmigo sin mí y entonces, cuando yo llegaba, ya había tanta historia en su cabeza que todo era incomprensible.

Pese a todos sus conflictos emocionales, Ana era una gran empleada, sobre todo para mí que ya la conocía y entonces no me enganchaba en sus vaivenes.

Cierto día le pregunté por curiosidad por qué ocultaba su hora de última conexión al WhatsApp y entonces me respondió: "Porque quiero ser libre y no tener la presión de que otros sepan a qué hora me conecté y no contesté, no tener la presión de que otros sepan a qué hora me fui dormir, no quiero dar información. ¿Por qué tengo que dar explicaciones de lo que hago?".

Entonces le pregunté: "¿Quién es más libre?, ¿el que tiene su horario de última conexión de WhatsApp bloqueado o aquel que lo tiene liberado y no siente la presión de tener que dar explicaciones? Claramente el segundo es el más libre, aquel que no necesita esconderse u ocultarse para sentir la libertad, ya que la libertad no es una acción sino una sensación".

Así pude mostrar a Ana cómo su bloqueo no era más que una ratificación de que no era libre, porque ser libre no tiene que ver con los otros, sino con uno mismo.

¿Qué debemos hacer para sentirnos libres? Es simple, conocer los propios límites y poner límites saludables al entorno.

ANTES DE TERMINAR

Tengo claro que poner límites no es fácil, nos formamos socialmente con el mensaje de: "sé buena persona", "cuidado cómo respondes", "no hagas sentir mal a otra persona"…

Pareciera entonces que cuidarnos es descuidar a los otros; pero esto es cierto. Debemos aprender que poner un límite (si el límite es bien puesto, con respeto y con criterio), no es una falta de respcto o una desconsideración a "los otros": el límite es amor.

Lo aprendemos fácil cuando se trata de crianza, entendemos que no dejar salir a un adolescente con la barra de amigos que andan en algo raro es amor; de igual forma, no permitir que alguien nos maltrate también es amor. Hacerle saber a una persona que su chiste no nos resulta para nada gracioso y que cuando lo dice nos conecta con algo que nos lastima, también es amor. Y lo más maravilloso de ese límite es que es amor doble: amor hacia nosotros (por cuidarnos) y amor hacia el otro (por cuidar su relación con nosotros).

Dejar de ir a ese lugar que vamos siempre de mala gana también es amor, pues a nadie le gusta recibir personas con caras largas.

Haciendo cosas que transgreden nuestros "límites", sentimos que hacemos las cosas bien, pero bastante lejos de lo correcto está eso. Hacer algo a desgano por el miedo a poner un límite es algo así como regalar una rosa con espinas. El que la regala solo podrá ver su esfuerzo de hacerlo; y quien la recibe solo podrá ver el riesgo de recibirla.

Cuando hacemos algo sin ganas, ¡se nota! Y quien recibe nuestro acto "forzado" siempre se quedará con una mala sensación, mientras que por nuestra parte solo podremos ver el sacrificio de hacer algo que no queríamos.

Cuando hagas algo, involúcrate del todo, o no lo hagas. Porque solo lo genuino marca la diferencia. (El resto solo es distracción).

Los límites cuestan al principio, como todo, pero también, como todo, es cuestión de práctica. Luego se vuelve más fácil y un día no podemos entender cómo fue que nos parecía tan rara la idea de intentarlo.

CASO DE COACHING: LA SEPARACIÓN DE JAQUELINE

Jaqueline llegó nerviosa a nuestro encuentro; no sabía si se animaba a plantearme lo que necesitaba decirme, porque decirlo era aceptarlo y estaba tan contrariada que no podía hacerse cargo de nada.

Pude advertir el desorden de sus emociones desde que llegó a través de pequeñas sutilezas que manifestaban cierto despiste mental.

Entonces saludé a Jaqueline y la miré con calidez a los ojos para aflojar sus tensiones; por suerte, pudimos hacer contacto visual rápidamente y esto la llevó a descomprimir la tensión de su postura y de su respiración.

Para que conozcan sobre ella, la presento: treinta y cuatro años, casada desde hace nueve años, tres hijos, y de nacionalidad australiana; vivía desde hacía catorce años en Argentina y luego de conocer a Dante, su actual esposo, había decidido quedarse en el país por amor. Graduada universitaria con diploma de honor en Derecho nunca había ejercido su profesión.

Desde hacía seis meses, motivada por una amiga, había comenzado a trabajar por primera vez en bienes raíces, mientras los chicos estaban en el colegio, algo con lo que su marido no estaba de acuerdo porque el ingreso de dinero era insignificante comparado con lo que significaba la desdibujación de su rol de madre en casa.

A Jaqueline la traía a mi consulta una casi-decisión que tenía tomada (digo casi porque, en verdad, ni ella tenía claro qué quería realmente). La casi-decisión es que Jaqueline estaba "decidida" a divorciarse.

Comenzamos nuestro trabajo sobre el tema y empecé a escucharla y a preguntarle acerca de su matrimonio, sus rutinas, sus deseos, su felicidad, su tristeza, sus amistades, sus sueños, su futuro y su pasado. Toda información que me permitiría entender qué había pasado en su vida y en ella durante estos años para poder acompañarla con el procesamiento de la decisión.

¿Qué había sucedido en estos años? Jaqueline, obnubilada por las hormonas maravillosas que genera el enamoramiento, había abandonado todo por Dante y entonces había sido muy feliz, pero ahora, la rutina hacía que empezara a extrañar algunas de sus pérdidas (porque no es lo mismo perder por razones fuera de nuestro control que perder por decisión; en el segundo caso, antes o después, se hace presente el arrepentimiento).

En sus primeros diez años en Argentina, Jaqueline había relegado a su familia de origen, sus raíces, su historia, entregando todo por su marido y, luego, por sus hijos. Esto se veía compensado en sus emociones ya que era una mujer muy feliz. Sin embargo, al hacerlo, a la única que había engañado era a ella misma. ¿Quién dijo que para amar de verdad había que elegir entre la familia y el amor? Su marido no se lo había pedido ni sugerido; había sido una decisión propia.

Aunque sus primeros diez años habían sido maravillosos, los últimos cuatro habían sido terribles: Jaqueline extrañaba, la rutina la abrumaba; había empezado a replantearse su rol de mujer, su rol de profesional y, entre todo eso, no sabía si su marido la amaba… y si ella lo amaba. Estas dudas, procesadas en silencio, en su intimidad, habían generado cambios, sutilezas, en su comportamiento que la hacían verse distinta, aunque de manera inconsciente.

Al verla cambiada, su marido, que no tenía estas dudas, le preguntó durante mucho tiempo qué le pasaba, hasta que fue acostumbrándose a estos cambios, a la sensación de que algo no estaba bien, aunque en algunos momentos sentía desamor, en otros inconsistencias, pero como ella decía que todo estaba bien… la distancia se hizo rutina. No peleaban, no discutían, tenían intimidad eventualmente pero no había amor.

Muchos meses así hicieron que, sin tomar conciencia, uno caminara hacia la izquierda y el otro hacia la derecha y, cuando se dieron cuenta, se encontraban a kilómetros de distancia.

La única solución que Jaqueline encontraba frente a estas circunstancias era el divorcio. O sea, dejar otra vez todo para recuperar lo perdido. Ambiguo, ¿no?

Jaqueline se había comportado en el rol típico:

Autoconversador → Medido → Escapista.

Autoconversó sobre sus sentimientos, llegando a conclusiones que no eran las apropiadas, aunque sí las únicas a las que una persona sola puede llegar. Luego de pasar por el rol Medido había concluido donde todos finalizan: Escape = Divorcio.

Le señalé que, así como hay un proceso para casarse (que se llama noviazgo y luego compromiso), debe haber un tiempo para divorciarse (a los que yo llamo desnoviazgo y descompromiso).

Si bien ella ya estaba atravesando el desnoviazgo desde hacía varios meses, no había iniciado el descompromiso, con lo cual saltar directamente al divorcio hoy parecía una solución, pero en el futuro sería un problema, ya que las facturas del corazón se pagan siempre.

Entonces empezamos a trabajar su historia y nos dimos cuenta de que se sentía sola muchas veces. Por ejemplo, cuando viajaba cada dos años a Australia con sus tres hijos para ver a su familia, le habría encantado hacerlo con Dante. Las primeras veces había sucedido así por cuestiones laborales ya que ella quería viajar por un largo periodo y él no podía dejar el trabajo, y con el tiempo eso se hizo una rutina.

Le hablé entonces sobre la importancia de los límites, porque son sanos, enseñan, instruyen, educan, dan confianza.

Jaqueline debería haberle dicho: "Mi familia es tu familia, Dante, porque estamos casados, porque son los abuelos de tus hijos, los tíos de tus hijos", y entonces ir juntos era una responsabilidad compartida.

Seguramente ese límite no los habría alejado; por el contrario, los habría acercado. Le pregunté: "¿Qué te parece que siente Dante cuando te vas sin él; crees que él lo disfruta o en el fondo se siente herido?". Algunas veces, el desgaste de energía que debemos hacer para romper una estructura es muy alto frente al que deberíamos haber hecho para generarla.

Luego de varias sesiones, Jaqueline entendió que debía dar una oportunidad a su matrimonio; entonces, hizo algo que no había hecho desde hacía mucho tiempo: organizó una noche sin hijos, los dos solos. Lo esperó bien vestida, con la cena lista y la mesa puesta, y esa noche conversaron sobre muchas cosas.

Hablaron del motivo por el cual ella viajaba sola; al fin de cuentas esto no le gustaba a ninguno de los dos y, sin embargo, lo hacían. También sobre su historia, sobre lo que aún les gustaba y lo que ya no, sobre los miedos que tenían, sobre las sensaciones. Se pusieron límites: ella le contó que necesitaba trabajar porque era una manera de relacionarse con otras personas, de sentirse útil y valorada, y él lo aceptó (¡qué gratificación era para ella trabajar ahora sin culpas!). Dante le aclaró que lo único que le pedía es que nunca pusiera citas o reuniones durante los fines de semana, porque para él eran días sagrados de encuentro familiar, de los cinco. Ella aceptó también su límite. Que fácil que era entender al otro y manejarse cuando los sentimientos se escuchan, se comparten y se hablan.

Luego de tres años, Jaqueline continúa trabajando y desea crear su propia inmobiliaria (está estudiando para ser martillera pública), y Dante, que es un experto en negocios, la está ayudando con el proyecto. Viajan juntos a Australia a visitar a la familia y los chicos son muy felices al tenerlos allá a todos juntos.

Pensar que por no hablar casi se rompe una familia... El costo de las autoconversaciones es casi siempre tan poco constructivo que ni siquiera beneficia al pensador, tan solo alimenta el murmullo.

EL PAPEL CARBÓNICO

Veinte segundos de vergonzosa valentía pueden cambiar tu vida.

De la película *Un zoológico en casa.*

Retomando la introducción, hay personas que son magnéticas, hechiceras: cuando las vemos nos transmiten confianza, seguridad. Irradian un gran carisma y nos gusta tenerlas cerca porque cuando estamos con ellas nos sentimos seguros.

En cambio, hay otras personas que tan solo al verlas nos sentimos inseguros; concretamente no sabemos por qué, pero nos generan una sensación de incomodidad y desconfianza. Esto se debe, por lo general, a la inconsistencia de su comportamiento, ya sea porque existe una contradicción entre su comunicación verbal y su lenguaje corporal –esto el cerebro lo percibe–, y también muestran una contradicción entre lo que dicen y lo que hacen.

Entonces, cuando alguien no es responsable con sus actos, nos genera desconfianza, porque así como vemos que falta a su palabra con otros, sabemos que también podrá hacerlo con nosotros.

Muchas veces las personas creen que hacen cosas que pueden pasar desapercibidas; sin embargo, todo lo que hacemos, decimos, o pensamos, aun aquello a lo que no damos importancia, deja huella, ya sea en nuestro inconsciente o en quienes nos rodean.

Sobre la base de la acumulación y la consistencia de estas huellas nos conformamos como personas inspiradoras de confianza o generadoras de desconfianza. Incluso aquello que nadie más ve que hacemos, lo vemos nosotros, y luego, en función de ello, nos comportaremos; lo expresaremos de manera directa y también con actitudes, gestos, comportamientos y mensajes indirectos.

LAS COPIAS DEL PAPEL CARBÓNICO

Cuando era chiquita me dijo alguna vez mi abuela paterna: "Si no querés que nadie se entere, ¡no lo hagas!". Claro que esta frase recién pude comprenderla años más tarde, luego de varios ensayos y errores fallidos que me llevaron a entender que lo que hacemos no solo se carga en nuestro recuerdo, sino que los otros también lo registran.

Traigamos a nuestra imaginación una hoja de papel carbón (conocida comúnmente como papel carbónico); los mayores seguramente recordarán días de trabajo haciendo copias con la máquina de escribir, o al dueño de un comercio escribiendo su factura.

El papel carbón es una lámina que permite hacer copias simultáneamente. Este método de copia (inventado a fines del siglo XIX por Pellegrino Turri) trae impregnada tinta negra por una de sus caras, la que se traspasa a una nueva hoja bajo la presión que se ejerce del lado opuesto.

¿Qué sucede entonces cuando la utilizamos? Hacemos presión sobre ella y la tinta de su dorso deja rastro de lo trazado en otra hoja, con lo cual quedan registros idénticos de nuestra escritura.

Si la presión es intensa, quedará una copia de color fuerte y bien definido; si dibujamos suavemente quedará una reproducción difusa del original. Lo cierto es que siempre quedará marca del trazo realizado. Por lo tanto, cuando usamos el papel carbón contamos con dos copias, aquella sobre la cual hacemos el dibujo original y la copia que queda. Si el dibujo no nos gustara o si decidiéramos cambiar el texto que escribimos, creemos que basta con tirar las dos hojas, el original y la copia, y que lo que hicimos dejaría de existir.

Sin embargo, esto es una falsa creencia. ¿Por qué? Porque los registros nunca fueron dos; siempre fueron tres: con mayor o menor nitidez la hoja carbón deja registro de los trazos realizados y así queda una copia de lo que hicimos, la cual está oculta, mezclada con trazos previos que la hacen difusa, pero lo cierto es que, inclusive así, la copia existe.

Entonces, podremos dibujar algo, tirarlo, borrarlo u olvidarlo, pero bastará dar vuelta el papel carbón para comprobar que el trazo permanece. Y podremos volver a escribir como si el carbón fuera virgen, pero ahí están nuestros trazos anteriores.

Lo mismo sucede con nuestras acciones: incluso cuando creemos que algo ha pasado, o ya está olvidado, todo queda registrado en la hoja de papel carbón, que en este caso serían nuestro inconsciente y nuestro entorno.

Seguramente alguna vez cambiaste de opinión y al hacerlo te dijeron: "Pero, ¿antes no decías...?". Sucede que nuestro entorno es un compilador de nuestra historia y a las personas les encanta la consistencia porque esta les da seguridad, entonces están todo el tiempo detectando inconsistencias.

Te cuento una historia:

Había una vez un niño que tenía muy mal genio. Su padre le regaló una caja de clavos y le dijo que cada vez que perdiera el control clavara un clavo en la parte trasera de la puerta. El primer día el niño había clavado treinta y siete clavos. Como estaba aprendiendo a controlar su rabia, durante las semanas siguientes la cantidad de clavos comenzó a disminuir diariamente. Descubrió que era más fácil controlar su temperamento que clavar los clavos en la puerta.

Finalmente, llegó el día en que el niño no perdió los estribos. Se le comentó a su padre y este le sugirió que por cada día que pudiera controlarse sacara un clavo. Los días transcurrieron y el niño finalmente le pudo contar a su padre que había sacado todos los clavos. El padre lo tomó de la mano y llevándolo hasta la puerta le dijo: "Has hecho bien, hijo mío, pero mira los huecos en la madera. Nunca volverá a ser la misma. Cuando dices cosas con rabia, estas dejan una cicatriz como las que ves. Puedes clavarle un cuchillo a un hombre y luego sacárselo. Pero no importa cuántas veces le pidas perdón, la herida siempre seguirá ahí. Una herida verbal es tan dañina como una física, así que controla tu ira y transfórmala en amor".

Esto mismo sucede con nuestra responsabilidad. Podemos hacer, decir, pensar, escuchar, y podremos creer que por el cambio de nuestro accionar, por la corrección de nuestro decir, por el silencio de nuestro pensar o por la pasividad de nuestro escuchar no ha quedado registro del acto. Sin embargo, entre nosotros y los otros siempre existe un papel carbón que impregna un registro que quedará en el inconsciente, y este será la lente del anteojo que afectará la interpretación de la realidad.

Todos nuestros actos dan lugar a una responsabilidad por sus consecuencias, pues todo lo que hacemos las tienen, y aquí aparece uno de los principales errores de las personas: no hacerse responsables de las consecuencias de sus actos y decisiones. Esto adquiere la mayor importancia cuando ocupamos roles de liderazgo.

La responsabilidad de hacerse cargo del registro en el papel carbón deberá ser acompañada por la valentía de aceptarlo y verlo.

LA RESPONSABILIDAD EN LAS COSAS SIMPLES

Haz lo que yo digo, pero no lo que yo hago.
Dicho popular

Susana encuentra a su hija mintiendo sobre una nota que sacó en el colegio, y la regaña por hacerlo, le dice cosas severas sobre la mentira, sobre por qué no está bien hacerlo, hasta se enoja sintiéndose defraudada por el comportamiento de su hija. Horas más tarde, a Susana la llama por teléfono una amiga que habla hasta por los codos y cuando su hija atiende el teléfono, le hace señas diciendo: "Dile que no estoy".

Retrocedamos un momento: ¿Susana estaba enojada con su hija porque la pequeña mentía? ¿Quién le habrá enseñado a mentir?

Sin darnos cuenta, lo que somos sale por los poros; por eso es tan importante ser íntegros, consistentes, responsables, porque es el único modo que tenemos de poder sostenerlo todo el tiempo.

Los chicos son los principales detectores de inconsistencias y cuando lo hacen solemos fastidiarnos con ellos porque hacen notar nuestra falta de la manera más incómoda.

Ser responsable no se trata de un acto, sino de un hábito. Florencia se enoja con su hijo cuando miente, pero este la escuchó mentirle a su jefe cuando le explicó por qué ese día no iba a trabajar. Daniela se enoja con su hijo cuando maltrata a un amigo, pero su hijo la vio furiosa gritarle al conductor del auto que iba delante de ellos porque iba despacio. Pedro se enoja con su hija cuando ella se copió en un examen, pero olvida que la niña estaba presente cuando él le pagaba a un policía para que no le hiciera la multa. Así podría seguir con ejemplos; lo que queda claro es que en los niños hay mucha transparencia porque en ellos se ven nuestras fallas.

Hace muchos años, una amiga me dijo: "Lo más difícil de ver crecer a tus hijos es ver tus defectos reflejados en ellos". Estaba empezando a hacerse cargo viendo cosas que no le gustaban en su hija pero que claramente eran herencia.

Por esta razón debemos aprender a ser responsables, algo muy distinto a que nuestras acciones sean responsables. Debemos ser responsables con lo que pensamos, con lo que decimos, con lo que hacemos y con lo que esperamos.

Porque si bien el efecto de este beneficio se ve muy fácilmente reflejado en los otros, los principales benefactores de un comportamiento saludable somos nosotros.

Para ser responsables hay un ingrediente fundamental: la valentía.

VEINTE SEGUNDOS DE VERGONZOSA VALENTÍA

Esto le dice un padre a su hijo en la película *Un zoológico en casa*,[3] que fue inspirada en una historia real.

Al ver la película escuché una frase que encuentro maravillosamente acertada: "¿Sabes?, a veces todo lo que necesitas son veinte segundos de coraje irracional. Literalmente veinte segundos de valentía vergonzosa y te prometo que obtendrás algo muy bueno a cambio".

---

3. Película estadounidense de 2011 titulada en inglés: *We Bought a Zoo*. Dirigida por Cameron Crowe y protagonizada por Matt Damon y Scarlett Johansson entre otros.

La racionalidad, los miedos, los preconceptos nos limitan y muchas veces nos impiden hacer lo correcto. Estas palabras son muy pertinentes para alcanzar un sueño, y en este contexto las aplicaré al camino de ser responsables.

Defender una idea o a una persona, decir una verdad, dar un consejo verdadero, llamar la atención a alguien que no está haciendo lo correcto, pedir perdón, retractarse de una idea, son acciones que muchas veces requieren de valentía para animarnos a exponernos; entonces, ser responsables está directamente atado a nuestro coraje.

Lo que realmente lleva romper esa barrera de miedo a exponerse son, simbólicamente, "veinte segundos", porque una vez que se inicia el tema, la angustia y el miedo dejan de ser protagonistas.

¿Qué pasa cuando somos valientes? Nos liberamos y liberamos a los otros, porque cuando las cosas están mal, incluso sin darnos cuenta, estamos todos atados.

Laura es una abuela de muy buenas intenciones aunque no muy presente; cuando está con sus nietos les da mucho amor, pero en comparación con otras familias, los ve con poca frecuencia (unas ocho veces al año). El tema no se explicita, aunque los hijos hacen chistes a sus espaldas y, cuando se siente juzgada como abuela, Laura se pone a la defensiva.

Hace algunos años, no pudo estar para el cumpleaños de un año de una de sus nietas y como, según su preconcepto de "lo que debía ser", se sentía avergonzada por no asistir, tardó en avisar que no estaría presente en la celebración.

Lo comentó al pasar en un evento familiar y el mensaje no quedó del todo claro. Laura se quedó con la duda; no se atrevía a hacerse cargo y decir que no iría; su hijo y su nuera se sintieron muy molestos porque pensaban que, además de no haber ido, ni siquiera había avisado.

Como al hijo y a la nuera de Laura no les gusta el conflicto, dejaron pasar el tema y siguieron como si nada hubiera pasado.

El día del cumpleaños de Francisca, hubo un problema con las líneas telefónicas en la zona debido a una antena que se había caído, por lo que todos los que estaban allí no podían comunicarse. Ese mismo día, Laura llamó a la noche para ver cómo había salido y se encontró con que nadie la atendía. ¿Qué fue lo primero que pensó? Que estaban enojados con ella, y como producto de su falta de valentía y responsabilidad, lejos de sentirse angustiada, se enojó, porque entendió que le estaban pagando con la misma moneda. A los dos días, cuando se recuperó la antena, el hijo de Laura se encontró con un terrible descargo de su madre, producto de lo que durante esos días ella había estado pensando.

Todo el problema derivó de especulaciones, de falta de responsabilidad para hablar los temas importantes y de no hacer las cosas bien.

Las personas que obran mal y no se hacen cargo representan un riesgo, porque la sensación de responsabilidad por sus actos las llevan a complicar, y muchas veces a empeorar, las situaciones.

Por eso, ser valientes es un valor, porque cuando nos rodeamos de personas valientes, se nos presentan mejores oportunidades y tenemos relaciones más sanas.

RESPONSABILIDAD EN SU SENTIDO AMPLIO

Ser responsable es una de las principales virtudes de una persona, cualquiera que sea el ámbito en el que se desempeñe; es un valor humano.

¿Qué puede generar mayor respeto que una persona que toma decisiones de manera consciente, que asume sus consecuencias y siempre responde por ellas ante quien corresponda?

A lo largo de los años he podido identificar cuatro tipos básicos de responsabilidad:

- Por lo que se dice.
- Por lo que se hace.
- Por lo que se piensa (quizás la más extraña, pero la más importante de las responsabilidades).
- Por lo que se escucha.

Pasemos a hablar de cada una de ellas para dejar claro de qué tratan, en cuál fallamos y cómo hacer para empezar a ser responsables en todo sentido.

Responsabilidad por lo que se dice

Esta es la más explícita. Debemos ser responsables por lo que expresamos, porque las palabras hieren, forjan, condenan, definen destinos. Por lo tanto, siempre que seamos un referente de opinión para alguien, nuestra palabra tendrá un poder que implica un gran responsabilidad.

En muchas oportunidades hablamos "por boca de jarro" y, por supuesto, alguna vez puede pasarnos; aun en ese caso debemos asumirlas con responsabilidad, hacernos cargo. Disculparnos, corregirlas, aclararlas, no borrarlas mentalmente para hacer de cuenta que nunca existieron.

A lo largo de mi vida aprendí que pedir perdón no es algo que hacemos para los otros; lo hacemos para nosotros. Aquel que pide perdón se libera del vínculo de esa relación y se transforma en una persona libre.

La historia de Silvia:

Silvia era bastante liberal para expresarse; quizás encontraba en su papel crítico hacia los demás un rol de complicidad con quienes hablaba; entonces adoptaba en los vínculos (principalmente de dos) un rol muy juzgador de los demás, o sea, era una persona supercrítica.

Un día, Silvia se encontraba criticando a su cuñada sin ningún reparo, sin saber que ella estaba muy cerca. Cuando la vio ya había dicho tantas barbaridades que solo pudo frenar su discurso y se puso pálida.

Ese día el comportamiento de Silvia con su cuñada fue raro, evasivo, pues temía lo que fuera a pensar o decir después de todo lo que seguramente le había escuchado decir.

Desde ese día la relación con su cuñada cambió, adoptó una actitud distante, fría, evasiva y hasta cortante. Sí, cortante. En general, el que mal se comporta, mal actúa luego. Por eso suelo decir: cuidado con la gente que nos trata mal, porque es probable que algo malo hayan hecho.

Volviendo a nuestra historia, Silvia se alejó y un día terminó enojándose ella con su cuñada: las autoconversaciones la llevaron a un lugar de "víctima" que la protegían de su propia vergüenza. Luego de muchas conversaciones con ella, logré que pidiera perdón a su cuñada y hablara sobre este viejo evento que las separaba. La mejor parte de la historia es que aquel día la cuñada no había escuchado nada; por lo tanto, no entendía qué le pasaba a Silvia. Desde que la joven pudo admitir lo sucedido, se volvió más libre. Porque se hizo responsable de lo que dijo y eso la liberó de sentirse juzgada inclusive cuando nadie lo hacía.

Creo que este ejemplo deja en claro la responsabilidad por lo que decimos. Debemos asumirla por los otros y, sobre todo, por nosotros.

Observo que las personas por las que siento más respeto no dudan en decir "me equivoqué", o "lo siento...". Por otra parte, algunas personas parecen constitucionalmente incapaces de asumir la responsabilidad de sus propios errores, y cuando lo intentan, expresan algo así como: "Puedo haber estado parcialmente en falta, pero ..."; o: "Puede parecer que estaba equivocado, pero...". No pueden hacerlo.

Disculparse libremente requiere mucho coraje. Nos resulta incómodo admitir un error, o reconocer que algo que hicimos causó algún daño o inconveniente. Así que, cuando alguien verdaderamente se disculpa, sabemos que está poniendo la honradez y el honor por encima de la comodidad personal o la autoprotección. Lo encuentro inspirador... y valiente.

¿Y qué pasa con lo que decimos cuando estamos enojados? Esas pequeñas palabras que cambian el curso de un momento o de una relación. El segundo justo en el que, nublados por la emoción, la furia, la desolación, decimos lo incorrecto y solo podemos pensar luego: "¿Para qué lo dije? ¡Cómo me gustaría volver el tiempo atrás para no decirlo!".

A todos nos pasó, nos puede pasar... El mejor consejo que puedo darte es: trata de pensar cuando sientas enojo (no te nubles), aunque si pasa hay un truco sagrado y no falla: pedir perdón.

Cuando hacemos lío las personas solemos ponernos orgullosos para protegernos, entonces nos hacemos los enojados y actuamos con indiferencia, distancia, frialdad con aquella persona con la que discutimos, y ahí 30 cm se vuelven 100.000 km. Porque las palabras lastiman, pero la indiferencia destruye. Y entonces, de la nada se hace un mundo entero. La historia es más o menos así:

alguien hace un comentario inoportuno
↓
otro responde con furia algo súper hiriente
↓
los dos se enojan
↓
el que peor contestó por orgullo se pone distante
↓
el que recibió la contestación se enoja más
↓
100.000 km de distancia por nada

Para pedir perdón hay que dejar el orgullo herido a un lado, aceptar que somos imperfectos, que a veces hacemos mal las cosas y que ser imperfectos no nos hace menos poderosos o mágicos, sino más humanos. Y te cuento un secreto, ¿sabes por qué nos cuesta mostrarnos menos poderosos y más humanos? Porque cuando tomamos consciencia de que somos humanos, sabemos que somos mortales, y la idea de que un día moriremos nos aterra.

Ahora que lo sabes, no pierdas personas o buenos momentos por soberbia u orgullo herido, te propongo que pidas perdón; seguramente será un ratito incómodo que dará lugar a oportunidades gratas.

Responsabilidad por lo que se hace

Debemos ser responsables por lo que hacemos, sobre todo cuando somos líderes, padres, maestros, profesionales que desempeñan un rol de referencia para otros.

¡Qué mejor ejemplo que el rol parental para graficar el sentido de este valor! Los chicos ven todo, pero aunque son los más evidentes (porque no tienen filtro al momento de opinar) no son los únicos espectadores de nuestras vidas.

Todo lo que hacemos deja su sello y entonces es un precedente de consistencia que debemos cuidar. Por ejemplo, no podemos irnos de vacaciones al Caribe si debemos dinero a un amigo. Es una inconsistencia que se paga. Tampoco podemos mandar a nuestro hijo a un colegio privado si militamos con ideologías de izquierda. Estas inconsistencias, aunque aporten a nuestro status social, deterioran nuestra imagen de confianza y estabilidad. Nos quitan responsabilidad respecto a nuestro criterio y comportamiento, y perder estabilidad es el primer paso del fracaso individual.

Responsabilidad sobre lo que se piensa

¡Mi favorita! Aquello que no decimos se nos escapa por los poros, me dijeron una vez, ¡y nunca más lo olvidé!

Debemos tener cuidado con los pensamientos (y si bien lo creo fervientemente no voy a entrar en la filosofía del poder de la palabra, porque el fin de este libro es que puedas transformar de manera concreta la calidad de tus relaciones); entonces, es necesario que tengas cuidado con los pensamientos ya que estos se expresan solos.

Lo que pensamos lo decimos *siempre*, algunas veces de manera directa con nuestras palabras y otras veces (la mayoría) con nuestros comportamientos.

Un ejemplo:

Adolfo estaba convencido de que Diego era un inútil total; sin embargo, por complacencia y cortesía intentaba realzar su imagen en cada evento que encontraba. Era tal su certeza de que Diego no servía para nada que sentía que se notaba demasiado; entonces, su comportamiento sobreactuado para contrarrestar su pensamiento lo hacía adoptar una actitud artificial en la relación, que generaba inconsistencia y la confirmación de que no sentía respeto alguno por su colega.

Cuando un día le preguntaron a Diego, "¿Qué onda con Adolfo?", Diego contestó rápidamente: "Adolfo está convencido de que soy la última persona a la que llamaría si necesitara algo".

Bien distinto, pero también relacionado con la responsabilidad por nuestro pensamiento, es el mandato de la verdad con nosotros mismos. O sea, no mentirnos por temor a hacernos cargo de lo que sentimos/pensamos. Aquí es donde radican muchos de los complejos reprimidos que cargamos.

Esta historia caló muy profundo en mí y si bien no es una historia feliz, es real, y el mundo está hecho de historias reales:

Bárbara, ingeniera graduada con un diploma de honor, sale una noche con amigas a celebrar su graduación; conoce a un muchacho que la cautiva y pasan una hermosa e imprevista noche juntos (algo poco habitual en un perfil como el de Bárbara, quizás el desborde de un objetivo logrado luego de años de esfuerzo la hicieron perder el norte que su superyó comandaba). Treinta días después de esta noche (de la cual se arrepintió enseguida), le llegó la noticia: estaba embarazada.

En un momento toda su vida se desordenó: sus planes, sus ideas, su proyección de carrera y su vida bien organizada. Si bien esto ya era un cambio importante, ella no podía saber que el cambio mayor aún no había llegado.

La decisión de Bárbara fue continuar el embarazo como madre soltera; se hizo cargo de la situación (asumiendo responsabilidad por sus actos) y lo compartió con toda su familia, quienes la apoyaron incondicionalmente luego del asombro que les produjo la noticia.

Por esas cosas de la vida, destino o suerte, como cada uno lo entienda, el embarazo desencadenó en Bárbara una enfermedad incurable: la epilepsia. Esta generó en ella convulsiones que le restaron algunas de sus facultades, dejando secuelas socialmente imperceptibles pero que jugaron en detrimento de su profesión.

Su hijo nació radiante y lleno de salud. Ella se entregó como lo había hecho siempre con todo, con amor y energía, e hizo de su hijo un niño feliz y saludable. Sin embargo, el exceso de amor sobre el niño hacían del vínculo algo extraño. La joven no se sentía infeliz, pero caminaba abatida por la vida y con algunos episodios de angustia eventuales e inmanejables.

Cierto día, en un encuentro conmigo, le pregunté si pensaba que su hijo le había robado su vida. Esperaba una reacción a esa respuesta, sin embargo no tan extrema como la que recibí. Bárbara estalló en una nube de furia conmigo en la que parecía que mis palabras le habían resonado como una maldición.

Si bien no me lo decía en palabras, su furia me daba la razón: Bárbara estaba convencida de que su hijo le había robado la vida.

Tardó dos meses en volver a su encuentro conmigo, dos meses que, según me contó, fueron dolorosos, sintiendo culpa, angustia y dolor. Sin embargo, cuando regresó, en la primera sesión de la nueva etapa, lo primero que me dijo fue: "Aquel día que tanto me enojé, la furia que te deposité, fue la furia que deposité en mí, porque realmente creo eso y me odio por creerlo. Hago todo lo posible para que mi hijo se sienta amado, porque en el fondo temo hacerlo cargo de mis errores".

Esa cita fue para Bárbara el principio de una nueva y hermosa etapa (asumiendo responsabilidad por lo que pensaba). Lloró un buen rato, pudo hablar, pude aconsejarla, hablamos sobre los sentimientos reprimidos, sobre el poder amar aun con sentimientos como ese, y sobre lo genuino de poder ver las grietas inclusive en los vínculos más verdaderos.

La relación de Bárbara con su hijo cambió, floreció. Pudo retarlo cuando correspondía sin sentirse culpable, porque sabía que lo amaba aun cuando él era la razón de lo que le había sucedido, pudo ser una madre que se enoja, que se ríe, que disfruta, que cuenta su historia sin culpas y que dice la verdad.

Es imposible saber qué habría sucedido si esa noche ella no hubiera concebido a su hijo; si hubiera sido más o menos feliz. Lo cierto es que hoy, blanqueada consigo misma en la honestidad de sus malos y sus buenos pensamientos, se sentía una mujer segura, firme y con posibilidad de construir aquello a lo que sus deseos la invitaran.

Ser honestos con lo que pensamos es el principio, porque es la mejor forma de ser libres para poder opinar, pensar, decidir y avanzar. Si no somos honestos, todos nuestros comportamientos directos y también los indirectos (que no haremos de forma consciente: gestos, olvidos, etcétera) serán como una sirena: ruidosos, disruptivos y llamativos.

Responsabilidad sobre lo que se escucha

Tenemos dos mundos de escucha: la escucha que nos corresponde y la escucha que no nos corresponde, así como lo hemos definido, y en ambos mundos debemos tener responsabilidad con lo que hacemos con esa información.

El mundo de escucha que nos corresponde es cuando nos cuentan algo, puede ser un amigo, un familiar, un conocido. Alguien que necesita contarnos algo ya sea para compartirlo, para pedirnos una opinión o como confidentes; en cualquiera de los casos nuestra responsabilidad con la información hablará de nosotros; ya sea por los consejos que demos, por lo discretos que seamos o por la atención que pongamos.

Saber escuchar es una gran virtud, mucho más importante que la de saber hablar, y es algo para lo cual casi no estamos formados.

Tu responsabilidad con la información que te provean te dará un rol, una imagen y un estilo de relacionamiento con los otros, que solo lograrán observándote.

El otro gran mundo es el de la información que no nos corresponde. ¿Cuál es esa información? La que nos llega por error o de una manera ilegítima.

Durante años me he divertido invitando a debates en grupos de amigos, pares y colegas con este disparador: existe información que no nos corresponde y debemos ser cuidadosos con ella.

¿Cuál es esa información? La que no nos fue suministrada de manera directa o validada, sino que llegó a nosotros por chisme, rumor, hurgamiento, indagación, escucha escondida, en fin…, ya todos sabemos y podemos visualizar con estos ejemplos situaciones en las cuales captamos información que no estaba destinada a nosotros.

Mirar los chats a escondidas de un novio, recibir datos de una amiga curiosa que viene a contarnos sobre otros, prestar atención cuando otros hablan sin darse cuenta de que estamos escuchando, son eventos que hacen que encontremos información que de otra forma no nos habría llegado. ¿Cuál es el problema con ella?

- Carece de contexto, con lo cual le faltan datos que la hagan completa.
- Al ser ilegal o ilegítima, intentaremos demostrar que no sabemos nada, con lo cual generaremos comportamientos opuestos.

Muchas veces no elegimos recibir información que no nos corresponde, que sucede como resultado de una serie de circunstancias imprevisibles; sin embargo, cuando esto suceda si no podemos evitarlo deberemos blanquearlo; es la única salida.

LA AUTOTRAMPA DE LA TRAMPA

Las personas muchas veces hacen lo incorrecto, como mentir, por ejemplo, entendiendo que la mentira producirá un beneficio personal; sin embargo, uno de mis pasatiempos favoritos es demostrar cómo todo lo malo que cometemos "sin querer", a los únicos que genera daño (incluso cuando hay una ganancia), es a nosotros mismos.

Como en las películas infantiles, la bruja malvada armando un plan macabro con un fin súper victorioso, termina enredada en sus propios planes.

A menudo se cree que cuando una persona hace o dice algo que no es correcto con el fin de manipular a alguien o con el fin de manipular alguna información, logra su objetivo; sin embargo, lo que hace sin darse cuenta es cargarse de una mochila muy pesada con cuidados a no ser descubierto, temor a serlo; o sea, acciones para protegerse.

Cuando mentimos caemos en nuestra propia trampa, la de tener que tejer la telaraña que dé contención a esa mentira, y hacerlo es un trabajo complicado y demandante.

Amy Morin (2016), autora del libro *13 cosas que no hace la gente mentalmente fuerte*, habla de un estudio de la Universidad de California directamente relacionado con los intereses que han guiado su obra. La investigación concluye que el engaño que nos parece conveniente puede llegar a costarnos mucho bienestar.

Los datos para Morin son desalentadores: una abrumadora mayoría de personas, al menos en EE.UU., tiende a hacer trampas en aspectos importantes de la vida. Según los datos que proporciona en su artículo, un 56 % de los estudiantes de Administración y Dirección de Empresas admiten haberse copiado en los exámenes al menos una vez, el 41 % de las personas casadas confiesan alguna infidelidad "física o emocional" y entre tres y cuatro personas –sobre todo los hombres, pero no por mucha diferencia con las mujeres– afirman que engañarían a su pareja si supieran que nunca serán descubiertos.

Los que engañaron intentaron justificar su deshonestidad convenciéndose de que en el fondo eran buenas personas, pero en la práctica sabían que los otros participantes lo verían como una acción inmoral si se enteraran, y esa discrepancia entre las dos imágenes, la suya propia y la que imaginaban en la cabeza de los otros, ensombrecía sus éxitos sin importar las recompensas.

En tal sentido, el engaño a otros tiene tres consecuencias directas para quien lo lleva adelante:

- Las personas que engañan tienden a creer que los otros quizás se dieron cuenta o que podrían hacerlo, y entonces establecen relaciones basadas en la desconfianza y la autopreservación que los hacen actuar de manera poco natural con el fin de cuidar todos los detalles. Por esta razón, las personas que engañan suelen ser menos libres, aunque crean lo contrario, porque quedan atadas a sus propias mentiras.

- Las personas que engañan tienden a perder confianza en su entorno porque creen posible que los demás les hagan lo mismo que ellos hicieron.

- Las personas que engañan suelen ser conspiradoras o tener sensación de persecución, ya que tienen miedo a que los demás piensen de ellos lo que ellos saben de sí mismos.

Por esta razón es que cuando uno miente o engaña, el primer afectado es uno mismo.

Me encanta una escena de la serie *The Big Bang Theory*.[4] Uno de los protagonistas –Sheldon– le presta dinero a una chica –Penny–, ya que ella está complicada económicamente y le asegura que se lo devolverá pronto; a Sheldon no le preocupa mucho cuándo será el reintegro porque para él ese monto no es importante. Penny sabe que no podrá pagar el dinero a su amigo; sin embargo, le promete devolvérselo en una semana.

Tras el préstamo, Sheldon sigue con su lógica de siempre, pero Penny cambia abruptamente su comportamiento, ya que sabe que no fue honesta cuando se lo pidió (por vergüenza o por temor) y entonces empieza a ser altamente susceptible a todo lo que dice o pasa porque lo único que puede ver es lo que ella sabe. Los malentendidos que empieza a hacer de cada gesto, comentario o situación, hacen que termine peleándose con el muchacho, quien jamás registró nada de lo que estaba pasando.

A menudo caemos en estos juegos internos, y así sucede por nuestra falta de honestidad; te invito, entonces, a repasar estos eventos en tu vida. Cierro con una frase atinada: "Las mentiras te pueden llevar lejos, el problema es que no te permiten volver".

EL ROLLO

Algunas veces, a partir de un nudito nuestra mente arma un enredo gigante. Las autoconversaciones nos hacen mucho daño porque vamos y venimos sobre nuestro mismo pensamiento,

---

4. Exitosa comedia de situación estadounidense estrenada en 2007 y finalizada en 2019 tras 12 temporadas.

armando y desarmando teorías a las cuales les faltan datos para estar completas.

Como la mente no tolera los espacios vacíos, rellena todos los huequitos con la información que encuentra. Entonces surgen pensamientos como: "Me habrá dicho … porque …"; "Seguro que sabe lo que yo pienso"; "Seguro que no me contesta porque …". El problema de las autoconversaciones sobre el nudito es que crecen rápido y de golpe; tan solo porque un llamado no fue atendido, por ejemplo, el mundo se viene abajo, y esto sucede porque la maraña de nuditos creció en nuestra mente.

A todos nos pasó alguna vez: nos hicimos el rollo y el problema es que de golpe nos olvidamos dónde empezó todo ¡y el rollo nos come enteros!, porque los rollos crecen indefinidamente, se alimentan con avidez de sí mismos.

Por suerte existen personas mágicas en nuestra vida, que son expertas en ser limpiadoras de rollo, que llegan con su templanza y empiezan a despejar las ideas: con un buen consejo, con un abrazo que nos saca del mundo de la fantasía para llevarnos al mundo de la realidad, con un grito, con un beso... cada limpiador tiene su estilo.

No te hagas el rollo; mi técnica por excelencia, y quienes me conocen lo saben, es **encarar siempre**. Pregunto: ¿qué paso?, ¿en qué estás?, te veo raro... ¿estás bien?, ¿por qué hiciste …?

Si no te animas porque el vínculo no da para eso, mejor deja que la vida te cuente qué pasó, por qué no fue, por qué no atendió, por qué se fue o por qué lo hizo... porque el rollo tiene un problema: se maximiza. Crece sin límites porque, como te dije, el rollo se alimenta del rollo.

SABER PEDIR DISCULPAS

Muchas personas, especialmente los aspirantes a líderes, creen que para inspirar respeto deben ocultar las debilidades y errores individuales, porque les parece que son un signo de incompetencia a los ojos de quienes esperamos que nos sigan o nos valoren. Estoy en desacuerdo, ya que justamente la autocrítica es la base de la confianza del otro.

Los seguidores buscan ver si un líder es valiente antes de aceptar plenamente su liderazgo. Cuando ven coraje, asumiendo plena responsabilidad de las acciones y admiten disculparse por los errores, identifican indicadores clave de valor.

La gente necesita líderes valientes para sentir que hay alguien para hacer las llamadas difíciles, para enfrentar las situaciones incómodas, para defender ideas comunes, para cuidar un bien; alguien que en caso de emergencia pueda tomar y asumir la responsabilidad por ellos. Con un líder valiente, las personas se sienten protegidas, no porque se sientan indefensas, sino porque saben que la persona a cargo realmente tiene espalda.

Entonces, el valor engendra coraje: está comprobado que cuando un líder es valiente y responsable, sus seguidores tienden a tomar sus propias decisiones difíciles y asumir la responsabilidad por ellas cuando modelan ese comportamiento. Como se traduce en el cerebro la inspiración de la valentía: si tienes espalda que te cubra, eres mucho más propenso a exponer la propia.

Pedir disculpas, entonces, es el primer gran paso para mostrarse valiente y responsable. ¡Es un momento incómodo, sin duda!, y quien pueda enfrentarlo con soltura, para el inconsciente colectivo será capaz de hacerse cargo de cualquier situación incómoda.

Debido a que muchos sienten dificultades para disculparse, pensé que podría ser útil contar con el siguiente recurso.

Una "cartilla de disculpa"

"Lo siento" es el núcleo de una auténtica disculpa. Empezar por "lo siento" o "me disculpo" es la base de un verdadero pedido de disculpas, luego desear haber actuado de otra manera, diciendo cuál habría sido la forma correcta. Ninguna disculpa es completa sin esto ya que uno se lamenta por lo que ha hecho mal y tiene claro cómo habría sido hacerlo bien. Esto genera confianza en el receptor.

Un detalle importante en el pedido de disculpas es evitar la palabra de la discordia, el contraproducente *pero*.

Una vez expresado el arrepentimiento, jamás debe acompañarse la frase con una excusa encabezada con un pero, porque puede hacer que todo explote.

En una discusión de pareja, el marido se sobresalta con el enojo con su esposa y le dice algunas frases que a ella le calan profundo generando un llanto desconsolado; frente al llanto el marido se da cuenta de que se ha excedido y su nivel de furia desciende súbitamente y le dice: "Por favor, perdóname, me excedí, no era para tanto *(hasta aquí ella ya estaba perdonándolo en su interior)*, pero también me haces enojar con tu pensamiento tan irracional". *(Aquí el perdón que estaba llegando se disuelve y estalla nuevamente el conflicto).*

Decir cómo va a arreglarlo. Esto sella el trato. Si realmente se arrepiente de sus palabras o acciones, se comprometerá a cambiar. Esto debe ser simple, factible y específico. "Lo siento, me excedí, no era para tanto; salgamos a tomar algo, y mañana, ya más relajados, volveremos a tratar el tema."

Te propongo que lo hagas. Conozco a algunas personas que no tienen dificultades para disculparse, aunque parecen tenerlas para seguir sus disculpas. Si se disculpa y dice que va a comportarse de manera diferente, y luego no lo hace, en realidad es peor que no haber pedido disculpas.

Ahí lo tienes, es fácil. La próxima vez que estés frente a un evento en el cual te hayas confundido, deja a un lado la autojustificación, las excusas, la culpa, la actitud defensiva, y simplemente discúlpate. Ser valiente de esta manera parece atemorizante de antemano, pero se siente genial una vez que lo hiciste, tanto para ti como para los que te rodean.

PNL (PROGRAMACIÓN NEUROLINGÜÍSTICA)

Todos sabemos que la buena comunicación no depende solo de lo que decimos sino también de cómo lo decimos.

Con la PNL (programación neurolingüística) podemos interpretar la mirada y saber cuándo alguien está mintiendo.

Encuentro muy acertada una frase que resume el arte de leer el lenguaje corporal que dice: "El silencio otorga, la mirada habla y la sonrisa confirma".

Cuando procesamos pensamientos movemos el cuerpo de una determinada manera. Si tratamos de recordar algo, por ejemplo, miramos hacia arriba y a los lados, nos tocamos la cabeza y cerramos un poco los ojos, hasta encontrar la información que tenemos archivada en nuestro cerebro.

La mente y el cuerpo funcionan como un todo y transmiten un mensaje con muchos matices. Ni el mentiroso más experimentado puede controlar todo el tiempo lo que la ciencia denomina microexpresiones faciales. Se trata de gestos involuntarios, que duran una vigésima de segundo, que pueden revelar el estado anímico que queremos ocultar. Son reacciones que no pasan desapercibidas para un ojo bien entrenado, pero que para el común de los mortales son casi imperceptibles.

Lillian Glass (2015) es analista del comportamiento humano y experta en lenguaje corporal. Ha colaborado con el FBI numerosas veces y es autora del libro *El lenguaje de los mentirosos*. Señala que "mentir supone un esfuerzo consciente, pues el individuo debe medir sus palabras, controlar sus movimientos corporales y, en definitiva, comportarse de una manera muy poco natural".

En su libro presenta algunos de los signos que delatan a aquellos que nos quieren engañar.

- Repiten palabras y frases. Joseph Goebbels dijo: "Si una mentira se repite lo suficiente, se convierte en verdad". Glass expresa que "al repetir la información creemos erróneamente que la verdad tiene más peso tanto para uno mismo como para los demás". Un ejemplo muy ilustrativo aparece cuando se formula una pregunta: "¿En qué lugar dices que quedaste con tus amigos?". Respuesta: "¿Dónde quedé con ellos? Pues en el bar". ¡Ajá! Pillado…

- Te dan demasiada información. La autora explica que "una tendencia muy común en las personas que mienten es la de adornar las historias con excesivos detalles". Para que no parezca una explicación muy esquemática, "las mentiras se envuelven en un gran discurso con el fin de dar mayor credibilidad". Un estudio realizado por la American Psychological Association (citado por Glass) explica que "es mucho más sencillo descubrir una mentira cuando pedimos a la persona que cuente su historia al revés"; lo que sucede es "la autocorrección, las contradicciones y la falta de detalles sensoriales".

- La mirada está fija la mayor parte del tiempo. Glass explica que "lo que más se escucha sobre la mirada de un mentiroso es que la mueve con nerviosismo; sin embargo, en muchas ocasiones lo que hace es mantenerla fija en el receptor de la conversación". Una investigación realizada por expertos en PNL ha demostrado que "el movimiento ocular es independiente de la veracidad de la historia", la persona "te mira más fijamente para comprobar que crees su historia".

- Se les seca la boca. A partir de muchas grabaciones que el FBI ha llevado adelante con sospechosos, Glass concluye que "aquellas personas que mienten sufren, sin duda alguna, estrés y, en consecuencia, el sistema nervioso reduce el flujo de saliva". En los videos de falsos testimonios se observa cómo "los interrogados tienen más inconvenientes en hablar y se puede comprobar que están sedientos".
- Se tocan partes del cuerpo. Glass señala que "las personas que mienten, aunque preparan su discurso y hasta incluso lo planean, tienden a tener gestos que aparecen de forma natural y son paralelos a la explicación de la mentira". En la mayor parte de los casos, los mentirosos "se tocan la garganta, el pecho, la cabeza porque no saben exactamente qué hacer con sus manos".

Estudios neurológicos han demostrado que cuando tenemos pensamientos de diversos tipos nuestros ojos lo reflejan moviéndose en diferentes direcciones en función de las áreas del cerebro que se estimulan.

- Visualización. Mirar hacia arriba o hacia el frente y de forma desenfocada. La persona está visualizando imágenes.
- Imágenes recordadas visualmente. Mirar hacia arriba y hacia la izquierda. Está recordando algo que vio en el pasado.
- Imágenes construidas visualmente. Mirar hacia arriba y hacia la derecha. Está creando una imagen.
- Sonidos construidos o recordados. Mirar hacia los lados. La persona está recordando o creando sonidos en su

mente. Hacia la izquierda recuerda sonidos y hacia la derecha construye sonidos.

- Diálogo del cuerpo. Mirar hacia abajo y a la izquierda. Se trata de una persona que está hablando consigo misma y razonando.
- Sensaciones del cuerpo. Mirar hacia abajo y a la derecha. Está en modo kinestésico y envuelto en sus emociones.

Antes de analizar la mirada de una persona, debemos hacer una pequeña prueba para calibrar cómo mueven los ojos.

Podemos empezar con preguntas sencillas sobre cosas que tenga que recordar como: "¿Cómo te fue ayer, qué hiciste?"; o "¿Qué tal estuvo la fiesta del otro día?". Fíjate hacia dónde mueve los ojos: lo habitual es que los mueva hacia la izquierda.

A continuación, puedes hacer un par de preguntas que hagan que la otra persona deba imaginar algo: "¿Cómo te imaginas los próximos años?"; "¿Te gustaría tener hijos?"; "¿Te gustaría salir a cenar esta noche?". Si está imaginando algo, la persona moverá los ojos a la derecha. Una vez hecho lo anterior, puedes realizar la pregunta sobre la que deseas conocer la verdad. Si es una pregunta sobre algo que pasó moverá los ojos hacia la izquierda; si es sobre algo que pasará, los moverá hacia la derecha.

De igual forma, el resto de nuestro rostro y de nuestra postura corporal hablan sobre nuestros pensamientos.

Las presencia de patas de gallo en una sonrisa demostrarán lo genuina que es. Tocarse la nariz durante una conversación denotará miedo (por esta razón la picazón de nariz se asocia a la mentira, al miedo a que alguien descubra la fisura en nuestro discurso).

Tocarse las orejas durante una conversación es la representación inconsciente del deseo de bloquear las palabras que el otro está compartiendo.

MOVIMIENTO DE LOS OJOS | IZQ

ACTIVACIÓN DE LOS RECUERDOS

ARRIBA: BUSCA RECUERDOS VISUALES

COSTADO: RECUERDA SONIDOS

ABAJO: PENSAMIENTO INTERIOR

NARIZ

TOCARSE LA NARIZ ES SIGNO DE MIEDO O MENTIRA. QUIZÁS MIEDO A SER DESCUBIERTO.

OREJAS

TOCARSE LA OREJA, ES LA REPRESENTACIÓN INCONSCIENTE DEL DESEO DE BLOQUEAR LAS PALABRAS QUE SE OYEN.

MOVIMIENTO DE LOS OJOS | DER

ACTIVACIÓN DE LA IMAGINACIÓN

ARRIBA: CREA/INVENTA/IMAGINA

COSTADO: CONSTRUCCIÓN VERBAL

ABAJO: PENSAMIENTO DE SENSACIONES

PATAS DE GALLO

CUANDO SE FRUNCEN, ES QUE LA RISA ES GENUINA

BOCA

TAPARSE O TOCARSE LA BOCA, SI SE HACE MIENTRAS SE HABLA, PUEDE SIGNIFICAR UN INTENTO DE OCULTAR ALGO. SI SE REALIZA MIENTRAS SE ESCUCHA, PUEDE SER SEÑAL DE QUE SE SOSPECHA QUE QUIEN HABLA OCULTA.

LA VALENTÍA COMO MADRE DE LA RESPONSABILIDAD

La valentía está directamente emparentada con la responsabilidad, pues la gente que es valiente suele ser responsable, ya que tiene la fortaleza para hacerse cargo de lo que le toque.

Cabe establecer una diferencia importante entre las personas valientes y las cobardes, porque solemos creer que los valientes no tienen miedo, y no es así: todos sentimos miedo, aunque algunas personas actúan a pesar de eso y otras lo utilizan como una excusa para no hacerlo: llamamos valientes a los primeros y cobardes a los segundos.

Hacerse cargo no es fácil, pues a nadie le gusta vivir situaciones incómodas; al fin de cuentas, el éxito está relacionado con nuestra capacidad para soportar situaciones incómodas.

Las personas que son valientes pueden responder a lo que les sucede en la vida y por eso los demás tienden a alinearse, casi sin darse cuenta, detrás de ellas, porque saben que podrán hacerse cargo (o sea, ser responsables) cuando sea necesario y que no escaparán de una situación complicada.

Pasemos a un ejemplo de mi hija Felicitas (en ese entonces de cinco años). Un día, mi esposo Mariano se enojó muchísimo con Francisco (que tenía ocho años) porque se había portado mal y le dio una última oportunidad para que cambiara su comportamiento.

Horas después, salimos todos a una cena invitados a la casa de unos amigos. Al subir al auto, Francisco nuevamente se puso caprichoso y Mariano, enojado, le dijo: "Cuando lleguemos, no vas a bajar y te vas a quedar en el auto". (Por supuesto, no era cierto, solo parte de un límite para hacerle sentir rigor).

El clima en el auto se puso tenso y nadie hablaba porque el regaño había sido definido e intenso.

Al escucharlo, Felicitas tragó saliva y con la voz quebrada dijo: "Si él se queda, yo también". Con tan solo cinco años pudo asumir un rol de liderazgo y valentía en el cual se hacía cargo de su hermano.

De esto se trata la valentía, de poder asumir un rol de liderazgo, en el cual quizás uno mismo salga perjudicado por el simple hecho de hacer lo correcto.

Son estas personas tras las cuales nos cobijamos, porque su actitud ante los problemas y la vida nos da seguridad.

CASO DE COACHING: EL ROLLO DE RENATO

Renato, ya con doce años de trabajo en el grupo empresario, había hecho una buena carrera que lo había ascendido al puesto de gerente; sin embargo, ni él entendía cómo había llegado al lugar en el que estaba, y esto lo llenaba de incertidumbre que no le permitía avanzar con firmeza sobre sus decisiones, pues temía que la magia que lo había acompañado algún día se acabaría.

Como producto de esta sensación con la que convivía había desarrollado una personalidad soberbia, firme y de pocos amigos, una personalidad "coraza" que lo protegía de todas las amenazas existentes y fantaseadas. No solía ser un gerente de consenso fácil, los debates y el combate no eran elecciones habituales en su postura ya que ellos le acercaban el fantasma del final tan temido.

Reacio a las sesiones de coaching, yo había tenido pocas oportunidades de encontrarme con Renato ya que evitaba profundizar sobre su personalidad; me resultaba fácil de entender: temía que sus inseguridades quedaran al descubierto. En realidad, la relación conmigo no era el problema: lo era asumir sus debilidades, hacerlas conscientes y hacerse cargo.

Por todos estos motivos me intrigaba que Renato hubiera pedido un encuentro a mi asistente, explicando que necesitaba reunirse conmigo para dialogar sobre algunos asuntos.

Acordamos el encuentro para dos días después; el compromiso se concertó un jueves a las diez de la mañana. Como conocía la personalidad de Renato era preferible que nos reuniéramos a primera hora del día para contar con su energía a plenitud, pero para él este encuentro implicaba la carga emotiva de un día que debe combatirse y no de uno superado; esto lo posicionaba en dos lugares de autoestima distintos.

Renato llegó puntualmente a mi oficina:

—Me alegra verte, Renato. ¿Cómo estás?

—Bien, gracias, con bastante trabajo pero muy bien.

—¿En qué están trabajando?

—Estamos en pleno cierre de presupuesto —me dijo—, y esto nos tiene con discusiones y reuniones permanentes; es un momento importante porque tenemos que armar todos los proyectos del próximo año y acá hay diferencias grandes entre lo que queremos hacer y lo que podemos. Igualmente terminaremos como todos los años cediendo presupuesto y haciendo las cosas *in-house*. Ya tenemos práctica y experiencia para hacerlo bien.

—¿Y qué te trae por esta oficina? —le pregunté.

—Estoy atravesando una etapa de angustia que no puedo explicar y honestamente temo perder mi trabajo.

El miedo de Renato fue contundente, su problema pasaba por la creencia del fin de una etapa -su cargo de gerente que intuía, sin comprender bien, pero que advertía próximo. Conociendo la personalidad de Renato, muy probablemente esto fuera una fantasía y no un dato de buena fuente, pues si realmente supiera que iban a despedirlo no estaría sentado hablando conmigo para entender qué sucedía; se quedaría todos los días trabajando hasta la madrugada para que vieran su compromiso y hacer contrapeso a la decisión con su esfuerzo. Por este motivo empecé a indagar en más detalle qué estaba sucediendo.

—Dime, Renato, ¿qué sucedió que te hace evaluar este posible escenario de la desvinculación? —le pregunté para profundizar.

—No sucedió nada concreto con Pedro que me demuestre que me despedirán; sin embargo, pude leer entre líneas algunos gestos de mi jefe que me alertaron, sumado a que me ha pedido que nos reunamos el próximo viernes a las 18 en el café de aquí al lado, y justamente hace algunos meses en ese mismo café un viernes desvinculó a Adriana.

—Siguen siendo datos que pueden tener muchos fines distintos. Intenta explicarme un poco mejor esos gestos que leíste en tu jefe.

—No se pueden explicar algunas cosas; son percepciones, sentimientos que dan la certeza de que algo extraño sucede. Por ejemplo: la semana pasada tuvo una reunión en privado con una persona que no conozco; cuando le pregunté a Susi —(la secretaria de Pedro)— quién era, me dijo que era una reunión privada. La verdad es que eso es raro, nunca lo había hecho.

—¿Y con quién imaginas que se reunió?

—No lo sé —me dijo—, quizás entrevistaba a alguien.

—¿Por qué no le preguntaste a Pedro? ¿Por qué no le planteaste este temor y estas sensaciones?

Renato no supo qué contestarme, lo cierto es que esta no era una opción para él, tan solo de imaginarse haciendo las preguntas se sentía incómodo.

En mi opinión claramente se trataba de una fantasía basada en la mirada de sí mismo por algo incorrecto que había dicho o hecho en el pasado, y el temor de que se supiera lo llevaba al peor escenario que podía imaginar, al que más lo asustaba: el de la desvinculación.

Seguimos conversando algunos minutos sobre su relación con Pedro, acerca de los proyectos para el año siguiente y cómo se sentía al encontrarse fuera de algunos de los proyectos, hasta que abordamos un punto interesante para mi visión de coach.

—Pensando bien ahora esto, me doy cuenta de que algo debería percibir sobre mi posible salida de la empresa.

—¿Qué te lleva a pensarlo, Renato?

—Hace un mes aproximadamente me entrevistaron para trabajar en una empresa como Gerente de RRHH, y por primera vez en muchos años acepté ir porque me intrigó tener feedback y sondear el mercado laboral. En algún momento pensé en decírselo a Pedro, pero luego pensé que quizás era enroscarlo en algo que no era seguro, ya que fui a la entrevista por curiosidad, para ver qué me decían, pero no porque tuviera intenciones de cambiar —después de una pausa continuó—. Sin embargo, me quedé algo incómodo con la entrevista porque pensé qué creería Pedro si se enterara por otro lado. ¿Y si él hubiera hecho el llamado a propósito para ver qué hacía yo?

—No puedo dejar de preguntarte por qué crees que tu jefe te haría esto.

—Es que justo en una reunión de staff reciente surgió el tema de las entrevistas cuando nunca antes había sucedido y la verdad es que no creo en las casualidades, así que muy probablemente Pedro sepa y me está coqueteando con el tema. En esa reunión dije que yo no iría a una entrevista; me sentí tan culpable de haber ido que quise dejarles en claro mi lealtad.

—Es decir, ahora tienes dos problemas: fuiste a la entrevista y sientes la culpa de no haberlo contado, y encima mentiste al respecto.

—Exacto, ahora ya no puedo decir que sucedió.

Era claro lo que le pasaba a Renato: tenía miedo de que actuaran con él como él piensa, lo que comúnmente denomino "temor al espejo". Solemos interpretar a los otros en función de cómo nosotros nos comportamos. Es frecuente que un mentiroso tema que le mientan y dude a menudo de lo que otros le dicen. Es frecuente que un mal pensado se sienta incómodo cuando hay un grupo de personas hablando apartadas y quizás alguna haya cruzado la mirada con él: creerá que lo están criticando. Es frecuente que una persona egoísta no crea que otro pueda querer ayudarlo desinteresadamente. A la inversa, "la ventaja del espejo" opera de manera positiva mejorando las relaciones.

Nos es muy difícil salirnos de nuestro estilo para leer el comportamiento de los otros y empezaba a descubrirlo en Renato. Primero había ocultado y luego había mentido, con lo cual ahora tenía tres problemas: el miedo a que le oculten algo, el miedo a que le mientan y la culpa de estas dos variables sintetizadas en la certeza de que lo despedirían porque desde su mirada no fue leal a su jefe.

El gran problema de Renato es que actuó pensando que estaba mal lo que hacía; independientemente de que estuviera o no mal, él lo creyó al hacerlo y entonces las consecuencias le retornaban vestidas de emociones.

Expliqué esto a Renato y aunque lo vio, no se le quitó la angustia de la posibilidad de su desvinculación; no se le pasaría hasta que no tuviera la reunión con su jefe y corroborara que sus miedos eran el producto de sus comportamientos.

Renato ya tenía una autoconversación avanzada y dinámica, la cual lo había conducido a los peores escenarios para martirizarse y en este momento desconfiaba de todo; teniendo presente su personalidad, esto era algo que lo enfrentaba con su peor temor.

Por este motivo, siempre que me piden un consejo explico que ser honesto y no mentir es en primer lugar un acto para uno mismo y luego para el resto, ya que luego nuestro accionar condicionará nuestra relación con el entorno.

Esto forma parte de la responsabilidad: debemos ser responsables de lo que hacemos, de lo que pensamos, de lo que decimos y de lo que escuchamos.

Volvamos a Renato:

—Por este motivo tengo miedo de la reunión del próximo viernes, temo que entre algunos errores que cometí, la entrevista que oculté y luego mentí, las reuniones en privado de mi jefe con gente que no conozco..., mi jefe sienta que me ha perdido confianza.

—El primer paso para ser un profesional sólido es hacer las cosas bien; sin embargo, un paso igualmente acertado es hacerse responsable de los errores, quizás esto sea aún más complicado que hacer las cosas bien —le dije.

Renato me miraba, pero no omitía opinión; para una persona de sus características, disculparse era casi algo imposible. Recordé entonces un caso similar solo que una escala de edad inferior, porque en los problemas simples de los niños se hacen más obvios los aprendizajes, y decidí compartirla con Renato. La transcribo:

Malena tenía siete años, estaba en segundo grado, y fiel a su personalidad revoltosa había tenido un año algo turbulento en comportamientos y llamados de atención; su inquietud y dinamismo hacían que no pudiera quedarse quieta durante muchas horas acatando órdenes y esto la convertía en una pequeña tomadora de decisiones que algunas veces eran desacertadas.

En el colegio faltó el respeto a la maestra (primer acto de no responsabilidad); entonces, la maestra le puso un llamado de atención en el cuaderno de comunicaciones; al darse cuenta de que este acto de irresponsabilidad llegaría a su casa, tomó el cuaderno de comunicaciones y lo escondió en el armario (segundo acto de no responsabilidad). La maestra se dio cuenta de lo que la niña había hecho y a la salida del colegio buscó al papá para contarle lo sucedido.

¿Qué sucedió entonces al querer tapar un acto de irresponsabilidad con otro acto de irresponsabilidad? Tuvo una sanción aún mayor pues se aplicó en el aula y en su casa.

¿Cómo continuó la historia? Hablaron con ella en casa y prometió que pediría disculpas a la maestra por lo sucedido. El pánico a este encuentro le generó a la mañana siguiente un cuadro de diarrea y vómitos por el cual tuvo que quedarse en casa.

Dos días después fue a clase y se hizo cargo de lo sucedido pero, sobre todo, fue responsable consigo misma. ¿Por qué digo esto?

Porque la que tuvo mayor gratificación y tranquilidad luego de las disculpas fue Malena, se sintió feliz y pudo volver al colegio con la sonrisa de todos los días. Sin la disculpa, sus días siguientes en el colegio habrían sido incómodos y condicionados por su sentimiento de culpa. Si no hubiera hecho la travesura, o si luego de hacerla se hubiera disculpado por su error, el tema se habría resuelto más fácilmente. La única damnificada fue ella.

Terminé el relato diciéndole a Renato:

—En tu caso sucede lo mismo, Renato; si decidiste ocultar lo que habías hecho fue porque sentías que no era correcto, y entonces, por hacer algo que sentías incorrecto, fuiste el único damnificado ya que ese ocultamiento te retornó como miedo.

LA TAZA Y LAS PAREDES

Cuando ya no somos capaces de cambiar una situación, nos encontramos ante el desafío de cambiarnos a nosotros mismos.

Viktor Frankl

Toda emoción surgida de un contacto directo o indirecto con la realidad implica un cambio en nosotros; por ejemplo, podemos viajar y conocer nuevos modelos de vida, encontrar a personas con pensamientos y costumbres que no conocíamos, formar una familia, perder a personas que creíamos que estarían para siempre, descubrir el amor o el desamor. Todo ello, aun sin que nos demos cuenta, nos cambiará. Nos dotará de nuevas características de personalidad que nos permitirán disfrutar de estos momentos, o enfrentarlos cuando se trata de circunstancias difíciles.

Te invito a buscar una foto tuya de hace ocho años; cuando la veas, quizás te sientas igual que ahora o con un gran parecido; mira bien, sin embargo, y seguramente encontrarás cambios: rasgos de la cara, color de pelo, kilos de más o de menos, ¿alguna arruguita nueva, quizás?, las expresiones, es casi seguro, serán distintas.

Aunque no siempre somos conscientes de esto, lo cierto es que cambiamos y, por fortuna, lo hacemos todo el tiempo, solo que algunas veces los cambios son más pequeños y otras veces son más rotundos. Entonces, los primeros solo llegamos a verlos un día por acumulación. La certeza del cambio también se produce, por ejemplo, cuando volvemos a visitar un lugar al que íbamos de niños y lo veíamos gigante, y al verlo hoy nos sorprendemos de su tamaño tanto menor al recordado (esto se debe claramente a la percepción que tenemos desde un metro de altura comparado con la altura de la adultez); lo mismo sucede con la percepción que tenemos a los veinte años y a los treinta, a los treinta y luego a los cuarenta, con respecto a temas muy diversos, como la familia, el amor, la fiesta, el trabajo, etcétera.

Pero los cambios no solo ocurren con los años, también se producen ante bisagras de vida, momentos claves como el casamiento, un cambio de trabajo, terminación de una carrera, paternidad/maternidad, una muerte, una nueva amistad, irse a vivir a otro país, y otros tantos momentos maravillosos o importantes de la vida. Lo cierto es que con los cambios, sean pequeños o grandes, cambiamos todo el tiempo, y hacerlo es parte de nuestra evolución.

Los que suceden al margen de nuestra voluntad se diferencian mucho de aquellos que visualizamos, aceptamos y lideramos; por eso, mi desafío es que seas un líder de tus cambios, de los visibles, y también de aquellos que acontecen de manera más imperceptible, e igualmente importantes.

LA TAZA

Todos tenemos en nuestra casa una taza de cerámica, losa o porcelana, en la cual servimos los ricos cafés de cada mañana, el tecito de la noche, la sopa del invierno.

La taza con su manija es una excelente metáfora para aprender acerca de nosotros y del cambio.

Imaginemos una modificación en nuestra taza: un día se cae al piso y se le rompe la manija; por un lado queda la taza y por el otro su asa. Como es nuestra taza favorita y tenemos la oportunidad de hacerlo, la repararemos puesto que existen pegamentos fuertes que no solo vuelven a unir las partes, sino que –haciéndolo bien– la dejan casi como si nada hubiera pasado; entonces la vemos como siempre, aunque ya no sea la misma.

El aprendizaje aparece cuando queremos usar la taza como si nada hubiera cambiado, y entonces, si bien se ve igual, sus posibilidades ya no serán las mismas, porque su resistencia habrá cambiado por lo sucedido.

La taza que parecía reparada ya no nos sirve pues, utilizándola como siempre, ahora sí está más frágil y corremos el riesgo de que se rompa en pedazos.

El problema de los cambios es no aceptarlos; cuando una relación cambia, forzarla a seguir como siempre hará que se rompa. Cuando cambiamos porque crecemos, y ya no nos gustan las mismas cosas que nos gustaban antes, o bien no nos gusta hacer las mismas cosas que nos gustaba hacer antes, forzar a seguir haciendo lo mismo de siempre, hará que lo hagamos mal, que erremos o que también nos rompamos.

Admitir que algo o alguien cambió forma parte del cambio, pues este existe a plenitud cuando es visto y aceptado.

LA PARED Y EL CUADRO

Antes de continuar, te pido que te tomes cinco minutos para responder por escrito en tu teléfono, en un papel, en donde quieras, ahora y sin mucho pensar, la siguiente pregunta:

¿quién eres? Algo breve, que abarque una descripción de tres o cuatro líneas.

Ahora sí, te cuento que mis paredes favoritas son las que están recién pintadas y se ven impecables, brillantes, lisas, uniformes. Pero, solo se ven así durante un lapso, porque indefectiblemente el paso del tiempo les va inscribiendo sus experiencias. En ellas se cuelgan cuadros, los niños dejan sus obras de arte (que a las madres nos encantan), algún traspié las marca; en fin… las paredes, una parte estructural de la casa, van siendo expuestas a la rutina diaria y, entre el paso del tiempo y los momentos bisagras (eventos concretos), se van marcando. Inclusive en aquellas casas en las que habitamos poco tiempo también pueden verse señales del paso del tiempo; es inevitable.

Sin embargo, cuando luego de un tiempo descolgamos un cuadro, este deja en donde estaba un perfecto espacio de contraste, en el cual parecería que el tiempo no ha pasado y que está como estaba años atrás. A este espacio que parece no haber cambiado lo llamaremos *punto de referencia*.

Acá aparecen dos mensajes: lo imperceptible que era a simple vista cómo cambió la pared con el paso del tiempo, porque no nos damos cuenta de que era distinta hasta que vemos una muestra de su aspecto original; el punto de referencia que queda "impoluto" también cambia porque ya dejó de ser igual al resto: es distinto.

Lo mismo pasa con nosotros: a lo largo del tiempo, la vida y los momentos bisagra nos van cambiando, nos van transformando, algunas veces de manera notoria y otras de modo sutil, sin que nos demos cuenta. Basta encontrar un punto de referencia en nuestra vida para hacer evidente, como si fuera en una cámara rápida, el acelerado paso del tiempo y los cambios que este nos fue inscribiendo.

O sea, si el contexto cambia, aunque nosotros no cambiemos, ¿cambiamos igual? ¡Exacto!

Si ahora tomas la respuesta que escribiste hace unos minutos a la pregunta: ¿quién eres?, podrás darte cuenta de que no seríamos nada, si no fuera por los otros.

En un ensayo que hice, encontré que el 99,9 % de las respuestas acerca de quiénes son las personas integran a otros: "Soy una madre"; "Soy una persona a la que le encanta hacer feliz a quienes me rodean"; "Soy una persona buena"; "Estoy llena de amigos". A continuación transcribo algunas de esas respuestas:

María, 38 años: *Yo soy María: Una persona que ama, a la que le gusta hacer el bien y ser amada por los que ama. Soy María, sensible, comprensiva y siempre presente con los que más amo. Soy Amor.*

Alejandro, 43 años: *Soy Alejandro, un padre que vive para su hermosa familia y disfruta la vida en familia. Soy un hombre que disfruta de sus amigos e, internamente, siempre fui y seguiré siendo judoka.*

Miriam, 50 años: *Tengo cincuenta años. Soy madre de dos niñas maravillosas que son mi vida. Psicoanalista, docente universitaria. También soy hija, hermana, prima, tía, sobrina, amiga... disfruto de grandes y pequeños momentos con y de todos ellos. Y siempre acompañada con música... Una simple y buena persona.*

Marina, 75 años: *¡Soy Elsa Marina! ¡¡Para la familia soy Mary!! Soy una persona con una vida tranquila, común; estoy casada desde hace muchos años, tengo tres hijos grandes a los que amo profundamente; tengo seis nietos: cinco nenas y un varón y una sobri-bisnieta, juntando a todos los chiquitos son un ramillete de dulzura y* *amor. Sí, mi familia es muy chica pero en fuerza y contenido somos una potencia. Están los nuevitos que por lógica se están integrando a la familia. Soy una mujer que amo lo que tengo, defiendo con todo mi ser lo que es mío: mi familia toda, mi marido, mis hijos, mis nietos, mis amigos. Me gusta y disfruto cuando estamos todos. Esa soy yo, ¡¡una mujer que ama y quiere ser correspondida!!*

Cuando una persona no puede encontrarse con sus cambios a lo largo del tiempo, le propongo que descuelgue un cuadro de alguna pared que hace muchos años está en el mismo lugar; el efecto es inmediato, pues en una pared que se veía bien, al descolgar el cuadro se nota perfectamente cómo el paso del tiempo la ha cambiado sin que nos diéramos cuenta. Pues algunas veces es en los contrastes donde se ven las diferencias, los cambios, el paso del tiempo.

El tiempo nos trae cambios, inclusive para aquellos que no quieren cambiar; son inevitables porque se producen por los propios y por los ajenos.

El cambio más sorprendente lo veo ocurrir en quienes se esconden detrás de la pared, quienes deciden no salir de su "zona de confort" creyendo que así no cambiarán. Quienes lo hacen cambian aún más que aquellos que salen de ella porque el aislamiento mental que producen para alejarse, para limitarse, les produce muchas nuevas características propias de los que se sobreprotegen. Recuerda que la misma pared que te protege es la que te aísla.

EL MOÑO QUE SE CREÍA UN CÍRCULO

En ocasiones tenemos que abandonar lo que habíamos planeado para nuestra vida, porque ya no somos la misma persona que hizo aquellos planes.

Algunas veces, cuando juzgamos una decisión que tomamos en el pasado, o recordamos algo que hicimos y no entendemos por qué lo hicimos, estamos olvidando quiénes éramos en ese entonces. Porque juzgar nuestro pasado siendo quienes somos hoy es como emitir juicios sobre otra persona.

Tal como sucede con la foto de hace ocho años que vimos antes, muchos cambios se van dando despacio y son casi imperceptibles, y nos quedamos con una única imagen, que solo descubrimos –como sucede con la pared–, a través del contraste.

Cuando emitimos juicio sobre el pasado debemos tener en cuenta el contexto. Para graficar esto te cuento la historia del moño que decía ser un punto.

Había una vez un círculo que a lo largo de los años fue siendo modificado por diversos cambios de su historia, efecto de su contexto, de sus experiencias, de su crecimiento, y como todos estos cambios eran pequeños y paulatinos, él no los veía y se seguía percibiendo tal como era su esencia inicial, como un círculo. Cierto día, lo trataron de moño, y sorprendido dijo: "Yo no soy un moño, soy un círculo"; hasta que se miró (no se vio, se miró) en el espejo y descubrió lo que todos veían, que ya no era un círculo: era un círculo dentro de un moño.

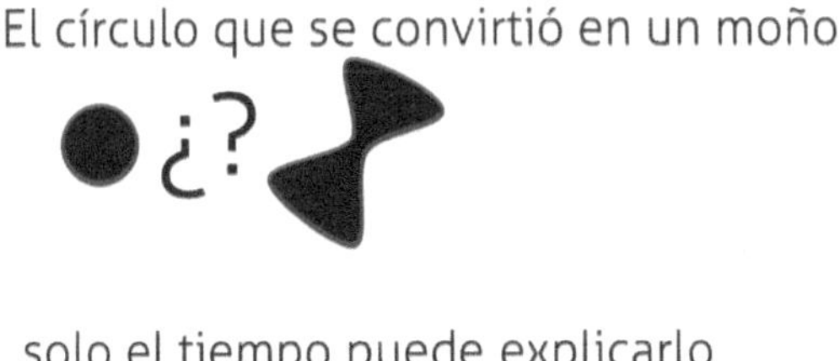

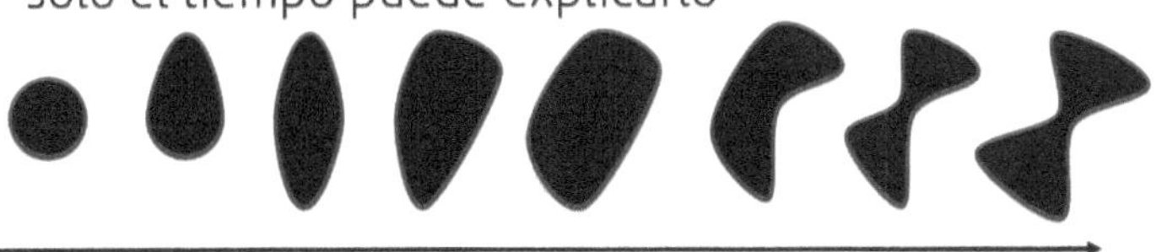

Lo que le pasó al moño que se creía un círculo es lo que muchas veces nos pasa a nosotros: cambiamos sin darnos cuenta, y seguimos teniendo nuestra única imagen, que responde a como éramos en el pasado.

Al entender esto, podremos ser más sólidos para evaluar nuestra historia porque habrá menos arrepentimientos, más seguridad y más autoconocimiento. No nos reprocharemos porque renunciamos a aquel trabajo ni por qué no aguantamos un poco más, no nos preguntaremos por qué no hicimos las cosas de otra manera, no nos juzgaremos por aquella conversación fallida, porque entenderemos que todos esos eventos fueron llevados adelante por una persona que estaba en un contexto distinto y tenía un aprendizaje de vida muy diferente al que tenemos hoy.

LA RESISTENCIA AL CAMBIO

¿Por qué cambiar nos resulta tan difícil a pesar de que deseemos hacerlo? Comencemos por lo que sucede en nuestro cerebro: cambiar le implica consumir una porción extra de energía, y por esta razón muchas veces nos resistimos a hacerlo.

Preferimos vivir en zonas conocidas, nos gusten o no, que nos resultan más seguras, porque el cambio nos obliga a dar un paso al vacío. Esto sucede en todo proceso de crecimiento. El cambio es exigente, algo desconocido para quien lo vive, y la mayoría de las veces es difícil. Nos cuesta salir de donde estamos porque lo que queremos cambiar nos proporciona un beneficio encubierto o una ganancia secundaria.

En terapia, por ejemplo, cuando trabajamos a un nivel profundo, se van produciendo cambios en nosotros, que claramente afectan a nuestra identidad; no a lo que somos, sino a aquello con lo que nos hemos identificado que somos y este es un lugar en el que habitualmente se producen las resistencias. Estas son un mecanismo de defensa de nuestra mente para evitar que se venga abajo lo que creemos que somos. Algunas veces creemos que estamos limitados por las circunstancias, pero es nuestra resistencia al cambio, muchas veces inconsciente, la que las crea.

El proceso de cambio siempre está ligado a un duelo porque, cuando se produce, lo anterior debe morir, como sucede con el embrión, por ejemplo: para que este se forme, un espermatozoide y un óvulo deben morir como tales, para convertirse en otra cosa. Morir no siempre implica el final, aunque así parezca, y ahí es donde la resistencia empuja con más fuerza. Deseo cambiar y a la vez quizá no sea así, porque no quiero perder lo que ya tengo.

Un proceso de cambio implica perder para ganar, solo que lo que se gana está considerado en su potencialidad y lo que perdemos tiene garantía. Ampliemos esto:

Cuando cambiamos, lo viejo debe morir para dar lugar a lo nuevo y aquí es cuando nos asustamos, porque abandonar lo viejo implica dejar lo Positivo Adquirido y lo Negativo Asumido (aunque es negativo ya es parte conocida y aceptada) para elegir lo Positivo Imaginado (potencialmente bueno) y lo Negativo Desconocido (nos despierta el máximo temor).

Lo Positivo Adquirido (PA) ya es nuestro, no estamos dispuestos a resignarlo, y en general lo Negativo Asumido (NA), aunque no lo hayamos elegido, también es parte nuestra. Solo el salto al cambio es liviano cuando lo Negativo Asumido es algo que nos produce angustia, que anhelamos dejar atrás; en ese caso, la voluntad de dejarlo ir es el motor para cambiar.

Lo Positivo Imaginado (PI) es como un hechicero: nos llama, nos ilusiona, nos llena de expectativas y nos seduce para avanzar; sin embargo, junto a él existe lo Negativo Desconocido (ND) que según nuestro nivel de miedos (y área de cambio que estemos tratando) será un ancla muy pesada o bastante liviana.

La resistencia al cambio, entonces, es una lucha de fuerzas entre cuatro variables que, de acuerdo con su nivel de peso (relativo al área de que se trate) harán más fuerza para uno u otro lado. Veamos algunos ejemplos:

Algunas veces evitamos ciertos cambios por miedo a perder lo Positivo Adquirido; este ejemplo se aplica a los niños cuando, cerca de los ocho años, descubren que Papá Noel no existe, pero no se animan a decirlo a sus padres por temor a perder el beneficio de recibir regalos durante las fiestas navideñas.

La resistencia y la adaptación al cambio están presentes en todos nosotros aunque, según el tema, las fuerzas operarán a favor o haciendo resistencia. Cuando sabemos lo bueno que podemos ganar, pero tenemos lo viejo que podemos perder, en general es cuando estamos firmes en lo que se conoce como *zona de confort*, porque tememos no contar con los recursos necesarios que nuestro desafío requerirá para salir ilesos.

Las personas que cambian todo el tiempo y no hacen resistencia fuerte a los cambios suelen ser aquellas que disponen de muchos escudos (autoestima, seguridad) o tienen muy pocas ataduras emocionales. Son quienes andan livianos de equipaje o, por el contrario, con mucho equipaje, pero con mucha solvencia de herramientas y recursos emocionales.

En resumen, los cambios son relativos a su dimensión y al tamaño de nuestros escudos y herramientas para sobrellevarlos. Las resistencias de lo viejo y lo nuevo harán la fuerza final para que quedemos del lado del cambio, o no.

Te cuento un secreto, que es el de aquellos expertos en generar cambios, inclusive aquellos cambios ante los cuales ejercemos mucha resistencia porque son viejos hábitos. Las personas que logran cambiar lo que desean monitorean su progreso de manera detallada, anotando los pequeños avances. Esto ocurre porque tenemos el deseo de mejorarnos.

Por ejemplo, cuando vi la cantidad de días que corrí esta semana quise seguir corriendo la próxima semana. Cuando vi la cantidad de días que corrí en un mes, deseé continuar haciéndolo el mes siguiente.

EVITANDO EL CAMBIO, CAMBIÓ

El cambio es tan necesario e inevitable que, incluso cuando decidimos no cambiar, cambiamos. Todo lo que está vivo se modifica. Y esto se debe, sobre todo, a dos factores:

1. Tal como sucedió con la pared, aunque no cambiemos, el contexto (personas y situaciones) cambia y en consecuencia, como efecto de contraste o de contagio, cambiamos.
2. La resistencia para no cambiar nos hace desarrollar distintas características nuevas para enfrentar la decisión que, como resultado y de manera silenciosa, nos cambia.

Las personas que desarrollan mucha resistencia al cambio construyen mecanismos de defensa y justificación que les permiten mantener la postura, dado que, cuando algo demanda energía, nuestro cerebro requiere explicaciones; acudimos entonces a la reiteración, nos repetimos una y otra vez por qué sí o por qué no tomamos esa decisión, la fortalecemos compartiéndola con allegados (amigos, conocidos, familia) que sabemos que nos darán la razón; entonces, en ese intercambio nos dotamos de nuevos atributos que, aun sin darnos cuenta, nos habrán cambiado.

Con lo cual, aun cuando decidimos no cambiar, cambiamos.

Como le sucedió al duendecito del bosque que, temeroso por su tamaño, no quería salir de la casa del árbol en la cual vivía; se limitaba a abrir la puerta para recibir la comida que dejaban sus amigos. Pasaron los años, y el duende no salía, y como afuera cada vez había más cosas nuevas, más miedo tenía a salir. Mucho tiempo después, abatido por tanta soledad, juntó coraje y decidió salir, y no pudo hacerlo porque la puerta era muy pequeña para su cuerpo que había crecido. Ensimismado en sus miedos, no pudo ver cómo todo había cambiado, incluyéndolo.

La resistencia al cambio ya representa un cambio, que nos invita a desarrollar habilidades para hacer frente al nuevo evento y, como siempre sucede, cuando aparece alguna novedad, algo de lo viejo cambia.

Por no querer cambiar, muchas personas se vuelven más solitarias, para evitar el contacto y la posibilidad de tener que explicar por qué no hacen algo. Muchas otras personas, por no querer cambiar, se vuelven más combativas, otros más sensibles...; las posibilidades son muchas.

NADIE RESISTE UN ARCHIVO

Quinientas mil células mueren mientras estás leyendo esta frase y otros cientos de miles nacen.

Te pregunto, entonces, si tus células van cambiando a esta velocidad, ¿por qué tu personalidad no lo hará también junto con ellas?

La expresión "nadie resiste un archivo" se usa para simbolizar la inconsistencia y esto nos lleva a juzgar a la gente, a estereotipar situaciones y personas, creyendo que, porque dicen algo tan distinto de lo que dijeron antes, son inestables en su discurso.

Sin embargo, entre estos cambios de opinión suele haber mucho tiempo de diferencia: aparecen referencias (archivos) de hace más de diez años cuando alguien decía que jamás haría determinada cosa, y luego aparece la imagen de la persona haciéndolo.

Lejos de ser algo sorprendente para mí, este cambio es esperable y saludable, pues nadie debería poder resistir un archivo. Una persona que luego de diez años pueda resistir el archivo completo, será sin duda alguien que ha crecido poco en la vida. Claro está que hay cosas que no deben cambiar: valores morales, afectos, prioridades; sin embargo, los cambios serán muy valorados porque son muestra de evolución.

Así sucedió con Estela, que nada quería saber sobre parejas porque decía que ella jamás resignaría su independencia y hoy pasa junto a su novio todos y cada uno de los días de la semana; o bien, como Fernanda, que estaba convencida de que su capacidad no era suficiente para estudiar una carrera universitaria y por esta razón subestimaba a aquellos que dedicaban horas al estudio, y hoy ya está cursando el segundo año en la universidad.

Afortunadamente cambiamos y una postura que antes creíamos ridícula, hoy nos enorgullece o, a la inversa, algo que antes hacíamos que nos parecía lo mejor, hoy es un comportamiento que repudiamos.

Aun cuando no nos demos cuenta, nuestra personalidad va cambiando con el paso del tiempo. Esa es la razón por la cual, por ejemplo, decisiones que consideramos geniales cuando somos jóvenes, como tatuarnos o casarnos con alguien que en ese momento creíamos el amor para toda la vida, en la madurez se transforman en arrepentimiento.

Juan José Giraldo (2013), magíster en psicología clínica y profesor de la Universidad de La Sabana (Colombia), asegura que algunas determinaciones que toma la gente cuando es joven son intuitivas. "No pensamos en las consecuencias más allá, pero luego de unos años, cuando reflexionamos, puede llegar al arrepentimiento, precisamente porque eso ya no hace parte de su personalidad".

Por eso, cuando alguien saque a colación un viejo archivo, diciéndote: "Y pensar que creías…", la mejor respuesta que podrás dar será: "Gracias por recordarme mi no resistencia de archivo, es una prueba más de que crecí".

PIEDRA FILOSOFAL

Las personas más seguras tienen un denominador común: el secreto de su seguridad, que algunos perciben de manera consciente y otros no, pero que existe, tanto para quienes lo advierten como para los que lo ignoran. Lo llamo "Piedra filosofal".[5] Denomino así a un poder interior que conservamos, que nunca cambia y que se mantiene estable inclusive cuando pasa un huracán que destruye todo a su paso.

La simbolización de la piedra varía para cada persona, porque las cuerdas de la seguridad son distintas para todos. La piedra filosofal puede ser una persona, o también objetos, sentimientos; ya ampliaremos.

---

5.   Hago referencia metafórica a la sustancia alquímica legendaria que, entre otras propiedades, aseguraba la inmortalidad a quienes la poseían.

Para hacer una comparación esclarecedora, la piedra filosofal en la adultez es equiparable al objeto transicional en la niñez.

Este cumple funciones psicológicas importantes para el niño, sobre todo cuando está por dormirse (momento de mayor inseguridad y resistencia), cuando se encuentra solo o se siente aburrido. Constituye una fuente de placer y de seguridad, ya que representa un área intermedia entre él mismo y otra persona, o entre él mismo y la realidad. El objeto transicional es a la vez objetivo y subjetivo; objetivo porque se constituye sobre un objeto real, subjetivo porque se le dan y atribuyen funciones en el campo de la imaginación. Esta noción fue introducida por el psicoanalista Donald Winnicott (1982).

Así como para el niño ese objeto transicional representa seguridad, para el adulto su piedra filosofal también lo hace. La diferencia principal es que el niño necesita algo tangible; por eso el objeto transicional suele ser un muñeco, una mantita, algo que pueda tener en las manos; para el adulto, en cambio, se encuentra en el plano de la abstracción y no necesita tener presencia física.

La piedra filosofal más frecuente suele ser una persona, un referente, esa persona que con tan solo pensarla se aclaran las ideas, se van los miedos; o bien un objeto (como sucede con los niños), una cualidad propia que nos da valor; las posibilidades son infinitas. Quienes conservan intacta su piedra filosofal (o sus piedras filosofales, si así fuera) a lo largo de la vida, logran sus objetivos con mayor confianza que quienes no la tienen, porque nos ofrece la serenidad que se requiere para que las iniciativas no reboten contra los obstáculos (cambios, miedos, dudas), sino que nos permitan atravesarlos sabiendo que saldremos sanos y salvos.

Que tu piedra filosofal no cambie; cuídala, consérvala, valórala, y verás cómo todo se vuelve más seguro.

LA ZONA DE CONFORT

En ciertas partes de África se cazan monos de una manera muy particular e ingeniosa. El cazador deja un maní en un huequito entre las rocas en el que solo cabe la mano extendida.

Cuando el cazador se va, el mono, que ha estado observando la escena, se acerca y mete la mano, agarra el maní pero queda atrapado porque se niega a abrir la mano y abandonar su premio. Su mano está cerrada pues contiene su apreciado tesoro. El cazador se acerca con una red y captura al mono porque es incapaz de renunciar a su tesoro.

Este es mi cuento favorito para hablar de zona de confort. ¿Cuántas veces por no soltar aquello que nos gusta mucho quedamos atrapados? Cuando nos encontramos en nuestra zona de confort no queremos cambiar porque ello implicaría ciertos sacrificios que no estamos dispuestos a hacer. Me pregunto, si el confort se define como un estado de bienestar (y por lo tanto es agradable), ¿por qué viene alguien y me dice que tengo que salir de ahí?

En la zona de confort nos movemos libremente y sabemos que, como mínimo, lo que hacemos nos asegura algún resultado, que puede ser bueno o malo. En ella no solo se encuentran las cosas positivas; también están los hábitos, el entorno y las creencias disfuncionales. Solo requiere ser conocida.

Lo que está más allá de nuestra zona de confort se denomina la *zona mágica*, que es donde las cosas suceden. Lo bueno es que siempre podremos regresar a nuestra zona de confort (o sea, cuando salimos no perdemos, sumamos), pero aquí cabe un detalle: cuando regresamos, ya no seremos los mismos y aunque creemos que cambió algo exterior a nosotros, somos nosotros quienes cambiamos.

La zona de confort podría ser el sofá del salón donde preferimos quedarnos en vez de salir a explorar el mundo, las tiendas donde siempre compramos, el trabajo en el que llevamos más de diez años o el destino turístico al que regresamos año tras año. Sin embargo, también es nuestra manera de responder ante una crítica, la manera de enfrentar las oportunidades que encierran riesgos e incluso el modo de relacionarnos con nuestros seres queridos.

El concepto de zona de confort se refiere a un estado psicológico en el que nos sentimos seguros y no experimentamos ansiedad ni miedo. Es un "espacio" que conocemos de principio a fin y en el que lo controlamos casi todo.

Dado que es un espacio que se construye lentamente a lo largo de los años, no nos damos cuenta de que estamos atrapados en su interior. Estamos tan acostumbrados a nuestros hábitos y estilo de vida que no percibimos cómo limitan nuestras posibilidades de crecer.

Volvemos a la pregunta anterior: ¿por qué deberíamos salir de la zona de confort cuando nos sentimos felices en ella? Porque, como venimos viendo en este capítulo, todo cambia, quienes nos rodean, lo que nos rodea, los contextos, y entonces la zona de confort tal cual la creemos es solo una utopía ya que lo es en función de otros y esos otros cambiarán, consciente o inconscientemente.

Sería imposible aún si nosotros no cambiáramos, ya que al cambiar el entorno nada será igual a lo largo del tiempo. Aquí aparecen las emociones más vulnerables, porque emerge el sentimiento de soledad al ver y sentir que ya nada es igual, por más esfuerzo que hagamos para que todo siga igual.

A los cuarenta y cuatro años, Vilma declaraba con orgullo su rutina y contaba lo feliz que era haciendo siempre lo mismo, con las mismas personas, en los mismos lugares. Estaba casada desde hacía dieciocho años, tenía tres hijas a quienes llevaba al colegio, sus amigos de siempre y los fines de semana tocaba plan familiar. Amaba su rutina y sobre todo quería que nada cambiara: era una fan de su zona de confort.

Pasaron los años y parecía que la vida le daba la razón, pues se veía muy feliz haciendo siempre lo mismo. Pero un día algo cambió: su marido le pidió el divorcio; Vilma no entendía nada, tan absorbida en su rutina pensaba que, como ella era feliz, los demás también lo eran, pero quedó claro que no era así. El día que su marido le pidió el divorcio su mundo se derrumbó. Ella no estaba decidiendo salir de su zona de confort, la estaban empujando, ¡y salir a la fuerza suele ser muy doloroso!

Vilma sufrió tanto este cambio que estuvo un año deprimida en cama; quienes la conocían no podían creerlo; había sido una mujer muy feliz y ahora no podía levantarse ni siquiera a comer. Perdió 12 kg, y con ellos el deseo. Hasta que un día empezó a levantarse, a mirarse en el espejo y a reconocerse; tuvo que salir a trabajar (algo que nunca había hecho porque siempre había sido una feliz madre y esposa, pero ahora necesitaba sus ingresos), y entonces, de a poco, su vida cambió.

Hoy, Vilma es tesorera en una empresa, vive sola, hace viajes con amigas, sigue siendo una madre feliz, pero sin otras rutinas que la laboral porque entendió que lo que sostienes con fuerza sirve un día para empujarte.

Es necesario tener cuidado con las comparaciones, porque muchas veces nos nutrimos de historias que nos hacen sentir poco especiales o poco desafiados respecto al cambio que afrontamos, por ejemplo: "¡Subió el Aconcagua a los setenta años!"; "Se animó a renunciar a su trabajo, con sus ahorros montó su empresa y hoy es multimillonario", y entonces nos miramos tratando de cambiar un pequeño hábito y nos sentimos muy chiquitos.

No nos comparemos con los éxitos de otras personas, por dos sólidas razones: la primera es porque no todos estamos dispuestos a apostarlo todo con el riesgo de perderlo; la segunda, porque el brillo desde afuera siempre reluce más, y entonces conocemos lo que logró alguien pero no sabemos lo que perdió para hacerlo. Cada uno tiene su historia, sus opciones, sus momentos, sus dichas.

La gente que hace cosas extraordinarias existe porque hay quienes no las hacen. Si todos las hiciéramos, seríamos ordinarios. En algunas circunstancias, ya es bastante extraordinario lograr una zona de confort donde sintamos un poco de tranquilidad.

¿SALIR DE LA ZONA DE CONFORT?

Solo plantéate si estás ahí porque quieres estar o porque no te atreves a salir aunque querrías hacerlo. Esa conclusión es tuya.

Salir de la zona de confort no tiene que ver necesariamente con arriesgarse, sino con no cerrarse. Con poder pisar terreno exterior sin miedo, aunque cada noche volvamos a dormir a nuestro lugar de confort.

Algunos signos que indican que sería conveniente salir de tu zona de confort:

- No creces emocionalmente: sientes lo mismo desde hace muchos años, sin nuevas emociones.
- Te sientes profundamente desmotivado; ningún nuevo proyecto o plan te anima lo suficiente.
- Te cuesta encarar nuevas ideas o actividades cuando alguien te quiere llevar a un mundo distinto al tuyo.
- Frente a algo nuevo, la primera emoción que te emerge es temor, en lugar de ansia.

- Desde hace meses o años sigues la misma rutina.
- Te pesa el aislamiento.
- No aprendes nada nuevo que pueda aportarle un toque de color diferente a tu vida porque sientes que estás bien así.

DIME CON QUIÉN ANDAS...

Así como admitimos que a los niños los influye en gran medida su entorno, nos cuesta reconocer que a los adultos nos pasa lo mismo. Quienes nos rodean ejercen gran influencia en nuestras decisiones, nuestro estado de ánimo, nuestros objetivos, metas y retos.

Según dice Jim Rohn (2006), somos el promedio de las cinco personas con las cuales más nos relacionamos; inconscientemente vamos adoptando su manera de pensar, su actitud ante la vida y hábitos tanto positivos como negativos, así como su forma de hablar y de comunicarse.

Como este tema genera resistencia entre algunos teóricos de convicciones muy firmes, puedo admitir el derecho a dudas, diciendo que son muy pocos quienes tienen un carácter tan sólido que pueden sostenerse sin recibir influencia de las personas más cercanas.

Es cierto que no hay otra persona igual y que tienes tu propia personalidad, pero esta se ha ido forjando y esculpiendo gracias a la gente con las que te has rodeado.

Así, por ejemplo, una pareja que enfrenta una fuerte crisis marital tendrá, estadísticamente hablando, más oportunidades de sortearla y continuar juntos si están rodeados de amigos felizmente en pareja que si estuvieran rodeados de amigos solteros, divorciados o también en crisis.

Entonces, si nos parecemos al promedio de las cinco personas con las que más tiempo pasamos, es muy recomendable que nos paremos a pensar quiénes son. ¿Son personas a las que admiro?, ¿me gustaría parecerme a ellas?, ¿me gustan sus valores y sus prioridades de vida? Si las respuestas son afirmativas, vas por buen camino. Si son negativas, quizá sea momento de reflexionar qué tienes que cambiar para seguir dirigiéndote hacia la mejor versión de ti mismo. No se trata de expulsar gente de nuestra vida, pero sí de considerar cuánto tiempo pasamos juntos, o bien compensar con otras personas que sumen en aquellos aspectos que deseamos mejorar. Muchas veces no elegimos a estas personas; por ejemplo, nos toca un compañero de trabajo, y entonces es mucho más importante aún estar atentos a ello.

La influencia de las personas es invisible y silenciosa; se acumula en el tiempo y sus efectos solo se hacen visibles por contraste (a ojos de quien no nos ve hace mucho o de quien nos conoce bien). Cada persona que pones en tu vida deja una huella y contribuye a tu desarrollo. Según Jim Rohn se puede adivinar la calidad de nuestra salud, actitud e ingresos económicos al observar a las personas que nos rodean. Sin darnos cuenta, y a medida que pasamos más tiempo con estas personas, empezamos a comer lo que comen, hablar como hablan, leer lo que leen, pensar lo que piensan, ver lo que ven, tratar a la gente del mismo modo, incluso a vestir como ellos. La influencia puede no ser perceptible al principio, pero se irá haciendo más y más notable a medida que pasa el tiempo.

Mi consejo, entonces, es: rodéate de buena gente, busca opciones variadas de pensamiento y personalidad para ser una persona con apertura y nutrida de ideas y, sobre todo, frente a nuevas amistades, recuerda tu primera impresión de esa persona, porque luego, sin darte cuenta, irás pareciéndote a ella.

Si estás en un momento en el que pasas muchas horas en la oficina rodeado de compañeros sin sueños, desgastados y negativos, te sugiero que hagas algo al respecto; por ejemplo, busca la motivación afuera, en personas que compensen esta tendencia.

La teoría se aplica en las dos direcciones: puedes convertirte en la influencia positiva de quienes te rodean, en la persona que inspire a los demás a convertirse en la mejor versión de sí mismos y, en consecuencia, estar apto y consciente para rodearte de personas que disfruten lo mejor de ti.

EL ORDEN DEL CAMBIO

Hay momentos en los que por decisión propia o por imposición se produce un gran cambio en nuestra vida y entonces no encontramos piso firme para hacer pie; a estos momentos se los conoce como crisis, ya que no sabemos bien qué pasa, ni adónde estamos yendo, ni adónde queremos ir; solo sabemos que nada está en el lugar en el que solía estar. Si tuviste la oportunidad de ver la película *Intensa-mente*[6] (si no, te la recomiendo), habrás comprobado que estos cambios abruptos se producen, por ejemplo, en la adolescencia, cuando los niños dejan de serlo para convertirse en adolescentes y más tarde en adultos. Entonces cambian tantas cosas que es muy difícil procesar los cambios, porque estos incluyen hasta los modelos mentales a los que estábamos acostumbrados para su procesamiento y elaboración.

De pronto, todo en nuestra vida empieza a modificarse a un ritmo mucho más rápido del que estamos acostumbrados a percibir y que también suelen producirse frente a eventos importantes, como un divorcio, una muerte, una expatriación.

En estos momentos debemos aceptar el cambio y aferrarnos a pilares que nos den sostén, tu piedra filosofal, por ejemplo, que

---

6. Película animada dirigida por Pete Docter, estrenada en 2015.

será el faro que nos mantenga con resistencia hasta tanto la crisis se haga más conocida, y vayamos habituándonos a las nuevas circunstancias.

"LO QUE NIEGAS TE SOMETE, LO QUE ACEPTAS TE TRANSFORMA"

Estas palabras de Carl Jung son esclarecedoras porque cuando el cambio debe ser, lo es a toda costa, ya sea por sometimiento o por elección. Te propongo entonces la siguiente pregunta: ¿quién lidera el cambio? El cambio te lidera, ¿o lo lideras?

Vivimos muchas situaciones en las que negamos cosas que no estamos preparados para ver. Negamos, por ejemplo, parecernos a aquella persona a la que, por diferentes motivos, nos molesta que nos asocien. Negamos determinados defectos o errores que cometimos y, además, los justificamos con muchas palabras, porque tememos que los demás vean lo que vemos. Cuando algo se explica mucho suele esconder muchas verdades.

Las cosas que negamos ejercen poder sobre nosotros, porque nos obligan a desarrollar habilidades que nos permitan sostener algo que solo no tiene sostén.

Muchas personas quieren cambiar su situación de malestar permanente, sin cambiar ellas, y aquí está el error, porque no se puede cambiar un resultado sin modificar las variables o las causas que lo generan. Gran parte de la resistencia inicial a la psicoterapia por parte de una persona se relaciona con el miedo a aceptar lo que realmente le sucede. Quienes se resisten al cambio esperan que en un futuro los problemas mejoren por sí solos sin tomar una actitud proactiva. Esperan ser recompensados de alguna manera sin cambiar ninguno de los comportamientos que han generado el problema.

El águila real es uno de los animales de mayor longevidad, logrando alcanzar los setenta años, pero esto solo pasa si toma una importante decisión cuando cumple cuarenta. En ese momento, su plumaje se torna muy pesado, su pico toma una forma curva que apunta hacia su pecho y sus uñas no cuentan con la misma firmeza que antes, imposibilitando así que pueda cazar a su presa con la facilidad con que solía hacerlo.

Entonces el águila real tiene que decidir entre morir o renovar su vida. Esta renovación tiene varios pasos y hacerlo le tomará alrededor de cinco meses.

Al comenzar a sentirse diferente y tomar la decisión de vivir, el ave se dirigirá a un lugar apartado donde romperá su pico contra una roca. Luego continuará arrancándose las uñas. Finalmente, con su nuevo pico y uñas se desprenderá del pesado plumaje que no le permite volar con libertad. Al culminar todas las etapas y contar con un nuevo cuerpo, el águila real está lista para alzar vuelo y vivir treinta años más.

En nuestra vida no todo es necesariamente tan drástico; sin embargo, es un maravilloso ejemplo para entender de qué estamos hablando: si el águila real ignora esta necesidad, muere; si la acepta, se transforma.

La felicidad solo puede existir en la aceptación, porque aceptar es la única manera que tenemos para liderar el cambio; ignorando, cambiaremos, aunque sin liderazgo, bajo el efecto del azar.

DIME QUÉ QUIERES CAMBIAR, Y TE DIRÉ QUÉ HACER

Ya vimos que hay cosas que no cambian o, mejor dicho, que no deben cambiar (nuestros pilares, nuestra piedra filosofal, aquello que nos hace sentir sólidos inclusive cuando pasa un huracán por nuestra vida); todo el resto cambia por el paso del tiempo o podemos cambiarlo por elección.

Una distinción importante, ya que las situaciones o las personas:

- **Cambian aun cuando no quieren cambiar**: como vimos con el duende del bosque, hasta cuando nos resistamos a un cambio que debe ser, habremos cambiado.
- **Cambian porque se modifica el contexto o las circunstancias**: como afortunadamente vivimos en sociedad, más allá de nuestro deseo de cambio o de nuestra resistencia al cambio, cambiaremos o cambiarán las cosas por efecto y consecuencia.
- **Cambian cuando quieren cambiar**: esto es lo más maravilloso, cuando lideramos el cambio, lo elegimos, lo percibimos. Porque como todo aquello que se conduce, un cambio dirigido tendrá un proceso menos desgastante.

Muchas veces queremos cambiar y necesitamos hacerlo, pero aparece otra variable fuera de control que no sabemos cómo modificar; no sabemos qué hacer para alcanzar un objetivo, adoptar un nuevo hábito, iniciar una nueva relación; entonces, el cambio se dilata generando desgaste, no por resistencia sino por desconocimiento.

La buena noticia es que, desde hace mucho tiempo, dispones de todas las herramientas que son ejecutoras de cambios. Solo se trata de conocerlas y saber aplicarlas para que los cambios sean una opción más fácil. Te voy a compartir a continuación una práctica guía de acciones específicas de tracción de cambio para distintos aspectos o áreas de tu vida. Podremos gestionar cambios en un pensamiento, un hábito, un sentimiento, un plan, el futuro, el pasado, nosotros mismos y nuestro entorno. Solo es necesario mover los hilos adecuados.

1. Cambiar un pensamiento

Si estás buscando cambiar un pensamiento, lo conveniente es conocer gente nueva, o generar encuentros sociales o más cercanos con personas conocidas con quienes habitualmente no compartes tiempo.

Si, por ejemplo, tienes pensamientos recurrentes de mucho temor respecto a algo que puede pasar, sería bueno cambiar horizontes hacia personas que tengan menor aprensión con respecto al riesgo; si tu posición política o religiosa es muy rígida con respecto a tu visión general, podrías relacionarte con personas de un pensamiento opuesto para conocer el punto de vista que tienen y los componentes de su manera de pensar, analizarla y ampliar tu comprensión del tema; si en cambio tuvieras pensamientos muy antiguos, podrías relacionarte con jóvenes que te permitan comprender sus puntos de vista y entonces renovar tus pensamientos.

Las miradas nuevas y opuestas a las tuyas siempre son enriquecedoras, pues por contraste permiten tomar mejores decisiones y generar una amplitud mental de mayor abstracción.

2. Cambiar un hábito

Quizás se trate del cambio más difícil en términos energéticos, pues para el cerebro los hábitos son atajos de consumo de energía, y por esta razón su tendencia natural es convertir casi cualquier situación ya vivida en una rutina.

Como todo lo que está automatizado nos permite ahorrar energía, cuando le proponemos un cambio, lo estamos invitando a consumir más de la habitual para hacer algo que, además, quizás no le produzca tanta satisfacción inmediata; por ejemplo: empezar a comer más saludable y abandonar las grasas y harinas.

Las investigaciones del profesor de psiquiatría, neurociencias y psicología de la Universidad de California, Larry Squire (1996) y sus compañeros del MIT mostraron que el cerebro tiende a formar hábitos para ahorrar esfuerzos. Sería muy trabajoso que cada vez que nos bañáramos, por ejemplo, nos viéramos obligados a aprender todos los procesos implicados en esa acción. Cuando nuestro cerebro automatiza determinados procesos, nos permite ocupar nuestra atención y nuestra memoria en otras cosas, y también construir sobre los hábitos anteriores.

Maxwell Maltz (1950), un reconocido cirujano plástico de la Universidad de Columbia, empezó a darse cuenta de un patrón que seguían sus pacientes: cuando les modificaba algún rasgo de la cara, por ejemplo, la nariz, les llevaba, como mínimo, veintiún días acostumbrarse al nuevo aspecto. Observó también que el síndrome del miembro fantasma en los amputados seguía el mismo patrón del mínimo de veintiún días.

Por esta razón, si deseas cambiar un hábito que no te gusta o no te hace bien: fumar, comida no saludable, dejar el sedentarismo y hacer ejercicio, empezar a correr, dejar de ver a aquella persona que tanto daño te hace, dejar de comerte las uñas, etc., solo debes resistir veintiún días para que luego tu cerebro ya no te alimente el deseo de sostener ese hábito.

Como esos primeros días son las más delicados y en los que deberemos tener mayor cuidado, es recomendable apelar a diferentes "ayudas": las alarmas, los carteles por la casa o alguna persona de mucha confianza que sepa de nuestro desafío y que cada vez que vayamos a desviarnos nos vuelva a ritmo. ¡Son solo tres semanas!

3. Cambiar un sentimiento

La mayor debilidad de los sentimientos es que están ocultos en nuestro interior; entonces, al estar tan profundamente cuidados y aislados, se vuelven sensibles al cambio, y nosotros, resistentes a verlos.

Por esta razón, verbalizarlos, por supuesto en el lugar y el contexto adecuados, les permite cambiar de forma, y esto se debe a dos motivos: por un lado, al verbalizarlos les damos vida, estructura y composición, porque pensar no requiere de la misma capacidad analítica que requiere decir (cuando pensamos damos por sentadas muchas cosas que no parecen importantes y lo son, pero cuando hablamos debemos armar el discurso; por esta misma razón mejoramos nuestro aprendizaje cuando enseñamos un tema, la paradoja de aprender enseñando). Entonces, cuando hablamos, hilvanamos el relato desde un punto de vista que no conocíamos, y al decirlo lo entendemos. La otra razón es que, cuando algo se dice, se hace "tangible" y entonces deja de ser un fantasma (invisible e imaginado) para convertirse en un problema (visible y manipulable).

Cuando decimos las cosas, pierden la fantasía del misterio, ganan la riqueza del discurso y se vuelven algo de lo cual nos hemos hecho cargo, por la simple razón de haberlas dicho.

4. Cambiar un plan

Se trata quizás de los cambios más fáciles para algunos, y de los más difíciles para otros, ya que muchas veces el plan se vuelve más importante que su objetivo y entonces nos vemos luchando por cumplir algo que ni siquiera sabemos para qué lo estamos haciendo.

A lo largo de la vida fui encontrándome con distintas personas que estaban empecinadas en cumplir un plan, en hacer ciertas tareas, e inclusive algunas que se sentían frustradas porque una parte de ese plan había fallado y, aunque habían alcanzado el objetivo, no se habían dado cuenta, porque el plan se había vuelto más importante.

El secreto para cambiar el plan es dejar el capricho, soltar y permitirse cambiar el camino cuantas veces sea necesario.

Imaginemos que comandamos un barco, que trazamos el plan de destino y estamos convencidos de que el camino es recto; de pronto sopla un viento que gira la punta del barco levemente a la izquierda pero, como nuestro plan es ir derecho, seguimos haciéndolo; por supuesto, si nos empecinamos en cumplir el plan sin reverlo o modificarlo para llegar a destino, llegaremos a un lugar muy distinto del que teníamos como meta.

Para cambiar el plan debemos tener la flexibilidad de saber soltar.

5. Cambiar el presente

Visualizar nuestro futuro es definir nuestro presente. Imaginar nuestro futuro es el primer paso para cambiarlo ya que, al programarnos, empezamos a cambiar hoy.

Así como nuestro porvenir necesita tener un sentido y es importante que sepamos, de una manera más o menos clara, cuáles son nuestros objetivos, esto también es importante para actuar en nuestro presente. Planificar nuestras estrategias y establecer metas orientadas hacia el futuro nos motiva para continuar llevando a cabo acciones de las cuales no vemos sus resultados a corto plazo.

6. Cambiar el pasado

Como veremos en el capítulo del catalejo (Mag-in 8), cuando narramos un evento del pasado, lo reconstruimos con nuestro yo del presente, pudiendo interpretar variables con una mayor capacidad, pudiendo releer la historia casi como si la viéramos desde afuera (cuanto más tiempo haya pasado de aquel evento más efectiva será la posibilidad de verla como espectadores) y también cuando narramos un evento del pasado tenemos la posibilidad de corregir los registros mentales que hizo nuestro cerebro al fijar el momento. Cuando lo volvemos a narrar reescribimos ese pedacito de historia en nuestra mente. Por esta misma razón, muchas veces recordamos eventos que no sucedieron, y entonces quienes conocen la historia nos pueden tratar de fantasiosos al escuchar nuestro relato, que para nosotros es completamente cierto.

Lo interesante de esta reescritura del pasado es hacerlo con alguien que nos quiera, porque las interpretaciones que otros harán de nuestro evento narrado también sumarán en la reescritura; por ejemplo, cuando contamos cómo fue la separación de nuestros padres, o aquella vieja pelea, nuestra niñez, etc. Todos estos eventos tienen la subjetividad de nuestra mirada en ese momento de nuestra historia; al narrarlos, se reescribirán con nuestra nueva subjetividad.

Quizás algunas veces es bueno apelar a recuerdos que nos condicionan y de los cuales no solemos hablar por temor, para poder reconstruirlos, redescubrirlos y volverlos a guardar, pero con un tono de experiencia, ya no aterrador. Porque todo lo que nos pasó (lo bueno y lo malo) es parte de nuestra historia y, en consecuencia, de quienes somos.

7. Cambiarnos

El autoconocimiento comienza por la autoaceptación.
Acéptate y te conocerás mejor.
Erich Fromm

No se puede cambiar lo que no se conoce, y aunque estemos todo el tiempo con nosotros mismos, esto no necesariamente quiere decir que tengamos conciencia de quiénes somos. El primer paso para tomar consciencia real de lo que sabemos interiormente es hacer una lista de nuestras virtudes y defectos y luego pedirle a alguna persona dispuesta a decir la verdad que haga lo mismo, para luego contrastar lo que nosotros creemos con lo que otros ven. Es un buen punto de partida.

Hay cosas que no nos gustan de nosotros; por ejemplo, puede no gustarte tu carácter; en ese caso, no se trata de cambiar de la manera que mencioné, ya que así solo será circunstancial y requerirá de nuestra consciencia, porque si reaccionamos desde el inconsciente, no podremos controlarlo.

Cambiar algo de nuestra persona requiere de conocimiento, saber cómo se hizo el nudo para entonces desenmarañar los hilos que lo forman de manera inteligente y no tirando de los extremos (lo cual muchas veces aprieta el nudo aún más).

La única manera genuina de transformarnos es creciendo, sabiendo quiénes somos, quiénes fuimos, quiénes queremos ser; qué nos gusta, qué nos hiere, qué hicimos bien, qué hicimos mal. Este libro tiene ese propósito, facilitar un encuentro profundo con nosotros mismos para crecer y poder tocar la tecla de cambio sin que esta sea un nudo de trampas, sino un camino conocido.

8. Cambiar mi entorno

Nuestras relaciones nos definen, y por esta razón debemos conocer nuestro entorno (grupo de amigos, pares, personas con quienes compartimos) para saber si estas relaciones son saludables para nosotros.

Las personas somos seres sociales; por eso, mejorar tu vida social es más importante de lo que crees. Nuestro bienestar, nuestras emociones y nuestra felicidad están condicionados por la calidad de nuestras relaciones sociales hasta un punto que a veces no imaginamos. De allí se desprende la importancia de tener una vida social satisfactoria. Sin embargo, esto no viene por sí solo, debemos trabajar para conseguirlo, porque no podemos esperar que ocurra de manera espontánea; podemos gestionar de modo consciente las relaciones sociales cuando sea necesario. No siempre sucede así, pero si lo necesitáramos podemos hacerlo (por ejemplo, podemos hacerlo con los niños, cuando no nos gustan mucho sus amigos e incentivamos nuevas relaciones para ampliar y diversificar su influencia). Hay momentos en que es provechoso (y hasta imprescindible) abrir nuestros horizontes, introducir otras miradas en nuestro mundo.

El contacto constante es uno de los pilares para crear una amistad. ¿Te acuerdas de tu niñez? Veías a tus compañeros de escuela todos los días de clase, pero ahora, por tus compromisos eso es prácticamente imposible.

Por eso tu lugar de trabajo puede ser uno de los mejores sitios para hacer amigos si eres capaz de crear lazos más allá de la relación profesional. Si no, construir nuevas amistades se vuelve más complicado a medida que te haces mayor.

La psicología social ha demostrado que las relaciones de amistad se construyen a partir de la semejanza y la proximidad. Según eso ha sacado las siguientes conclusiones:

a. Identifica con quiénes compartes más tiempo

En un estudio realizado en una academia de policía los investigadores descubrieron algo sorprendente. La mayoría de los grupos de amigos tenían una cosa en común: la inicial de su apellido. Esto se debía a que los policías estaban distribuidos en barracas según el orden de su apellido. Pasar más tiempo juntos los convertía en amigos.

La proximidad física es fundamental para solidificar una amistad y por eso es habitual que seamos amigos de nuestros vecinos o de quien se sienta cerca de nosotros en el trabajo.

A esto se le llama el "efecto exposición" y ha sido ampliamente estudiado: el simple hecho de ver a alguien a menudo puede hacer que termine gustándote más.

Según esto, los mejores sitios para hacer amigos nuevos son aquellos en los que pasas más tiempo.

b. Empieza algo nuevo

Muchas veces el entorno habitual está viciado o acotado, y por esta razón es conveniente que ingrese al mismo gente nueva. El cambio de rutinas es útil: empezar a estudiar algo nuevo, cambiar el camino de todos los días para conocer personas nuevas, visitar un bar distinto, iniciar perfil en nuevas redes sociales, hacer viajes solo para tener mayor apertura, sumarse a grupos de ejercicio, etc. Son muchas las oportunidades de nuevas actividades que permitirán conocer nueva gente, y no todas tienen costo. Solo se necesita la inversión de energía inicial que demanda nuestro organismo para romper las sensaciones que nos generan pereza, temor o vergüenza, para luego recibir los beneficios.

CASO DE COACHING: LA NUEVA LOLA

A Lola la llamo "la vieja que no era vieja", y quizás con esto ya te conté un poco de ella. Tuvo una infancia emocionalmente difícil, pues cuando era pequeña sus padres se separaron de una forma poco armónica y aquí empiezan sus resistencias.

No tiene un carácter fácil, o por lo menos eso dicen quienes están cerca de ella: es irascible, muy rápidamente cambia de estado de ánimo frente a cosas que no le gustan y es muy rígida con respecto a ciertas posturas que ella misma se impuso. Por ejemplo: como su mamá siempre fue muy indiscreta, ella se define como una persona absolutamente discreta en todo sentido (secretos, personalidad, pensamientos, vestimenta, alimentación). Esta característica es algo que se ocupa de reforzar en cada conversación y en toda situación, señalando sobre todo lo indiscreta que es su madre. Entonces basta que en broma alguien le haga un comentario con respecto a su discreción para que salte como una furia para oponerse y entonces pierda más tiempo en el tema de lo que este realmente merece.

Si solo se tratara de esto no sería tan complicado, pero sucede que Lola tiene muchos temas igualmente rígidos que la comprimen. Según ella es discreta, precisa, justa, muy activa, feminista, de mente abierta, de carácter muy fuerte, una gran mamá y, por sobre todo, una mujer de su casa que no cree en la amistad, entre otras tantas cosas. Entonces, como frente a ninguna de estas cosas permite ser juzgada o puesta en evidencia, vive encorsetada tratando de sostener esa imagen que se construyó por oposición a su madre y para su propia defensa.

Esto hace que sea muy difícil interactuar con Lola, porque siempre está objetando pequeñeces, comentarios al pasar que hacen las personas y por los cuales se siente amenazada.

El mayor problema no es lo que les pasa a los otros con la personalidad de Lola, sino lo que le pasa a ella con su personalidad, porque ha sido tan rotunda asegurando que es así, que no se permite cambiar porque hacerlo la haría sentir muy vulnerable frente a los ojos enjuiciadores de todos aquellos a quienes ella ha juzgado.

Entonces, ante el deseo de cambiar algunos de estos postulados, Lola se vuelve aún más rígida en sus ideas; por ejemplo, siempre había criticado a su hermano por tener muchos amigos y por esta razón lo tildaba de "poco leal" porque ella no creía en la amistad; entonces, rehuía a quienes querían acercarse, porque según ella tener un amigo era mostrarse frágil frente a todos los que la habían escuchado una y otra vez. Los postulados rígidos solo hacen daño a quienes los declaran.

Con el paso de los años se fue convirtiendo en una vieja que no es vieja, porque pudo cada vez hacer menos cosas, se volvió cada vez más hermética en la expresión de sus emociones; la gente se fue alejando de ella porque ya era imposible estar cerca (salvo que estuviera de buen ánimo) y un día, cuando miró a su alrededor, se encontró enajenada del mundo.

Para alguien que había decidido no cambiar para no mostrar fragilidad, luego de veinte años de ser de una forma, y hacerlo con mucho énfasis, le fue muy difícil entender qué estaba pasando.

En estas circunstancias tuvimos la suerte de cruzarnos y que ella descubriera que entre nosotras se abría un espacio de encuentro para hablar acerca de su historia y juntas poder contarla como lo estoy haciendo.

Ahora ya no tenía a sus tres hijitas que miraban y opinaban según su mirada; ya eran tres mujeres con su propio punto de vista, que juzgaban a su madre como nadie nunca había podido hacerlo antes. Entonces Lola se sentía amedrentada por la vida porque, de pronto, un castillo que, con alma, corazón y vida, había hecho rígido e indestructible, se empezaba a ver amenazado por sus hijas, por el paso de los años y por la fragilidad de sentirse sola.

Para Lola fue muy duro aceptar que era tiempo de cambiar, que seguramente nadie juzgaría su cambio como ella lo hacía (porque la gente está mucho más allá de su tema, ocupándose de sus propios problemas) y que si había alguien que lo hiciera porque se había sentido dañado por ella, no era para darle más importancia que la que el tema ameritaba; era para reírse y con la seguridad de una persona que acepta que ser juzgada es parte de ser en sociedad. ¿No iba a creer que antes no era juzgada? Seguramente lo era más, pero lo era en temas que quizás no le generaban tanta inseguridad como los arraigados en episodios de su niñez.

Empezamos con algo que parece muy tonto pero que para ella fue terrible: la invité a comprar una revista de espectáculos y a compartir las noticias en la comida del domingo; le propuse que llamara a una amiga que hacía más de treinta años que no veía y también a vestirse un poco más sexy que lo habitual.

Cuando todos empezaron a verla, no entendían qué le pasaba a Lola con este brote de flexibilidad y exposición.

Al principio fue raro, pero lo fue solo los primeros veintiún días; luego se acostumbró a verse así y, al cabo de tres meses, ya nadie recordaba bien cómo había sido antes.

Cambiar es una cuestión de actitud, aceptar el cambio es parte de crecer y vivir la vida plenamente es un deber que tenemos todos.

Hoy puedo decirles que Lola es muy divertida, relajada; cada tanto se enoja un poco, pero cuando lo hace ya nadie le tiene miedo; todos aprovechan para enriquecerse debatiendo ideas con una persona pensante y especial.

EL CHICLE

No existe ningún problema que no te aporte simultáneamente un don. Buscas los problemas porque necesitas sus dones.

Richard Bach

Te pido que mientras estés leyendo, empieces a mascar un chicle; cualquiera, de frutilla, de menta, el que más te guste; más allá de ser un respiro para nuestra ansiedad nos será útil, como verás en las páginas siguientes. A lo largo de tu vida seguramente tuviste problemas para resolver: en el trabajo por un mal resultado, entre amigos por un malentendido, la famosa discusión familiar sobre qué hacer para las fiestas de fin de año, problemas de crianza de los niños y ni hablar de los económicos. Muchos de los problemas que resolviste los olvidaste, y seguramente hay otros que, cuando los recuerdas, aún pendientes, te generan un gran dolor de estómago y los pasas rápidamente a un plano de "temas para después".

Sin embargo, y pese que para todos los problemas son un problema (bienvenida la redundancia), y queremos a toda costa no tenerlos, como seres humanos disponemos de una habilidad especial: lejos de solucionarlos rápidamente, los duplicamos. Entonces quien tenía un problema, ahora tiene dos.

Hace muchos años una colega se enojó con Guiliana; trabajaban en un proyecto común y como Guiliana hizo algo que a su compañera no le pareció correcto, discutieron y decidió no hablarle más. La compañera de la joven tenía razón en su visión, pero la planteó mal y entonces ahora tenía dos problemas: 1. Resolver lo que ya había visto antes pero no supo transmitir. 2. Desenojarse.

Esto es habitual: la duplicación. la gente se inventa problemas fáciles de resolver para sentirse segura y entretenerse con ellos mientras que los grandes fluyen por el organismo en un estado de... "¡Peligro! – pendientes".

Entonces, en esos casos, la duplicación se produce por defensa.

De acuerdo a estudios sociales, se estima que el 55 % de los problemas son ignorados por los involucrados y se resuelven con el paso del tiempo o bien en algún momento estallan; mientras que en un 32 % los problemas son conocidos, pero no son resueltos exitosamente y son postergados.

Esto quiere decir que solo un 13 % de problemas se resuelve con éxito. Imagino tu cara de sorpresa, pero seguramente estás más cerca del 32 % de lo que crees. Si somos honestos con respecto a nuestros problemas del pasado y del presente, nos daremos cuenta de que no estamos tan alejados de la estimación: ¿ya tuviste esa conversación pendiente sobre aquel tema difícil?

Mientras seguimos mascando el chicle pasemos al mag-in.

TE PRESENTO AL CHICLE

Si bien la costumbre de mascar "algo" viene de tiempos remotos, fueron Thomas Adams y su hijo quienes, a finales del siglo XIX, desarrollaron la fórmula del chicle. Como suele suceder con los descubrimientos, lo hicieron de manera casual: en realidad buscaban una sustancia alternativa al caucho para la fabricación de neumáticos.

Cuando empezamos a mascar un chicle, las primeras masticaciones sin duda requieren de mayor fuerza de nuestra mandíbula que las siguientes, aunque se trate de un chicle muy blando. Al comienzo siempre será más duro que en su punto medio de masticación, debido sobre todo al material de la goma y a la mezcla con nuestra saliva.

A medida que el proceso de masticación avance, iremos encontrando mayor maleabilidad de la goma hasta tener total dominio sobre ella: podremos hacer globos, dividirla y volverla a unir, la estiraremos y la haremos una bolita; por supuesto, estas destrezas dependerán de la habilidad del masticante.

Sin embargo, todo esto se puede hacer con la goma durante el tiempo que la tenemos en la boca. O sea, tiene capacidad de cambio infinito en su proceso de masticación, pues podremos deformarlo y volverlo a formar sin dejar huellas en su cambio, o sea, podremos procesarlo.

Pero no todo es para siempre, pese a las habilidades que nos confiere su material, luego de algunas horas o minutos de masticación (según el tipo de goma), empezaremos un retorno en su plasticidad y lentamente la goma se empezará a volver más dura hasta que llegará un momento en que su masticación será forzada o trabajosa.

Más aún, si dejáramos el chicle por algunas horas fuera de la boca y quisiéramos volver a masticarlo, sería aún más difícil hacerlo, pues en el exterior, sin nuestro trabajo de masticación, el material se volvería muy resistente.

Podemos resumir hasta aquí diciendo que el chicle se inicia en un estado de dureza determinado, que se ablanda y transforma luego de las primeras masticaciones, las cuales nos permiten desplegar todas nuestras habilidades al mascarlo y jugar con él, pero esta diversión tiene un tiempo límite que conocemos de antemano, ya que luego de varias horas en este juego el chicle habrá dejado de ser maleable, e iniciaremos el camino inverso hacia el endurecimiento de la goma de mascar hasta llegar a un estado aún más resistente que el inicial. Hasta que, finalmente, llegará a un punto de débil o nula masticación; podemos decir que ya no existe retorno a la forma original.

Iniciada la presentación de nuestra analogía, un chicle es como un problema: al ponernos en contacto con él se ve rígido, desconocido, íntegro; sin embargo, cuando empezamos a tratarlo (masticarlo) lo iremos ablandando y podremos moldearlo a nuestro antojo, separarlo, desintegrarlo, suavizarlo, disgregarlo, etc.

Lo que no podremos hacer es dejarlo fuera de la boca, pues lo estaremos petrificando, y el día que queramos retomarlo será a costa de un gran esfuerzo. Como sucede con el chicle, es conveniente que cuando un problema se encauza y se define, nos propongamos resolverlo porque en estado latente podrá ser aún más contraproducente que si no lo tomamos en consideración.

El chicle posee una alta capacidad de adherencia a su contexto, pues se pega a todo lo que encuentra y aquí es donde aparece el mayor riesgo de abandonarlo, pues cuando lo retomemos no solo estará más duro sino que tendrá las sustancias adquiridas en el entorno en el que nos estuvo esperando.

¿Por qué insisto con su disgregación y suavización? Porque esta es una de las claves de la resolución de un problema: llevar sus partes a mínimas unidades que puedan ser tratadas bajo una mirada de objeto y no del sujeto; así se nos hará más fácil encontrar las soluciones que conducirán a su resolución y cierre.

Los problemas, sin duda, son inacabables, y por suerte lo son, pues bien tratados siempre son oportunidades de crecimiento, de cambio, de transformación; sin embargo, son un obstáculo rígido cuando los estancamos, los endurecemos y no los dejamos fluir. Por esto, los problemas bien trabajados los puedo tener toda la vida y en el camino de su transformación dotarme de oportunidades. Ya veremos con ejemplos cómo hacerlo.

Entonces, consideramos al chicle como un paradigma de lo infinitamente transformado: cuanto más lo mascamos, más lo procesamos.

Retomando lo dicho: "tiene capacidad de cambio infinito en su proceso de masticación, pues podré deformarlo y volverlo a formar sin dejar huellas en su cambio; o sea, podré procesarlo", podemos concluir que su capacidad infinita de trabajo se encuentra en su proceso, pero no en su espera, pues, para el problema, el límite no se encontrará en la acción del pensamiento sino en el tiempo de su abandono.

LA DUPLICACIÓN NATURAL DE PROBLEMAS

Es habitual que, cuando no podemos resolver un problema, ello se deba a que, para protegernos, algo en nuestro interior no nos permite hacernos cargo de él. Hacerlo no necesariamente implica aceptar que tenemos "ese" problema, sino también por qué lo tenemos, y muchas veces la razón es dolorosa, y entonces lo "adornamos" en nuestra mente.

Nos hacemos tanto problema teniendo ese problema que tenemos *el problema*, y le sumamos *el problema del problema*.

Para aprender a resolver problemas y tener una vida más saludable, quiero invitarte a ser honesto contigo mismo, a permitirte liberar todos los problemas que están aferrados al estadio más inconsciente de tu mente, porque, aunque no lo creas, visibilizarlos ya es el 30 % de su resolución.

Para eso vas a tomar una lapicera y un papel en el cual vas a dibujar una línea vertical que divida la hoja en dos partes.

De un lado anotarás los problemas que tienen que ver con tu vida personal y del otro los relacionados con tu vida laboral/económica. Más adelante trabajaremos juntos esta lista y quizás, cuando finalices este capítulo, tengas algunos problemas menos.

El primer paso, entonces, es reconocer la existencia del problema.

LOS LÍDERES Y LA MASTICACIÓN DE PROBLEMAS

Una de las habilidades más practicadas por los líderes es la resolución de problemas, dado que más allá de su habilidad para reducirlos, existirán siempre y saber manejarlos será parte de su gestión diaria.

Sin embargo, pese a su importancia, es una destreza que solo se adquiere en la práctica, a través de la acción.

Los problemas son una parte estructural de la dinámica y cotidianidad de las organizaciones y la sociedad; en consecuencia, las personas deben afrontarlos y tomar decisiones a tiempo que permitan solucionarlos o conducirlos por un camino controlado.

Esto nos lleva a suponer que la resolución de problemas está relacionada con la responsabilidad oportuna y correcta para hacerse cargo, pues implica decisiones y ejecución.

El primer paso, y el de mayor importancia, es detectar cuándo tenemos un problema; es decir, cuándo la situación que se presenta requiere la dedicación y la celeridad a las que invita un problema. Cabe que nos preguntemos cómo sabe el líder que está frente a un problema.

Un problema surge cuando un estado real no se ajusta a un estado esperado; por ejemplo, cuando la línea de producción de la compañía no alcanza el nivel mínimo esperado para responder a los requerimientos de los clientes, cuando aparece un competidor que ofrece iguales prestaciones a menor precio, o cuando el negocio requiere un cambio ya que las necesidades del público mutaron y bajó el consumo.

Trasladándolo a nuestra vida personal, un problema surge cuando, por ejemplo, quiero ir de visita a la casa de un amigo y la esposa de mi amigo no quiere que yo vaya, cuando las finanzas del hogar no aseguran el pago de todos los compromisos económicos de la familia, o cuando al momento de organizar las fiestas de Navidad y Año Nuevo los integrantes de la familia no coinciden en las fechas y los lugares para las celebraciones.

De acuerdo con la definición del problema, en muchas ocasiones estos son vistos como oportunidades, pues nos invitan a invertir tiempo y dedicación en un estado real y, en consecuencia, aprenderlo, gestionarlo y transformarlo. Cuando lo hacemos a conciencia y con dedicación, habremos ganado conocimiento y experiencia.

Peter Drucker (1966) dijo:

En tal sentido, el problema representa lo que hay que corregir y la oportunidad representa lo importante en términos de crecimiento y cambio.

LOS PROBLEMAS Y EL CEREBRO

La resolución de problemas, sin embargo, implica un funcionamiento complejo del cerebro, ya que involucra muchas funciones en simultáneo dependiendo de la metodología que se adopte para su resolución; emplea ambos hemisferios del cerebro o de cualquiera de ellos alternativamente, ya que:

- El **hemisferio izquierdo** es analítico, lógico, utilizado para la resolución de problemas que requieran un procesamiento secuencial o de paso a paso. Tiene la capacidad de análisis y deducción, y rige el lenguaje verbal.
- El **hemisferio derecho** es intuitivo y proclive a la espontaneidad, utilizado para la resolución de problemas que requieran una comprensión global. Tiene la capacidad de orientación y comprensión de las estructuras espaciales, y participa en el lenguaje emocional.

Al margen de la manera de procesamiento, que ahondaremos más adelante, existen cuatro tipos de distorsiones entre los estados reales y los estados esperados y estos derivan en distintos tipos de problema de acuerdo al formato de la distorsión

1. **Vincular**: entre personas que no acuerdan un estado común.
2. **De gestión**: cuando un resultado no se ajusta al estado esperado.
3. **Endógeno**: cuando no hay consistencia interna.
4. **Técnico**: son problemas que no podemos resolver solos, que requieren de un experto.

Pasemos a ampliar, con ejemplos, el funcionamiento y el modo de tratamiento en cada uno de estos estilos de problema.

A medida que vayamos descubriendo cada uno de los estilos de problema, te invito a poner la clasificación de cada problema que haya en tu lista.

Problemas vinculares

Estos problemas son los de carácter más sensible, ya que involucran emociones (propias y ajenas) y por solucionarlos algunas veces se abren discusiones derivadas de ellos que no tienen ningún propósito real, pero que surgen sin darnos cuenta.

Nos encontramos frente a un problema de vínculos cuando una persona o un grupo de personas no se ajusta al estado esperado; por ejemplo, un grupo de parejas de amigos de muchos años viven la separación de una de las parejas y entonces se reajustan todos los vínculos bajo esta configuración. Siempre que una persona se suma (nacimiento de un hijo, un nuevo amigo, la pareja de un miembro de la familia, etc.) o cuando una persona se resta (divorcio, separación, pelea, expatriaciones, etc.), todas las tramas vinculares se reconfiguran. Ni para mejor, ni para peor; en principio, solo cambian.

Surgen problemas vinculares cuando el conflicto de intereses se funda en las diferencias de postura de distintos integrantes. Por lo general, la única manera de resolverlos se logra con el surgimiento de un líder. No del líder, sino de un líder. ¿Por qué hago esta distinción? Porque el líder que resuelve este conflicto puede ser cualquiera y emerge ante la necesidad. Es el que toma la palabra, el que entiende el punto donde se cruzan los intereses de las partes para que puedan confluir.

El líder, en tanto guía, no es solamente el que conoce el camino, sino también el que conoce las aptitudes y capacidades propias y de quienes lo recorren. Así, mediante sus propias habilidades y las de los otros, el problema deberá abordarse conociendo el lugar de partida y también el de llegada.

Una buena estrategia para resolver problemas vinculares, a través del liderazgo, es el empleo de alguna de las tácticas de influencia propuestas por Robert Cialdini (1984), profesor de psicología en la Universidad Estatal de Arizona, en su libro *Influence, the psychology of persuasión* (*Influencia, la psicología de la persuasión*).

1. **La reciprocidad** es la base de la cooperación y la colaboración. En general, lo que uno da es lo que recibe. Hace algunos años se descubrieron las "neuronas espejo" en el cerebro, lo cual indica que nuestro sistema límbico (cerebro emocional), el que rige la empatía, recrea en nosotros la experiencia de las intenciones y las emociones del otro. El intercambio y la adaptación interna permiten que dos individuos sean capaces de identificarse con los estados interiores del otro. En consecuencia, ambos podrán hacer las concesiones necesarias en el momento debido. La gente tiende a devolver un favor.

2. **El compromiso y la consistencia**: cuando la gente se compromete a llevar a cabo lo que ha decidido que es correcto, oralmente o por escrito, hacen honor a aquel compromiso, incluso si el incentivo original o la motivación luego son quitados.

3. **El gusto:** las personas suelen ser convencidas fácilmente por aquellos con quienes se sienten a gusto. Cialdini cita el marketing de Tupperware al que ahora se puede llamar marketing viral. La gente compra más a gusto si les atrae la persona que les está vendiendo el producto. Entendiéndose la atracción no como únicamente estética o exterior, sino la atracción mental, empática, estética, intelectual, etc.

Sabido esto, podremos ponernos en el rol de líder frente a un problema de tramas vinculares entendiendo que la reciprocidad, el compromiso (no corromper una voluntad expuesta) o el gusto serán anclas que obstaculicen o empujen la posibilidad de un acuerdo. Gestionarlos dará cuenta de nuestras habilidades.

Problemas de gestión

Suelen ser sobre todo laborales o económicos, aunque estas dos áreas no son excluyentes. Por ejemplo, el resultado que tenemos (las finanzas personales) no se ajustan al estado necesario (nuestro nivel de vida). En general este tipo de problemas requieren *siempre* de la flexibilización o abandono de una de las variables del punto de partida (relegar gastos fijos sostenidos; por ejemplo: vender el auto o bien trabajar más horas. Abandono vs. flexibilidad).

Para resolver este tipo de problemas existe un ejercicio fácil: primero debemos anotar el objetivo supremo, luego el escenario actual y este último desglosarlo en las mínimas unidades posibles para luego evaluar cuál soltaremos y cuál no estamos dispuestos a soltar, para dar oportunidad al objetivo supremo.

Vamos a un ejemplo:

Objetivo supremo: Cambiar de trabajo por uno de mayor salario mensual.

Escenario actual: El trabajo actual es muy cómodo porque está a 15 minutos de mi casa y no quiero viajar más; tengo un salario que quiero mejorar en un 30 % al momento del cambio, no quiero perder el pasivo de mis diez años de antigüedad, desearía que fuera una empresa con proyección de carrera, etc.

En este escenario, tengo dos opciones: esperar con extrema paciencia que la suerte me traiga un empleo que cubra todos esos requisitos (en ese caso estaría relegando el tiempo, la espera), o flexibilizar algunas exigencias que me obstaculizan el alcanzar el objetivo supremo, por ejemplo: el radio de distancia en el cual estoy dispuesto a moverme frente al cambio.

Problemas endógenos

Suelen ser los problemas que menos identificamos, o que disfrazamos de otro tipo porque no los vemos con claridad.

Los problemas endógenos son los que surgen de la propia inconsistencia, por ejemplo: deseo tener hijos, pero no dejar mi carrera, aunque no quiero que a mis hijos los críe un extraño. Sería ideal frente a este tipo de conflictos que existiera una varita mágica, pero como lamentablemente la magia suele escasear, no tenemos más opción que hacernos cargo de ellos.

Este tipo de problemas requieren únicamente mirarse al espejo y hacerse cargo; quizás sea lo más difícil porque mirarse al espejo implica aceptar que las cosas no son o no serán como imaginamos, aceptar lo que no nos gusta de nosotros, reconocer que hemos cambiado; implica un proceso de autodefinición y consciencia que no siempre estamos dispuestos a asumir.

Por esta razón decía que este tipo de problemas generalmente los disfrazamos y los camuflamos; nos decimos: "La culpa es de este país porque tengo que trabajar y no puedo quedarme en casa con mi hijo", cuando en realidad quiero trabajar porque disfruto de mi sensación de independencia y éxito.

Identificar que los problemas son propios siempre es algo a lo que escapamos porque nos genera reconocer emociones que naturalmente evitamos (culpa, vergüenza, miedo); sin embargo, es la única solución para poder resolverlos. ¿Y cómo se hace? Empezando por entender que disfrazarlos de otras personas, de otros trajes o de otros responsables, no los solucionará.

En estas situaciones, la mejor pregunta para hacerse es: ¿Cuánto vale el problema abierto? Si la respuesta es "mucho", todo aquello que habremos inventado para no aceptarlo será siempre una mala decisión.

¿Cuál es la buena noticia? Que la oportunidad de resolverlo es nuestra.

Ahora bien, ¡cuidado! Porque la solución a un problema no será siempre la que buscamos, la solución quizás sea una muy distinta a la imaginada, pues como decía más arriba, no se trata de magia: algunas veces los "problemas" que tenemos no se tratan de cosas que debemos solucionar, sino de realidades que debemos aceptar. Y aceptar es de valientes.

Problemas técnicos

Existen problemas que no podemos solucionar de forma directa, y entonces no debemos necesariamente aceptarlos pero sí asumirlos. Por ejemplo, los problemas de salud. Tener una enfermedad debe asumirse, ya que entonces encontraremos los caminos para tratarla o enfrentarla.

Requieren por lo general de un profesional, un experto, un externo que nos ayude a encontrar oportunidades para aliviarlos o solucionarlos. Entran en esta categoría: los problemas de salud, los legales, los contables, los de infraestructura, etc.

Debemos asumirlos rápidamente para gestionarlos lo antes posible porque, muchas veces, la espera es un agravante. Este es el único consejo: ganar tiempo y buscar buenos expertos/externos que nos acompañen en su diagnóstico.

Mi lista de problemas, la ponderación

Ya tenemos nuestra lista, que estará clasificada según el tipo de problema en cada caso: vincular, de gestión, endógeno o técnico.

Estamos cada vez más cerca de arrojar luz sobre nuestra situación actual y oportunidades.

Ahora es momento de ponderarlos; de acuerdo con nuestro nivel de emocionalidad con cada uno de ellos y del impacto que tienen en nuestra felicidad o riesgo, tendrán distinto puntaje. La escala a considerar será del 1 al 3.

1. Para aquellos problemas de impacto e influencia en nuestra felicidad directa y los que requieren intervención inmediata.
2. Para aquellos que no son urgentes, pero que son muy importantes para considerar en el corto plazo.
3. Aquellos que no deben olvidarse, aunque pueden esperar a ser tratados.

La ponderación nos permitirá entonces organizar la forma de trabajo en cada uno de ellos para su mejor seguimiento, sobre todo cuando nos sentimos desbordados.

Derivadas de problemas

Un tema importante a considerar al momento de conocer, clasificar y manejar nuestros problemas es la derivación de problemas. Esto se refiere a los problemas que no existen por sí solos, sino como consecuencia de otros anteriormente no resueltos y que se generan como resultado de su existencia y estancamiento.

Por esta razón será bueno que cuando identifiques estos problemas en la lista, los derives del que los genera, y no considerarlos como problemas distintos ya que, por lo general, no es necesario ocuparse de ellos; se requiere que te ocupes del que los ha generado antes (que seguramente está en la lista; si no está debería figurar), y será bueno ordenarlos ya que lo que parecen ser cinco problemas en verdad es solo uno; muchas veces, a lo largo del tiempo, los que no se mastican derivan en otros que desaparecen cuando se soluciona el problema madre.

Estos problemas indirectos nos afectan, haciéndonos sentir que tenemos más que los que verdaderamente tenemos.

LOS PROBLEMAS QUE NO SE MASTICAN

Los problemas significativos que afrontamos no pueden ser resueltos con el mismo nivel de pensamiento en el que estábamos cuando lo generamos.
Albert Einstein

Cuando se les presenta un problema que desean solucionar, algunas personas concentran toda su energía en él y, por lo tanto, pierden de vista los efectos colaterales de su pérdida de atención al resto de las cosas. Otros, en cambio, atienden varios problemas en simultáneo; los acumulan en un sentido de "no urgencia" y, cuando los ven agrupados, entienden su alerta; entonces, en fila y por orden de llegada, empiezan a dedicarles atención sin advertir la optimización que adquirirían si pudieran agruparlos por tipos y utilizar las mismas estrategias para problemas similares.

Finalmente se encuentran las personas más desordenadas, las que hacen su lista, y comienzan a resolver el primer problema, pero cuando están a punto de resolverlo saltan al número 4, lo dejan a la mitad, y van al 14 y llega el momento en el que dicen: "¡Estoy agotado de vivir resolviendo problemas!".

¿Qué pasa con los problemas que no se mastican?

- Ocupan espacio en nuestra mente, generándonos la sensación de perturbación permanente; muchas veces no nos damos cuenta del origen de este agobio.
- Se avejentan y, en consecuencia, se oxidan; en ese caso, su solución se torna más difícil de lograr.
- Mantienen su formato de origen, sin tomar en cuenta el paso del tiempo ni, seguramente, el nuevo contexto y sus características.

Como sucede con los chicles, los problemas deben abrirse, masticarse, ablandarse y, una vez resueltos, desecharse. Cuando los abrimos, los hacemos propios; cuando los masticamos los evaluamos; al ablandarlos los elaboramos; al resolverlos y desecharlos hemos aprendido algo nuevo.

Les comparto una historia que arrojará más luz sobre el tema:

Un psicólogo, en una sesión grupal, levantó un vaso de agua. Todo el mundo esperaba la típica pregunta: "¿Está medio lleno o medio vacío?" Sin embargo, preguntó: "¿Cuánto pesa este vaso?". Las respuestas variaron entre 200 y 250 gramos. El psicólogo respondió:

—El peso absoluto no es importante. Depende de cuánto tiempo lo sostengo. Si lo sostengo un minuto, no es problema. Si lo sostengo una hora, me dolerá el brazo. Si lo sostengo un día, mi brazo se entumecerá y paralizará. El peso del vaso no cambia, es siempre el mismo. Pero cuanto más tiempo lo sujeto, más pesado, y más difícil de soportar se vuelve.

Y continuó:

—Los problemas, las preocupaciones, los pensamientos negativos, los rencores, el resentimiento, son como el vaso de agua. Si los sostienes durante mucho tiempo, su peso relativo aumentará.

Los problemas que no se mastican arraigan en nosotros de manera maligna, pues nos vuelven presos de ellos haciendo que cada vez sea más difícil encararlos, ya que el paso del tiempo implica un mayor desgaste al momento de afrontarlos (se vuelven más duros).

MAPAS MENTALES PARA LA RESOLUCIÓN DE PROBLEMAS

Existe una herramienta que todos podemos usar y que no solemos aplicar de modo habitual cuando nos enfrentamos a un problema; se trata de nuestros mapas mentales, herramienta expuesta por Tony Buzan (2013).[7]

Un mapa mental es una lluvia de ideas (*brainstorming*, en inglés) vinculadas. Se hace anotando en un papel todo lo que la mente asocia a ese problema al momento de pensarlo para poder descomprimir la mente de datos cruciales, tomar nota de ellos para no olvidarlos y asociarlos para que la propia asociación ayude a encontrar la solución. Más adelante aprenderemos a diseñarlos.

Usar mapas mentales puede ayudarnos a evitar el habitual miedo instintivo que se hace presente en el cerebro cuando nos enfrentamos a un problema. El temor, claro está, no es el estado de ánimo ideal para encontrar su solución.

Un mapa mental es un diagrama usado para representar las palabras, ideas, tareas, u otros conceptos ligados y dispuestos radialmente alrededor de una palabra clave o de una idea central. Se utiliza para la generación, visualización, estructura y clasificación

---

7. Buzan es un referente en todo el mundo en relación con este tema, tanto por una extraordinaria aportación a su desarrollo como por su divulgación en el marco de la educación personal y profesional.

taxonómica de las ideas, así como una ayuda interna para el estudio, planificación, organización, resolución de problemas, toma de decisiones y escritura.

Es un diagrama de representación semántica de las conexiones entre las porciones de información. Presentar estas conexiones de una manera gráfica radial, no lineal, estimula un acercamiento reflexivo para cualquier tarea de organización de datos y establece un marco conceptual intrínseco apropiado o relevante al trabajo específico. Un mapa mental es similar a una red semántica o modelo cognoscitivo, pero sin restricciones formales en las clases de enlaces usados. Los elementos se organizan intuitivamente según la importancia de los conceptos y se organizan en las agrupaciones, las ramas, o las áreas. La formulación gráfica puede ayudar a la memoria.

Se desarrolla alrededor de una palabra o texto, situado en el centro, para luego derivar ideas, palabras y conceptos.

Entonces, en lugar de forzar la mente para llegar a una solución que puede resultar estresante, los mapas mentales abren posibilidades y, por sobre todo, tienden un manto de tranquilidad.

Al utilizar el pensamiento radial, el cerebro genera más ideas y asociaciones para evaluar muchas soluciones.

GUÍA PARA LA SOLUCIÓN DE PROBLEMAS CON MAPAS MENTALES

1. **El mapa mental de tu problema:**
   a. El problema será la idea central de tu mapa mental; anótalo en el centro de la hoja en un círculo.
   b. Añade como ramas principales a ese centro todos los aspectos y las causas del problema, investigando con más detalle cada subrama.

   c. A través de la exploración del problema de esta manera, comienza a analizar las causas de ese problema y las posibles soluciones.

2. **El mapa mental de las soluciones:**

   a. La primera solución que se te ocurra será la idea central de tu mapa, anótala en el centro de la hoja en un círculo.

   b. Añade como ramas principales a ese centro todas las rutas a través de las cuales podrías resolver este problema. Incluye en cada rama los compañeros, organización, técnicas y recursos que recuerdes para explorar más profundamente estos detalles.

Mediante el uso de un mapa mental para resolver problemas te darás cuenta de que uno de los obstáculos podría tener muchas soluciones. Debes ser capaz de ver qué opción es la más efectiva y práctica al momento de comparar los mapas mentales de las soluciones. A este trabajo deberás dedicar días enteros. Hacerlo, dejar reposar la hoja y retomarlo, pues cuando pensamos en otro tema la mente sigue procesando los temas abiertos y les encuentra soluciones a través del inconsciente.

Esto también sucede con los sueños: si algo nos ha tenido preocupados durante el día, muy probablemente y, aunque no lo recordemos, aparecerá durante la noche como un sueño, en forma disfrazada, enigmática, con algunas deformidades, pero con su esencia intacta. Cuando el cerebro no está pensando en el problema de manera estresada (como suele hacerlo en vigilia), hay más chances de encontrarle respuesta durante el sueño, pues de manera aleatoria el cerebro empezará a asociar ideas, relaciones y procedimientos entre las distintas partes del problema encontrando eventualmente la solución.

El sueño juega un papel fundamental en el aprendizaje, y por esta razón durante la infancia y la juventud es clave para la asimilación y el aprendizaje de conocimientos.

Esto no solo sucede en el sueño, también ocurre en vigilia. Por eso, muchas veces, cuando tenemos un problema, es necesario dar a la mente un tiempo de distracción (y cada uno conoce sus mejores técnicas para hacerlo: salida con amigos, escuchar música, hacer trabajos manuales, cocinar) para que en el goce y la quita de presión encuentre el espacio para empezar a conectar ideas que den nuevas facetas al problema.

EL SUEÑO NO TIENE NADA DE PASIVO

Te hago una pregunta: ¿a quién le irá mejor en un examen? ¿A un alumno que estudió toda la noche, o al que durmió ocho horas y se despertó temprano para revisar sus apuntes?

Existen casos notables en los que algunas celebridades encontraron respuesta a conflictos relevantes de su vida mientras dormían, pasando a la historia o elevando su carrera profesional gracias a las revelaciones obtenidas durante el flujo onírico: por ejemplo, la melodía de *Yesterday*, de Los Beatles, llegó a la mente de Paul McCartney cuando dormía. Algo similar le ocurrió al llamado "padre de la neurociencia", Otto Loewi, quien en 1920 soñó la idea de un experimento que más tarde probaría la teoría que lo llevó a ganar al premio Nobel.

La interpretación de los sueños es una herramienta útil para entender qué pasa por la cabeza de una persona; por eso en nuestras sesiones muchas veces hablamos de los sueños. El único secreto para interpretar un sueño es grabarlo o escribirlo rápidamente al despertar para no olvidar detalles y compartirlo con alguien que tenga la habilidad de ayudarnos a interpretarlo.

El subconsciente puede trabajar en forma cíclica hasta lograr que un sueño arroje respuestas. Y esas respuestas son precisamente lo que uno ha estado escondiendo de sí mismo.

La mente inconsciente nunca deja de trabajar. Cuando dormimos, el inconsciente actúa todo el tiempo resolviendo problemas de modo creativo y que queda fuera de nuestro alcance cuando estamos despiertos.

Una anécdota al respecto es la de Thomas Alva Edison: como él sabía la importancia de la información que su mente conectaba en sueños, cuando tomaba una siesta lo hacía con una esfera metálica en la mano. Entonces, mientras se quedaba dormido pensando en ideas, problemas, acertijos que tenía pendientes, venían a su mente ideas geniales. Si se quedaba dormido profundo, la bola caía al piso y entonces el ruido lo despertaba con la interrupción perfecta para poder ponerse a toda prisa a escribir lo que recién había soñado. Todo esto tenía por fin no llegar a una posterior instancia del sueño, sino quedarse con la primera, que es donde se genera la mejor producción de contenido.

Por esta razón, cuando tenemos un problema, estamos atrasados con un proyecto, o tenemos asuntos pendientes, lejos de ser una pérdida de tiempo, dormir será siempre una ganancia para nuestro resultado final.

La investigadora sobre la consciencia, Sirley Marques Bonham, de la Universidad de Texas, en Austin, explica que este fenómeno es una especie de "atajo" para entrar en contacto con el subconsciente, el cual cuenta con diversos elementos sensoriales que ayudan a encontrar soluciones, que en el estado consciente no están al alcance.

Para aprender a utilizar este método y aprovechar sus beneficios, se necesita de cierta práctica. Hazlo regularmente y vas a poder desarrollarlo como un hábito positivo que te ayude a mejorar tu desempeño cuando necesites resolver algo. Te invito a ensayarlo, tratando de empezar con un problema simple que no estés pudiendo resolver de manera consciente. En el momento en que estés durmiéndote (o mientras estás en semivigilia por la mañana), cuando aún sientes que tu mente se encuentra somnolienta, ponte a pensar en un problema o un tema pendiente que necesites resolver. Cualquiera que sea, alguna negociación importante, una conversación complicada con un pariente o amigo, un proyecto entre manos al que le falta forma, una duda sobre algún evento del pasado; solo elige uno, solo uno para encomendárselo a tu mente para que pueda trabajar en él.

No fuerces tus pensamientos hacia alguna dirección, solo trata de enfocarte en el tema que te interesa, para que tu subconsciente comience a desarrollar una solución.

Es muy probable que al principio se te olvide siquiera planteártelo, pero como sucede con cualquier hábito, con el tiempo y con disciplina podrás incorporar este ejercicio a tu rutina matutina o nocturna, dependiendo de tu preferencia.

Ahora bien, ¡cuidado con un detalle, cuidado con el registro! Al resolver problemas en este estado mental (de semivigilia), se corre el riesgo de olvidar con facilidad cualquier idea; es información que solo se recuerda por poco tiempo.

Por esta razón es recomendable que en cuanto abras los ojos y estés listo para levantarte, registres pronto esta información, ya sea en un papel o en tu móvil que podrá estar seguramente junto a tu cama, sobre la mesita de luz.

Puedes hacer una lista rápida de palabras que te ayuden a retener mejor esos pensamientos y luego hilvanar la historia.

PERFIL ANALÍTICO: EXPERIENCIA DE LOS CARAMELOS

¿Podremos predecir, en función de su capacidad para controlar sus impulsos, cómo se comportará un niño cuando sea adulto? Si le digo a un niño que de los dos caramelos que dejo frente a él ya puede contar con uno, pero que si es capaz de esperar quince minutos a que yo vuelva le daré los dos, ¿qué pasa en su cerebro?; ¿surge alguna correlación entre la decisión de este niño y su posterior comportamiento adulto?

El psicólogo Walter Mischel (1960), de la Universidad de Columbia de Nueva York, desarrolló el experimento de los dulces y siguió a los participantes en el experimento a lo largo de veinte años, llegó a esta conclusión:

> "(…) en promedio, después de un seguimiento sistemático efectuado durante veinte años es muy difícil negar que los niños de cinco años proclives a dejarse llevar por el impulso de comer el dulce siguen sin saber reprimir sus instintos cuando alcanzan la adolescencia; sus notas académicas son peores que las de aquellos que supieron dominar sus impulsos más primarios".

La conclusión es que aquellas personas con mayor capacidad de dominar sus impulsos son más capaces de lograr sus objetivos, gestionar sus emociones y vivir de manera más coherente.

Ahora bien, la clave para nuestro desarrollo personal no es aumentar nuestro autocontrol negando constantemente nuestros impulsos, puesto que si nos privamos de todas las emociones placenteras seremos igual de ineficaces. Se trata de aprender a gestionar bien nuestros objetivos a corto y largo plazo, y dependiendo del momento y la situación, conscientemente elegir dejarnos llevar por nuestros impulsos y disfrutar del momento o, por el contrario, disciplinarnos ahora para conseguir una satisfacción mayor en el futuro.

Mischel continuó su experimento intentando cambiar el destino de un nuevo grupo de niños a los que hizo el test del caramelo. Les ofreció una serie de estrategias y técnicas para mejorar el control de sus tentaciones a través del control de la atención. ¿Cuál fue el resultado? ¡Mejoró hasta tres veces más el autocontrol de los niños!

Como nos advierte Walter Mischel, en su libro *El test de la golosina*, el trabajo personal para aumentar el autocontrol tiene dos direcciones: ir de adentro hacia afuera y de afuera hacia adentro: controlarnos para generar un mundo de mejor reacción, y que la reacción de este mundo nos dé mayores oportunidades de sanos desafíos. Al fin de cuentas, todo empieza desde adentro.

DIMENSIONAMIENTO DEL PROBLEMA

Cuando surge un problema, aparecen al mismo tiempo dos factores: el problema mismo y los sentimientos que nos produce.

El problema en sí mismo puede que no sea tan agobiante como lo es aquello que nos hace sentir, y entonces la situación se complejiza. Un ejemplo:

Lorena tenía que contarle a su marido una noticia que según ella sería muy delicada para él. Tener un secreto con su marido le daba dolor de estómago, pero el solo hecho de imaginarse contándole que había visto a su suegro con otra mujer la ponía aún más nerviosa. Lorena empezó a comportarse de una manera extraña y esto la hacía sentir doblemente mal. A los pocos días, el problema era cada vez mayor y más complejo. Luego de diez días de dar vueltas con la idea en su cabeza, se lo contó a su marido y este le respondió: "Yo me lo imaginaba; bueno, tendrá que ver qué hace con eso, que se arreglen entre ellos".

Así le contestó su marido y siguió mirando la tele.

Lorena había pasado diez días angustiada y nerviosa, imaginando que al contárselo se produciría un gran problema.

Claramente, la sombra del bicho era más grande que el bicho.

En el manejo de problemas, las emociones cumplen un rol clave, ya que algunas veces obstaculizan su resolución por el temor que nos generan; muchas veces el dimensionamiento del problema a nivel emocional se vuelve tan grande que nos paralizamos cuando, en realidad, la tan temida repercusión es solo una fantasía.

Dimensionar el problema quiere decir centrarlo, objetivarlo y detener la imaginación y los sentimientos que tienden a magnificar las emociones.

Podríamos decir que a Lorena le pasó lo mismo que a Ekido, un monje que tenía más problemas de los que podía ver:

Un día, Tanzan y Ekido iban caminando por un camino embarrado ya que caía una fuerte lluvia sobre la tierra mojada. Al llegar a la orilla de un río, se encontraron varada a una joven encantadora con kimono y faja de seda que no podía atravesarlo. "Vamos, muchacha", dijo Tanzan enseguida, y alzándola en brazos la pasó al otro lado del camino.

Ekido no volvió a hablar hasta la noche; cuando llegaron a alojarse en un templo no pudo contenerse más y le dijo a su compañero: "Nosotros, los monjes, no debemos acercarnos a las mujeres, especialmente a las jóvenes y bonitas. Es peligroso. ¿Por qué hizo eso?".

"Yo dejé a la chica allá atrás", dijo Tanzan. "¿Usted todavía la está cargando?".

Muchas veces resulta difícil distinguir entre un problema real y uno mental, y entonces los creamos sin darnos cuenta de que nunca existieron.

Los siguientes consejos son valiosos para despejarnos de prejuicios o hábitos que tienden a sobredimensionar los problemas; trabajar estos tips es una excelente herramienta para evitar caer en la trampa de las emociones:

- **Diferénciate:** recordar el problema y cómo te sientes ante él son dos cosas diferentes. Tus sentimientos al respecto se asocian con tus culpas, tus prejuicios, tu historia referida al tema y tus miedos.
- **Distancia:** posiciónate diez años adelante y mira el problema desde el futuro; ¿con qué nivel de gravedad lo consideras? Relativiza la importancia emocional que tendría entonces.
- **Dureza:** lejos de ablandar los problemas, el tiempo los endurece; trata de afrontar el actual lo antes posible.
- **Generalización:** al plantear el problema evita palabras como "siempre, nunca, todos, ninguno, etc." Son términos que distorsionan.
- **Orgullo:** reconoce cuando tu orgullo está herido, para que no distorsiones el verdadero fondo del problema. Aprende a reconocer cómo reaccionas cuando "te duele el orgullo".
- **Culpables:** no los busques; cuando el problema existe, no importa quién lo ocasionó. El gestor del problema será un tema a evaluar para prevenir otros, pero más tarde, cuando el actual ya esté resuelto.

Cuidado con los problemas expiatorios

El éxito es un estimulante importante para las personas; es como una inyección extra de energía que se genera cuando aparece la sensación de ser exitoso; inclusive a las personas se las ve más atractivas cuando atraviesan esos periodos, y esto se debe, sobre todo, a la producción de endorfinas.

Nuestro cuerpo es capaz de producir algunas hormonas, tres de las cuales son responsables del placer y la motivación (dopamina), aliviar el estado de ánimo (serotonina) y producir felicidad (endorfina). La producción de estas hormonas se incrementa activando la sexualidad, las visualizaciones placenteras, logrando situaciones de éxito, de bienestar y satisfacción.

Como nuestro organismo disfruta de la sensación de éxito, y padece la de frustración, los problemas no resueltos nos generan un sentimiento de angustia que contrarresta la sensación placentera a un nivel que, en circunstancias extremas puede llevar a una persona a la depresión.

Como nos disgusta sentirnos así, muchas veces tendemos a inventar problemas de fácil resolución para darnos pequeñas dosis de mensajes de éxito.

En paralelo, los problemas de alta importancia pero de difícil solución cada vez se enraízan más y entonces se produce una falsa sensación de éxito que produce una aparente sensación de bienestar.

A estos problemas, inventados y de fácil resolución, los denomino "problemas expiatorios", ya que tienen por finalidad desviar la atención del verdadero asunto.

Por esta razón debemos tener cuidado cuando no nos hacemos cargo de los problemas pendientes, ya que estos, aunque surjan nuevos problemas, no desaparecen, y lejos de hacerlo, nos afectan a diario quitándonos la magia de la sensación de éxito.

Sin embargo, la buena noticia ya la conocemos: en la vida todos los problemas tienen solución. No estoy afirmando que todos los problemas tienen UNA solución, señalo que todos TIENEN solución. La eficiencia en la resolución del problema es, en este caso, más valiosa que la efectividad. Algunas soluciones pueden tener mejores o peores resultados que otras, pero no existe un estado irresoluto.

Por eso debemos tener cuidado al calificar los problemas, ya que partiendo de la base irrefutable de que todos tienen solución, si una situación o asunto no la tiene, entonces, por definición, no es un problema, y es probable que, en cambio, estemos hablando de una realidad que no hemos aceptado.

Entrar en el círculo

Los círculos de retroalimentación positiva son maravillosos cuando somos parte de ellos, ya que una vez que logramos entrar evolucionan en nosotros trayendo abundancia como una espiral de fortuna infinita. Muchas personas llaman a estos círculos "buena racha"; es una expresión adecuada para comprenderlos; sin embargo, al denominarlos así los relacionamos con la suerte o el azar, y justamente quiero despegarte de eso, ya que entrar en el círculo de la retroalimentación positiva no se trata de suerte: se trata de determinación.

Podremos optar por ir del éxito a la resolución de problemas o de la resolución de problemas al éxito; de las buenas relaciones a la buena energía o de la buena energía a las buenas relaciones; de los buenos resultados a los nuevos desafíos o de los nuevos desafíos a los buenos resultados. No importa el orden, lo importante es entrar.

Por esta razón, tenemos dos maneras de entrar en el círculo, aprovechando un evento o generándolo.

Podremos ingresar basándonos en un resultado positivo, un nuevo amor, una salida con amigos, algo que nos inyecte hormonas de felicidad o bien generando hormonas de felicidad que luego nos dotarán de mayores recursos para enfrentar las rutinas, los problemas o las anclas que nos producen frustración.

Lo importante es entrar en el círculo, ya que una vez que estemos adentro (no casi adentro, sino adentro) estaremos en la etapa de "buena racha" que tanto bien nos hace.

Hay algunas actividades que ayudan a nuestro organismo a producir endorfinas. Estas son neuropéptidos (pequeñas cadenas proteicas) que se liberan a través de la médula espinal y del torrente sanguíneo. Son opiáceos naturales del organismo que pueden ser hasta veinte veces más potentes que los medicamentos contra el dolor que se venden en las farmacias.

Las endorfinas desempeñan un rol importante en la recuperación de la salud cumpliendo funciones esenciales:

- Promueven la calma.
- Crean un estado de bienestar.
- Mejoran el humor.
- Reducen el dolor.
- Retrasan el proceso de envejecimiento.
- Potencian las funciones del sistema inmunitario.
- Reducen la tensión sanguínea.
- Contrarrestan los niveles elevados de adrenalina asociados a la ansiedad.

Las endorfinas ayudan a reducir los síntomas, ya que la mente nota que la persona está satisfaciendo la necesidad de disfrutar más bienestar emocional.

Algunas actividades aumentan los niveles de endorfinas, como comer chocolate, tomar sol, hacerse masajes, meditar, bailar, cantar, escuchar música, pintar, reírse, hacer ejercicio, salir con amigos, etc. Nuestro organismo produce al menos veinte tipos diferentes de endorfinas, que se almacenan principalmente en el hipotálamo.

Una de las razones por las que el hecho de "jugar" es tan importante es porque dedicar un rato a pasarlo bien hace aumentar los niveles de endorfinas. Sonreír, reír, hacer monerías con amigos, es saludable de por sí.

Por esta razón, si estás fuera del círculo de retroalimentación positiva y no sabes cómo solucionar un problema que te ancla a emociones negativas, es buen momento para hacer algo que a nuestro organismo le guste mucho (por ejemplo, cantar o salir con amigos) y dejar por un rato el problema de lado. Seremos muchísimo más hábiles y eficientes en su resolución si estamos dentro del círculo dotados de endorfinas, que si estamos afuera deprimidos.

Algunas veces, para solucionar un problema, tenemos que ser buenos estrategas; en esas circunstancias, ponernos felices y llenos de endorfinas será un excelente plan.

CASO DE COACHING: ALFONSO, EL RACIONAL

Alfonso es un hombre pragmático, muy racional en el procesamiento de información; sus conocidos tienden a consultarlo cuando tienen un problema, porque da claridad a las ideas tomando en cuenta los distintos aspectos: lo analítico y lo emocional.

Es de esas personas que saben echar luz a los temas, que te permiten ver el futuro sin estar en él, te permiten ver qué podría pasar y entonces saber qué tienes que hacer; no todos tienen esta capacidad, pero quienes la tienen te ofrecen buenos modelos de vida.

Sin embargo, le es difícil trabajar algunos temas, sobre todo aquellos que se relacionan con lo irracional, ya que es un ser racional y no comprende sobre emociones sin bases sólidas, no entiende a la gente que "se inventa el rollo".

Esto no quiere decir que Alfonso no caiga en este tipo de problemas "irracionales" aunque sea por un rato, en especial cuando afectan a personas muy cercanas a él.

Por este motivo, muchas veces trabajamos con Alfonso sus problemas, porque necesita de una mirada que le complemente sus ideas para poder comprender a otros tan distintos a él y, en consecuencia, no hacer más problemas de un problema.

Uno de los problemas que más tratamos con Alfonso es la trama vincular familiar, ¡y vaya que en la familia suelen existir vínculos irracionales! Todo comenzó con una gran pelea que tuvo el hermano de Alfonso (Daren) con su esposa (Sabrina); fue tan intensa que Sabrina decidió irse de la casa y, ¿a dónde fue a parar? A donde todos van cuando tienen un problema: a la casa de Alfonso y su esposa.

Sabrina llegó desbordada emocionalmente; desconsolada y entre lágrimas necesitó compartir qué había pasado esa noche y los días previos para llegar a tal situación. Contó mucha información confidencial que sin dudas significaría un problema en el futuro, pero en ese momento era muy difícil controlarla, pues necesitaba hablar.

Al finalizar el largo monólogo de intimidad conyugal, Alfonso le dijo a Sabrina que iba a hablar con su hermano para contarle que ella estaba ahí, porque era un deber hacerlo, si bien por supuesto podría quedarse en su casa.

Por esta razón Alfonso tomó el teléfono y le contó a su hermano que Sabrina estaba ahí y que pasaría la noche en su casa con su familia. Como era esperable, aquí se inició la multiplicación de los problemas, y desde este momento aparecí como asesora de Alfonso para acompañarlo en esta crisis.

Luego de dos meses de pelea Sabrina y Daren volvieron y, como siempre pasa, hablaron de muchas cosas, que a todos los que habían sido "terceros de la historia" para nada beneficiaban, pues estos son siempre los fusibles.

Pudimos listar con Alfonso los problemas que según él le habían generado (y digo según él porque no eran necesariamente 100 % culpa de otros aunque hasta ese momento él así lo creyera).

Algo así era la lista:

- Daren, su hermano, se había peleado con él por recibir a Sabrina y no le hablaba desde hacía tres meses; esto implicaba que no pudiera ver a sus sobrinos y que los fines de semana ya no fueran tan gratos como antes.

- Los padres de Alfonso, enterados de lo sucedido, se pelearon con su nuera, aunque no sabían bien qué había pasado; custodiaban la honorabilidad de su hijo y aquí habría otra complicación familiar.

- Alfonso y Daren trabajaban en un proyecto juntos, ya muy avanzado, en el cual Daren era responsable de la parte comercial; producto de este contexto familiar, Daren había decidido bajarse de este proyecto, y esto ocasionaba que la inversión hecha hasta el momento se viera esfumada rápidamente.

- Alfonso había prestado dinero a su hermano, que no se sentía cómodo para reclamar en este contexto tan conflictivo, ya que tenía información que no hubiera querido tener, pues mientras estuvo en su casa, entre las infidencias que había compartido Sabrina contó que tenían las tarjetas cortadas por falta de pago y que habían pedido un préstamo al banco.

- Por último, y como si fuera poco, su mujer estaba embarazada y aún no había podido contar la feliz noticia a su familia, porque no encontraba el clima que lo acompañara en algo tan hermoso.

Lo primero que hicimos fue desgranar los problemas, y los clasificamos según los cuatro tipos: vincular, de gestión, endógeno y técnico. Luego vimos si todos eran problemas aislados o si eran derivados.

Claro, Alfonso estaba seguro de que se trataba de problemas vinculares que eran completamente ajenos a él y que le habían llegado sin responsabilidad alguna de su parte. Conversando pudimos llegar a otra conclusión: que en verdad el problema primario era uno, y se trataba de uno endógeno.

La relación de Alfonso con su hermano estaba llena de resquemores del pasado, no hablados, de muchas autoconversaciones no dichas, y entonces cada uno tenía mentalmente su prejuicio del otro, y también tenían el prejuicio del prejuicio del otro. Aunque tenían un vínculo divertido y las familias se encontraban con mucha frecuencia, su relación no tenía fondo alguno, era solo una cuestión de formas.

Entre los hermanos existía una competencia silenciosa sobre quién era mejor, más inteligente, más exitoso, quién tenía la mejor familia. No estaba dicha y para Alfonso era una competencia intensa.

Cuando logramos llegar a este punto, Alfonso tuvo que hacer un silencio para hacerse cargo de este sentimiento que ni siquiera él registraba, y le sucedió lo que pasa cuando nos hacemos cargo de algo: se genera un gran sentimiento de angustia por vernos al espejo realmente, pero también se arroja luz hacia adelante y hacia atrás a una velocidad impensada, como si pudiéramos ver todo el pasado en un segundo, pero verlo de una manera en la que nunca lo habíamos visto.

Entonces, Alfonso comprendió que el problema era solo uno, que la relación con su hermano no era sólida, y era endeble frente a cualquier factor extraño. Pudimos entender juntos que haber hecho una sociedad con su hermano fuera un problema desde el comienzo. Que la relación con su hermano estaba en un estado en el cual se rompería con cualquier pretexto, así como muchas otras cosas sobre un vínculo funcionalmente roto.

Como resultado, Alfonso pudo conocerse mejor a través de la historia con su hermano, reconocer sus miedos, sus posibilidades, sus desventuras, sus enojos, sus envidias, sus celos, sus virtudes y sus capacidades.

Tras lograr este recorrido interior, descubrió que la relación con Daren estaba en sus manos, que era tan posible de terminar de destruirse como de reconstruirse pero más honestamente.

Entonces programamos una cita con su hermano; uno de mis consejos para este encuentro fue que durmiera bien la noche anterior; se iba a tratar mucha información sensible y tenía que estar lúcido para llevar a fondo y con habilidad cada tema que surgiera.

Pudo reunirse con él a hablar en la intimidad, y conversaron de todo aquello que duele y de lo que no se suele hablar; limaron asperezas, encontraron coincidencias, se dijeron verdades y se aceptaron tan imperfectos como lo somos todos.

El principal problema de Alfonso no estaba en la lista: era intangible, abstracto, que quizás ni siquiera él consideraba que tenía que solucionar; sin embargo, la vida siempre nos recuerda los temas pendientes y en este capítulo de la historia había decidido recordarle que era el momento de ocuparse de un problema de muchos años.

LA BANDITA ELÁSTICA

Quien tiene menos interés,
tiene el poder.

Negociar es parte de la vida, negociamos cotidianamente: con nuestra pareja, con nuestros hijos, con nuestros colegas, con nuestros empleados, con nuestros jefes, y también, negociamos con nosotros mismos; el ejemplo más sencillo se produce casi todos los días: tras sonar el despertador a las 6:30 de la mañana nos planteamos: ¿Solo cinco minutos más y me levanto?

Para negociar con buenos resultados, se requiere de un condimento esencial: tener autoconocimiento; incluso para negociar con nosotros mismos necesitamos saber cómo somos, cuáles son nuestros límites, nuestros deseos, nuestras posibilidades, qué estamos dispuestos a perder y qué no. Porque, ¿cómo podemos influir en otros si no sabemos siquiera a dónde queremos llegar?

Quien conoce a otros es inteligente; quien se conoce a sí mismo es poderoso.

Un concepto que me encanta y que uso frecuentemente para estos temas es el de elasticidad: las relaciones tienen que ser elásticas, tienen que poder estirarse lo necesario sin romperse. Quienes adquieran elasticidad en sus pensamientos, tendrán crecimiento humano (apertura mental); quienes adquieran elasticidad en sus relaciones, tendrán relaciones durables y saludables (tolerancia y aceptación); quienes adquieran elasticidad en sus exigencias, tendrán mayores gratificaciones y menos frustraciones (conciencia).

¿Que pasará con quienes adopten la elasticidad en sus negociaciones? Te invito a conocer el desafío de la bandita elástica.

LA LEY DE LA BANDITA ELÁSTICA

Imaginemos una bandita elástica clásica, esas que solemos usar para mantener unido un fajo de papeles. Seguramente ya tienes en mente la imagen de una clásica e inocente bandita elástica.

Sin embargo, las banditas ocultan en su física el secreto de los acuerdos, desacuerdos y rupturas de nuestras relaciones. En ellas se reproduce, gráfica y metafóricamente, la fuerza natural motorizada por nuestro deseo en un extremo y, en el otro, el deseo de nuestro compañero en este juego. Paso, entonces, a develar el misterio.

Si tomamos una banda elástica poniendo una mano en cada extremo y ejercemos un estiramiento intencional hacia el lado derecho, dejando la mano izquierda en su posición inicial, el extremo izquierdo sentirá una atracción física natural de acercamiento hacia el polo derecho, puesto que la presión estímulo del estiramiento la inducirá a una necesidad natural de aproximación. Se sentirá atraída por una fuerza superior incontrolable, pese al deseo de control en su posición.

Dediquemos unos segundos a tomar una bandita y hacer esta primera prueba de estiramiento unilateral; luego de algunos centímetros de alejamiento, encontraremos un tope de fuerza conferido por la estructura y la capacidad de esa bandita.

¿Qué le sucedería a nuestras manos si esta bandita se sostuviera en esta posición de distancia durante algunas horas? Seguramente una de las dos terminaría cediendo espacio ya que los músculos no resistirían la tensión sostenida por tiempos prolongados; lo único desconocido y relativo al evento sería cuál de las dos manos tomaría esa postura.

En contraposición, pregunto qué sucedería si la mano detenida, en lugar de optar por mantenerse pasiva en resistencia a su oponente, ejerciera fuerza hacia el lado izquierdo, generando entonces la misma sensación que a ella le generaron.

Las respuestas son limitadas porque los posibles resultados son solo tres:

1. La mano derecha opta por retroceder para acompañar la fuerza de la mano izquierda y repliega su posición absoluta cediendo espacio.
2. La mano derecha opta por mantener su postura ejerciendo resistencia y especulando con la capacidad de la mano izquierda de continuar estirando la bandita, asignando a esta la responsabilidad de las consecuencias.
3. La mano derecha opta por redoblar su apuesta y, frente al estímulo de competencia de la mano izquierda, retomar la fuerza de estiramiento hacia su lateral para no perder el espacio ganado.

Los tres caminos, con sus causas, consecuencias y razonamientos nos ubican en momentos y explicaciones diferentes sobre el futuro de la bandita y, por lo tanto, sobre los resultados de este debate físico.

Sin embargo, dos de ellos dejan un solo destino si ambas manos no resignan su postura: la rotura de la bandita elástica pues, como todo, esta tiene un límite de resistencia, producto de su estructura de confección.

Los posibles escenarios serían los siguientes:

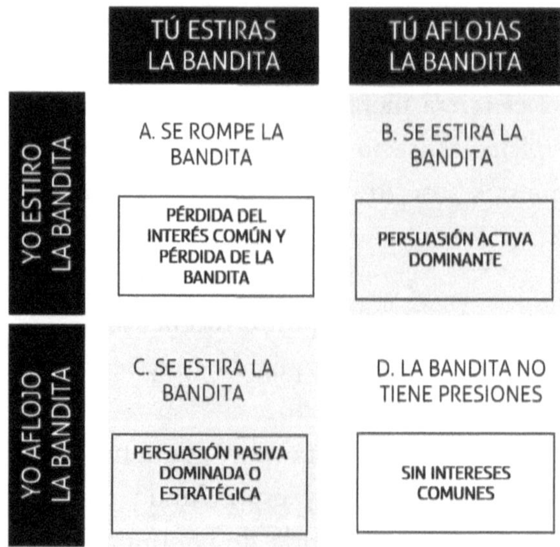

En los casos B, C y D, si bien los resultados pueden ser, o no, los esperados, contaremos con la posibilidad del tiempo en condiciones similares a las iniciales, ya que pese a lo que la duración resienta y determine estructuralmente, la bandita conservará su integridad.

En el caso A, en cambio, habremos perdido la ventaja de la oportunidad del punto de partida, ya que tras la rotura, quedamos a disposición de dos únicas salidas: optar por dejar la bandita rota y perder los juegos de su funcionamiento, o atarla para volver a los beneficios de su utilidad y existencia. Sin embargo, quedaremos sujetos a una condición: la imposibilidad de borrar el evento anterior de resistencias injustificadas, puesto que las banditas pegadas o atadas tienen una menor resistencia, menos tolerancia al estiramiento y podrán estirarse solo si lo hacemos con cautela y a menor distancia; por esta razón, tendrán mayor propensión a repetir el final anterior.

NEGOCIAMOS DESDE PEQUEÑOS

¿Recuerdas cuando les dijiste a tus papás que si te dejaban tener un perro te ocuparías de cuidarlo?, o ¿cuando le dijiste a ese amigo en el recreo del colegio que si te compartía su merienda al día siguiente compartirías la tuya? ¿Y aquel día que les dijiste a tus padres que si te dejaban salir a bailar con tus amigos te comprometías a estudiar y obtener mejores calificaciones?

Desde entonces sabes negociar.

Muchas veces escuché decir que los mejores negociadores son los niños, ya que consiguen todo lo que quieren y cuando quieren, y que cuando empiezan a crecer y se convierten en adultos, pierden esta habilidad por la vergüenza y los prejuicios.

Los niños son grandes negociadores por tres simples razones:

1. **Claridad**: lo preguntan absolutamente todo y en muchas ocasiones desarman a la parte contraria; sin embargo, a los adultos nos cuesta mucho más hacer tantas preguntas por temor o vergüenza.

2. **Objetivo definido**: tienen muy claro cuál es su objetivo y cómo conseguirlo: si no lo logran con el padre, pasan a intentarlo con la madre o con los abuelos, y así hasta salirse con la suya. Nunca aceptan un NO por respuesta.

3. Son **desprejuiciados**: no tienen prejuicios respecto a

lo que dirán de ellos, pensarán de ellos o harán con ellos si hacen o dicen algo, porque no creen que los demás quieran o puedan hacerles daño.

Sin embargo, esta acción que parece tan "manipulativa" cuando la alcanzan es justamente un estadio de crecimiento ya que es resignar el llanto y el berrinche como canales de adquisición de un deseo, para transformar a la estrategia y a la palabra como principales herramientas.

Afianzada la negociación a través de la claridad, objetivo definido y el desprejuicio vendrá la etapa de perfeccionamiento de esta herramienta a través de la negociación elástica. O sea, entender que llevando al extremo estas líneas, la bandita podrá romperse y perder la negociación.

LA BANDITA ELÁSTICA Y LAS RELACIONES HUMANAS

La bandita elástica, en este ámbito, grafica la estructura física de nuestras relaciones emocionales y las fuerzas que las gobiernan: el deseo o el desinterés. Y cómo el abuso sostenido de una de las partes transforma esa estructura física para siempre haciéndole perder sus propiedades.

Como sucede con la bandita, en las relaciones emocionales o profesionales el juego de estrategia de las personas consiste en alejarse lentamente conociendo la atracción física, inconsciente e ineludible que se produce en el otro, puesto que por naturaleza tendemos a evocar aquello que no podemos controlar y que excede a nuestro dominio y decisión.

En este juego de alejamiento y acercamiento se establecen círculos referenciales de los cuales es difícil escapar dado que, luego de la satisfacción que genera la postura de dominancia, optamos por un receso en el cual cedemos la posta a nuestro adversario, ya alimentados de "vitamina autoestima". A esta elección de atracción la denomino "deseo de éxito dependiente", puesto que generalmente lo aplicamos hasta tanto la capacidad física de la relación lo permita, como sucede con la bandita elástica.

Si bien este juego de acercamiento y rendición llamado deseo de éxito es el motor de las relaciones de superación, tiene un límite que no todos saben advertir, pues la coordinación al elegir los roles debe ser alternada y sana, y no simultánea y perversa. Una elección de roles idénticos en el mismo espacio y tiempo genera un estiramiento de ambos polos de la banda elástica, y un estiramiento en exceso tiene un solo final: la rotura del elástico. Las soluciones a una ruptura son muchas, pero todas dejan su recuerdo en el nudo, en la unión y en la sensibilidad para el próximo juego de fuerzas. En tal sentido, las banditas elásticas de nuestras relaciones serán la memoria de nuestro relacionamiento y nos permitirán encauzar el deseo y el interés de una manera más controlada.

Parecería que siempre nos falta algo, y basta alcanzarlo para depositar la avidez un poquito más allá, el deseo del ser es el horizonte eternamente inalcanzable que nos mantiene en camino hacia un fin. Queremos lo que no tenemos, pero cuando el costo exige la privación de una propiedad, los esquemas se complican. Somos esclavos del deseo, de una insatisfacción más satisfactoria de lo que creemos, pues implica, además, el accionar, y gracias al deseo eternamente insatisfecho conocemos nuevos horizontes y nos nutrimos de estilos que desconocíamos. Nos formamos como individuos.

Las relaciones sanas se construyen cuando ambos individuos conocen cabalmente las propiedades elásticas de la relación en cuestión y ninguno tiene el interés de cambiar dichas propiedades sino construir a partir de ellas. Este escenario ideal es más factible en los ámbitos personales que en los profesionales debido al grado de conocimiento y sinceridad necesarios para determinarlo; por esto, muchas veces terminamos haciendo negocios con personas del ámbito personal o transportamos personas del ámbito profesional al personal.

Las diferencias culturales generan un desafío adicional a esta determinación que, en la mayoría de los casos, hace imposible el conocimiento real de las propiedades de las relaciones. Para subsanar esta situación las grandes organizaciones han impulsado un enorme esfuerzo en la construcción de culturas organizacionales produciendo *"una elasticidad controlada"* para apalancarlo y es un terreno donde muy pocos han encontrado el éxito transformándose en referentes internacionales.

Para ejemplificar el concepto de "elasticidad" en las relaciones suelo usar la historia de Pabla, quien sometía a evaluación con frecuencia la elasticidad de sus vínculos.

Pabla, una mujer inteligente, aunque como decía un viejo mentor mío (Harald Solaas), con la inteligencia no alcanza para ser feliz. Pabla tenía un problema que ni ella entendía, ni podía solucionar y que la condicionaba para ser feliz; tenía un nivel de inmadurez emocional altísimo, y esta inmadurez la llevaba a romper vínculos de manera violenta muy seguido. Entonces, vivía permanentemente con conflictos que, sin darse cuenta, ella había creado.

Podría dedicar un libro entero al análisis del origen de la inmadurez de Pabla, explicando por qué se autogeneraba tantos conflictos, pero voy a resumirlo contando que su personalidad se había forjado en prejuicios con los que carga desde niña, que la hicieron sentir muchos años en desventaja.

Esta limitación solía exponerla en todos sus vínculos a un juego de rectificación o ratificación de su autoestima. Buscaba, en las reacciones, comentarios y comportamientos de los otros, información que le demostrara qué tan valiosa era para ellos.

Aquí existía el siguiente problema: a estos juegos ella jugaba sola, o sea, nadie sabía que participaba en sus desafíos de autoestima. De esta forma, para ver qué tan importante era para otros, qué tanto poder tenía en la formación de opinión en otros, o bien para ver qué tan valorada era, tiraba mucho de la banda elástica en sus relaciones, poniendo las conversaciones tensas, haciéndose la interesante y levantando la apuesta de los desafíos.

Entonces, de acuerdo con qué persona se cruzaba, la banda elástica tenía mucho margen de estiramiento (por ejemplo, cuando lo hacía con sus padres, o su pareja, personas que tenían un motivo extra para tolerar desplantes) o tenía muy poco margen, con aquellos que no tenían ningún deber de tolerarlos (conocidos, colegas, familia política).

De esta forma, Pabla ha roto tantas bandas elásticas que, cuando un día se dio cuenta, tenía más relaciones frustradas que relaciones constructivas, pues, esperando que la elasticidad de la otra parte fuera infinita, tiraba hasta el nivel de rotura. Así, en cada ruptura, no hacía más que perjudicarse reafirmando sus sospechas, es decir su complejo de inferioridad.

EL DILEMA DEL PRISIONERO

El dilema del prisionero es un problema fundamental de la teoría de juegos que ejemplifica una situación similar a la planteada en la ley de la bandita elástica, ya que dos personas pueden no cooperar incluso si en ello va el interés de ambas, pudiendo decidir la pérdida compartida (la rotura de la bandita), con tal de no relegar el terreno individual.

La enunciación clásica del dilema del prisionero es:

La policía arresta a dos sospechosos. No hay pruebas suficientes para condenarlos y, tras haberlos separado, visita a cada uno y les ofrece el mismo trato. Si uno confiesa y su cómplice no, el cómplice será condenado a la pena total, diez años, y el primero será liberado. Si ambos confiesan, ambos serán condenados a seis años. Si ambos lo niegan, todo lo que podrán hacer será encerrarlos durante seis meses por un cargo menor.

Lo que puede resumirse como:

- Si tú confiesas y él confiesa: ambos son condenados a 6 años de prisión.
- Si tú lo niegas y él lo confiesa: él sale libre y tú eres condenado a 10 años de prisión.
- Si él lo niega y tú lo confiesas: él es condenado a 10 años de prisión y tú sales libre.
- Si tú lo niegas y él lo niega: ambos son condenados a 6 meses de prisión.

Supongamos que ambos prisioneros son muy egoístas y su única meta es reducir su propia estancia en la cárcel. Como prisioneros tienen dos opciones: cooperar con su cómplice y permanecer callado, o traicionarlo y confesar. El resultado de cada elección depende de la elección del otro. Por desgracia, uno no conoce qué ha elegido hacer el otro. Incluso si pudiesen hablar entre sí, no podrían estar seguros de confiar mutuamente.

Si uno espera que el cómplice escoja cooperar con él y permanecer en silencio, la opción óptima para el primero sería confesar, lo que significaría que sería liberado inmediatamente, mientras el cómplice tendría que cumplir una condena de diez años. Si espera que su cómplice decida confesar, la mejor opción es confesar también, ya que al menos no recibirá la condena completa de diez años, y solo tendrá que esperar seis, al igual que el cómplice. Sin embargo, si ambos decidiesen cooperar y permanecer en silencio, ambos serían liberados en solo seis meses.

Confesar es una estrategia dominante para ambos jugadores. Sea cual fuere la elección del otro jugador, siempre pueden reducir su sentencia confesando. Por desgracia para los prisioneros, esto conduce a un resultado regular, en el que ambos confiesan y reciben largas condenas. Aquí se encuentra el punto clave del dilema. El resultado de las interacciones individuales produce un resultado que no es óptimo; existe una situación tal que la utilidad de uno de los detenidos podría mejorar (incluso la de ambos) sin que esto implique un empeoramiento para el resto. En otras palabras, el resultado en el cual ambos detenidos no confiesan domina al resultado en el cual los dos eligen confesar.

Es un ejemplo de problema de suma no nula. Las técnicas de análisis de la teoría de juegos estándar, por ejemplo, determinar el equilibrio de Nash,[8] pueden llevar a cada jugador a escoger traicionar al otro, pero ambos jugadores obtendrían un resultado mejor si colaborasen.

APLICACIÓN A LA VIDA: LA NEGOCIACIÓN ELÁSTICA

La elasticidad se puede entender o definir como la variación porcentual de una variable X en relación con una variable Y. Si la variación porcentual de la variable dependiente Y es mayor que la variable independiente X, se dice que la relación es elástica,

---

8. El equilibrio de Nash es el resultado del juego cuando cada jugador elige la acción que maximiza su pago, tomando como dadas las decisiones de los otros jugadores, y sin tener en cuenta los efectos que su decisión pueda tener en los pagos de los demás.

ya que la variable dependiente Y varía en mayor cantidad que la de la variable X. Por el contrario, si la variación porcentual de la variable X es mayor que Y, la relación es inelástica.[9]

Algunos datos del funcionamiento de nuestro cerebro ayudarán a explicar mejor estos mecanismos de negociación. En el World Negotiation Forum de 2011, Michael Gibbs (2011) expresó que en el arte de la negociación nunca hay que perder de vista que toda conducta lleva intrínseca una intencionalidad que es custodiada y limitada por los comportamientos predecibles que requiere la mente humana. Estos tres comportamientos son:

1. **La mente detesta el vacío**. Ante la ausencia de datos, la mente completa ese vacío siempre, inclusive inventando datos (que luego asumirá como ciertos).
2. **La mente escapa a la incertidumbre**. Hay una necesidad constante de predictibilidad, de saber lo que va a pasar (y esto pasa desde que somos niños; por ejemplo, esta es la razón por la cual a los chicos les encanta ver la misma película una y otra vez, porque pueden predecir lo que sucederá).
3. **A la mente la "ofende la desigualdad"**. Siempre busca alternativas que le permitan visualizarse en posición de ventaja.

Por lo tanto, debemos tener cuidado cuando negociamos, ya que nuestra mente nos "engaña" más a menudo de lo que deseamos. ¿Por qué nos engaña? El engaño no es más que una conducta que tiende a darnos certidumbre, igualdad, predictibilidad y consistencia, sensaciones de confort para nuestra mente.

---

9. Concepto económico introducido por el economista inglés Alfred Marshall

LA ESCALA DEL COMPROMISO

Cuando la mente humana funciona según el *pensamiento mágico* es debido a su sensación de incertidumbre.

¿Qué es *el pensamiento mágico*? Es aquel que se utiliza para describir atribuciones ilógicas a hechos que suceden sin pruebas empíricas; especialmente cuando una persona cree que sus pensamientos pueden tener consecuencias producto del poder que tienen. Sin evidencias científicas, sin pruebas... tan solo en base de presentimientos o de fe.

Principalmente, el pensamiento mágico habita en el mundo de los niños; sin embargo, de distintas formas lo continuamos viendo en la edad adulta, con distinta intensidad y según en qué personas. ¿Un ejemplo? Las cábalas.

Continuemos, entonces.

Es muy curioso cómo, sin darnos cuenta, muchas veces cometemos los mismos errores, y elegimos un camino que no podemos afrontar, teniendo como final el fracaso seguro. Del fracaso, sin duda, podemos aprender pero, en general, no estamos preparados para ello, y esto puede derivar en resultados que serán difíciles de recomponer luego.

Esta tendencia a repetir conductas que por lo general nos conducen a un único destino, muchas veces fallido, se circunscribe a la ley de la escala del compromiso.

Esto es la tendencia de las personas a continuar apoyando los esfuerzos iniciados en el pasado aunque en la actualidad no tengan éxito ni lo aseguren en un corto o mediano plazo. ¿Por qué sucede esto? A veces las personas nos sentimos obligadas no solo a seguir con nuestra decisión de partida, sino también a invertir aún más en esa decisión a pesar de los costos que implique, para no perder lo invertido hasta el momento. Por ejemplo, un individuo utiliza la mitad de los ahorros de su vida para iniciar un negocio y este no funciona; la pérdida de esa mitad de ahorros será tan dolorosa para la mente que esta decidirá continuar invirtiendo para aprovechar lo ya invertido, dando una nueva oportunidad; este comportamiento se sostendrá tanto como la capacidad de inversión o el temor de la mente lo permita.

Supongamos que, después de seis meses, es evidente que el negocio va a fracasar y entonces lo lógico sería "cortar por lo sano". Sin embargo, debido a que son "los ahorros de su vida", se siente comprometido con el negocio e invierte más dinero en el proyecto con la esperanza de que vaya a funcionar.

Basado en este comportamiento, un profesor de la clase de negociación de la Harvard Business School hace todos los años un juego: subasta entre sus alumnos un billete de veinte dólares. Las dos únicas condiciones son que las pujas solo pueden incrementarse de dólar en dólar y que los dos últimos postores pagan su apuesta, aunque únicamente el ganador se lleva el billete.

Solo se ganaría si hubiera un acuerdo entre los alumnos para que uno de ellos ofreciera un dólar. En el momento en que interviene un segundo jugador pensando que dos dólares es un buen precio, el profesor ya ganó. ¿Por qué? Porque a partir de ese momento, ninguno de los dos que ofertan quiere perder sin un beneficio aparejado, con lo cual el anteúltimo apostador (quien estará obligado a pagar lo apostado) tenderá siempre a subir la apuesta para no quedar en la posición de desventaja de ser pagador y no beneficiario. Aunque al principio pueden animarse varios licitadores que suben rápido la puja, esta se ralentiza al llegar a los 15 o 16 dólares, con la particularidad de que solo quedan dos, que siguen subiendo y subiendo la oferta de forma irracional para no perder frente al otro, al principio sin darse cuenta del juego en el que cayeron inmersos. En el 75 % de los casos la subasta alcanza valores superiores al valor original del billete.

NEGOCIACIÓN INTERNA

Negociamos también con nosotros mismos; esa es la negociación más silenciosa, más desafiante… y es cotidiana.

Puede ser concreta, claro, como la que hacemos cada mañana: "¿Me levanto cuando suena el despertador o duermo cinco minutos más? Si me levanto ya llego a bañarme, preparar el desayuno y mandar algunos emails; bueno… mejor duermo veinte minutos más y entonces desayuno algo cuando llego a la oficina y veo rápido los emails antes de entrar a la reunión." ¡Acá estamos negociando!

También existen negociaciones más complejas y menos evidenciables, como cuando, por ejemplo, negociamos valores o decisiones, y acá aparece una herramienta complicada que nos conviene conocer y cuidar: la autojustificación.

Un ejemplo: una amiga no tenía deseo de ir a cenar con sus suegros. Desde hace bastante tienen una relación tirante y la ponía de mal humor la perspectiva de tener que ir a poner una sonrisa artificial y pasar un momento impostado con ellos; entonces se dijo: "¿Por qué debo ir si no quiero hacerlo? La vida es una sola y hay que disfrutarla; tenemos que cuidarnos. Si no me cuido, ¿quién lo va a hacer? Ya está, no voy a ir, invento alguna excusa y me priorizo. Llamo por teléfono y digo que no me siento bien y me quedo viendo unas películas en casa…". Todas estas eran las ideas que le pasaban por la cabeza mientras negociaba entre la nuera que entendía que tenía un deber social de compartir una velada con sus suegros y la mujer que quería hacerse valer en sus intereses de corto plazo. La negociación interna se dio durante varias horas; mientras avanzaba el día primaba un pensamiento por sobre el otro, buscando los beneficios y las consecuencias de ir o de no ir; ya había perdido más tiempo negociando consigo misma que optando por ir, y misión cumplida. O sea, ya había compartido todo el día con sus suegros, con lo cual menos ganas tenía aún de ir a la noche. Sin embargo, todos sus pensamientos, lejos de aliviarla, ahora le cargaban más la mochila. Era un tema simple, ir a pasar un rato y listo, pero ella había transformado el tema en un monstruo.

Entonces decidió compartir la situación con una amiga para ver qué pensaba al respecto, y como puede suponerse, en función de cómo fue expuesto, narrado bajo un nivel de influencia argumentativo y tendencioso, no llevaría a otro lugar que a recibir la respuesta que esperaba.

¿Por qué digo esto? Porque en general cuando pedimos un consejo debemos dar explicaciones sobre el contexto a quien nos asesore y estas son totalmente subjetivas, generando en la presentación del problema la orientación a la respuesta que esperamos recibir. Esto es lo que llamo Efecto Google (se ampliará más adelante).

Más allá de lo que ella finalmente haya hecho ese día, este es un claro ejemplo de negociación interna a la que frecuentemente nos sometemos.

Si bien, y por fortuna, la negociación interna es imposible de anular, existen algunos trucos que quiero compartir, que nos permiten ser buenos negociadores con nosotros mismos, para no caer en trampas que nuestra mente nos genere ni en situaciones de conflictividad que nos perjudicarán con nosotros y con los otros.

Tres herramientas de negociación interna

Serán útiles para ganar en cualquier negociación interna, y también en algunas externas:

1. El efecto Google.
2. El pentágono del fortín.
3. Expediente de persona.

1. El efecto Google

Hoy, en la era en que todo es *buscable*, podemos encontrar en segundos casi cualquier información que queramos, y confirmar también cualquier teoría que consideremos. Te propongo un ejercicio, pensemos por un segundo: ¿tomar café es bueno o es malo? ¿Qué crees? Googlea tu pregunta. Muy probablemente si crees que el café es bueno escribirás:

¿El café es bueno? Y, si te parece que el café es malo para tu salud escribirás: *¿Hace mal tomar café?*

En la subjetividad de la pregunta ya está escrita la respuesta que obtendrás. Quienes consulten si el café es bueno irán a parar a la lectura ratificadora en aquellas páginas que demuestren las bondades de una taza de café todos los días. Quienes hayan consultado si el café es malo, encontrarán todas las consecuencias negativas de tomar café y hasta quizás algún caso de gravedad en donde alguien haya muerto a causa del consumo de café.

¿Cuál es entonces la verdad sobre el café? Para aquellos que googlean rápidamente en busca de un dato (o sea, que no se toman el trabajo de analizar la fuente y toda la información que proporcionan los expertos en el tema), la verdad sobre el café será la que esperan encontrar; o sea, la expectativa construye la verdad.

Esto que sucede con Google es lo que solemos hacer cuando queremos convencernos sobre un pensamiento, y nuestro Google, en general, son aquellos que elegimos de consejeros.

Es necesario entonces que tengamos cuidado con este efecto cuando buscamos una segunda opinión, recibimos un consejo, sumamos a otros en nuestros dilemas, ya que en general el contexto corea diciendo que sí a nuestros argumentos (algunas veces por miedo, otras por falta de compromiso, o aun por ignorancia).

Por ejemplo, esto sucede con las opiniones de los amigos en medio de una separación de pareja; para contener a uno de sus integrantes y hacer que se sienta mejor, sus allegados le dan la razón en todos los argumentos que expone, aquellos que lo hacen odiar y querer ver a su ex bajo las ruedas de un tren; el resultado: con este supuesto apoyo la persona se siente fuerte en su postura con el aval de su entorno y con la convicción de que tiene razón.

Quien me conoce y acude a mí en búsqueda de una opinión sabe que le espera escuchar una verdad cruda, dolorosa a corto plazo, pero alimentadora de relaciones sanas y buenas decisiones a mediano plazo. Difícilmente alguien que recurra a mí para quejarse de su jefe se lleve como respuesta una crítica del otro, sino más bien un análisis introspectivo sobre la responsabilidad que a quien me consulta le cabe en ese vínculo.

Si bien el efecto Google alimenta nuestro ego primario al sentirnos en lo correcto, muchas veces sobre bases falsas, a mediano y largo plazo suele llenarnos de información sesgada y errónea para nuestra toma de decisiones.

Por este motivo, un primer consejo cuando estamos comprometidos en una negociación: cuidado con el efecto Google, o sea, con la búsqueda de información, con el pedido de opiniones, con los sesgos tendenciosos que formulamos para tener razón ya que,: tener razón no sirve para nada.

2. El pentágono del fortín

Es maravilloso negociar cuando conocemos nuestro pentágono del fortín, pues todos tenemos cinco pilares que lo conforman y son nuestro ADN innegociable. Quienes negocian, deciden y actúan, conforme a su pentágono del fortín son personas consistentes, sin fisuras y, sobre todo, ¡más libres!

¿Cómo hacer nuestro propio pentágono del fortín? Quizás nos lleve solo algunos minutos, quizás algunos días; todo depende de nuestro nivel de autoconocimiento o del nivel de exposición a situaciones críticas que nos ha tocado enfrentar.

El pentágono del fortín tiene cinco anclas que son nuestros innegociables, o sea, aquello que no negociamos ante nada ni en ninguna circunstancia. Pueden ser valores, personas, sentimientos, relaciones; la lista de posibilidades es indefinida. No pueden ser ni más ni menos de cinco para que funcione. ¿Por qué? Porque considero que cinco es el número del sano equilibrio para no estar muy limitados ni muy dispersos.

Te presento un pentágono del fortín real que hizo una persona que asesoré:

María Ana, abogada, 30 años (la edad siempre es algo importante de señalar ya que con el tiempo, la maduración individual y el crecimiento personal, el pentágono puede mutar; no es el mismo el de una adolescente de veinte años que el de una mujer de treinta).

María Ana había construido conmigo su pentágono del fortín y entonces tenía claro qué anclas no eran negociables en su vida:

1. **La justicia**: había jurado el día de su entrega de diploma de abogada que ante todo honraría la ley y velaría por la justicia, movida por sus convicciones y su extremo sentido del deber moral.

2. **El matrimonio**. Para ella, su marido era una persona sagrada en su vida, con quien armó su proyecto de vida y familia, ¡el bastión!

3. **La maternidad:** su hija, su debilidad absoluta, no hace falta mucha descripción para entender el porqué de su presencia en su pentágono del fortín.

4. **Status económico**. Para María Ana el status económico implicaba la garantía de muchas estructuras personales que le daban seguridad, y tenía la capacidad emocional necesaria para aceptarlas y considerarlo un ancla de conservación.

5. **Unión familiar**. Su familia extendida, más allá de su núcleo familiar primario, era un deber de protección y cuidado por sobre todo; la familia unida como bastión de felicidad.

Este pentágono resultaba una base sólida de gestión para la toma de decisiones y negociación porque frente a cada circunstancia de definición compleja, tan solo bastaba el sometimiento de los escenarios al pentágono del fortín para llegar a la decisión adecuada.

Por ejemplo, un compañero de trabajo la invitaba a almorzar pero ella sabía que su marido era muy celoso, ¿qué hacer? Para María Ana la invitación era algo inocente, pero para su marido era algo incómodo: las amistades sociales no estaban en el pentágono del fortín pero su marido sí, la decisión fue clara: "Discúlpame, Mauro, pero no puedo ir".

Decisiones quizás más complejas que enfrentaban anclas del pentágono del fortín: un viaje de cinco días por trabajo que implicaba dejar al marido y a la hija, pero también significaba la conservación del empleo. Entonces María Ana entendía que la conservación del empleo aportaba de manera directa al confort familiar y el viaje era validado por el mismo pentágono.

Un pentágono del fortín bien diseñado, con criterio y transparencia (sin mentirnos) es un simplificador de negociaciones internas que nos permitirá gozar de las definiciones de vida que debamos tomar.

3. Expediente de persona

De manera intuitiva e inconsciente vamos armando un historial de las personas que son parte de nuestra vida (aquellos que solo vemos alguna que otra vez y quienes son parte del círculo principal): qué significan en nuestra vida, qué hicieron, sus cosas buenas, sus cosas malas, sus recuerdos, su personalidad desde nuestros ojos. Esto es lo que llamo "expediente de persona".

Es la historia de esa persona en relación con nosotros, de todo lo que vimos, pensamos, sabemos y en función de ese combo, deducimos lo que podemos esperar, lo que es posible y lo que es imposible de considerar.

Si bien disponemos de toda esta información, muy pocos la utilizamos cuando nos toca negociar, sentir, evaluar, actuar.

Para mí es una herramienta maravillosa. Te comparto una experiencia.

En una oportunidad, un querido amigo y colega de trabajo no me contestó el teléfono en todo el día. Antes de mis llamadas habíamos tenido un intercambio de ideas acalorado (utilizo esta palabra porque no fue una pelea, pero sí un debate con posturas opuestas). En esta situación tendemos a pensar: "Seguro que no me atiende porque está enojado" y siguiendo a este pensamiento creamos esquemas de duplicación de apuesta: "Cuando me llame, porque otra no le va a quedar, no lo voy a atender".

Sin embargo, opté por utilizar mi expediente de persona antes de juzgar y llegar a una conclusión emocional e impulsiva; recordé que Martín no es una persona rencorosa, que de hecho es atento, correcto, que con él tengo la confianza suficiente como para debatir un tema sin que lo tome como algo personal; también recordé que me quiere mucho, entonces pensé: "Quizás le pasó algo serio". Lejos de enojarme, me preocupé y a la noche lo llamé a su casa y le dije: "¡Hola! ¿Estás bien? Te llamé todo el día y como no me devolviste la llamada me preocupé".

Me dio una respuesta que no esperaba: me dijo que no estaba bien, que había quedado mal por la forma en que me había contestado, y que se había quedado pensando cómo retomar la comunicación entre nosotros.

Con un tono amable y descontracturado (que le quitó emoción al tema) enseguida pude destrabar la conversación. Luego de este punto, la conversación derivó en otra dirección y Martín terminó contándome temas que últimamente lo tenían muy afligido, eventos que estaba viviendo que le recordaban a su padre (que había fallecido de muy joven), y terminamos entendiendo que él estaba emocionalmente complicado. Tras esa conversación Martín empezó terapia y pudo cambiar mucho el curso de su vida.

¡Wow!, ¡cómo influye un expediente de persona cuando lo tomamos en cuenta!, yo habría actuado con esa insistencia con pocos conocidos, pero si Martín no me atendía podía deducir, dado que lo conocía bastante bien, que algo le estaba pasando; no podía poner en cuestión y juzgar toda su historia solo por una situación.

Cuando juzgamos a las personas por eventos o momentos, descartamos su historia (su expediente de persona) y si hay algo rico en esta vida es conocernos, tener presente la información que nos permita reconocernos, predecir nuestras acciones, esperarnos, saber de buena fuente.

Así, por ejemplo, podemos saber que cuando una persona que es cascarrabias nos contesta mal esa reacción no es personal; actúa del mismo modo con todos y, claro, también con nosotros; es alguien que contesta habitualmente de esa manera.

Antes de juzgar, lo más inteligente que podemos hacer es pensar y recordar, ante cada evento que amerite algunos segundos de nuestro tiempo, para no sacar conclusiones apresuradas.

LAS RELACIONES ELÁSTICAS

La elasticidad es un concepto que se aplica no solo a las negociaciones sino también a las relaciones, y esto es algo que me fascina, porque cuando aprendemos a verlas, nos damos cuenta de que están todo el tiempo, en todos lados, que se pueden ver, aunque sean invisibles.

Todas aquellas relaciones que se perpetúan en el tiempo (matrimonios, amistades duraderas, relaciones de jefe-empleado que funcionan por años) tienen como denominador común la elasticidad.

El 70 % de las relaciones que se rompen lo hacen por cuestiones blandas (malos entendidos, conversaciones no afrontadas, temas no asumidos, asuntos echados a correr en el tiempo sin liderazgo, autoconversaciones) y, entonces solo las relaciones elásticas son capaces de reponerse a estos eventos, ya que tienen en su esencia la flexibilidad que se necesita para sobreponerse a las amenazas.

Pasemos a un ejemplo:

Mi amiga Laura y yo tenemos una amistad de hace treinta años; hay épocas en las que nos hablamos todo el tiempo, épocas en las que nos juntamos con frecuencia y luego pasan semanas y hasta meses en que nuestra única interacción es un like en redes sociales como muestra de "acá estoy y siempre apoyando a tu familia y tu vida".

En alguna oportunidad quisimos vernos y ninguna de las dos "podía" (puesto entre comillas porque siempre hay tiempo cuando uno quiere); sin embargo, las dos sabemos que la relación no necesita de frecuencia para ser fuerte, sabemos que cuando sea para lo que sea, basta que una de nosotras levante el teléfono (inclusive si hace meses que no hablamos) para que nos podamos decir o pedir lo que haga falta sin preámbulos.

Las dos sabemos bien que jamás nos haríamos daño, que hay fidelidad y que la familia de una es como si fuera la de la otra. Nuestra amistad es elástica, puede estirarse meses de distancia y no romperse, puede estirarse con mil malentendidos y ninguno de ellos afectará a la confianza. ¿Por qué? Porque hay predictibilidad de lo que cada una piensa y también de lo que cada una sabe que la otra piensa.

Tengo otras relaciones con muchísima más intensidad y frecuencia de vínculo que requieren de un nivel de detalle, atención y respuesta elevado, porque justamente a falta de la predictibilidad y confianza, la elasticidad es corta, y cuando la distancia sobrepasa el límite de resistencia, la relación se rompe.

Tanto las negociaciones como las relaciones tienen resistencia y esta es la que determina la fuerza, pero también la durabilidad; sin embargo, aunque parecería tratarse de algo fortuito, lejos de ser algo librado al azar es autogestionable, pues los egos grandes producen tensiones intensas y resistencias cortas; en cambio, los egos sanos producen tensiones efectivas y resistencias altas.

Entonces, lograr negociaciones exitosas y relaciones saludables es tan sencillo como lo deseemos.

GRANDES DETALLES PARA NEGOCIAR

Muchas veces, en los detalles se encuentran los secretos; por esta razón deseo compartir algunos grandes detalles que te facilitarán gestionar una negociación saludable:

1. Como dijo John F. Kennedy, nunca debemos negociar sobre la base del miedo. Cuando lo hacemos así no estamos negociando, estamos cediendo o nos estamos protegiendo. Proteger y ceder no es negociar.
2. En una negociación es importante ser honestos con nosotros mismos, no mentirnos, pues esto romperá nuestra confianza en todo el proceso, incluso cuando de la otra parte haya intereses genuinos para llegar a un acuerdo. "No mentirnos" significa ser auténticos con nosotros mismos cuando nos toca definir expectativas, posibilidades, creencias y resultados.
3. Lo más importante es escuchar lo que no se dice (Peter Drucker).
4. Estar dispuestos a perder algo y elegirlo; será más fácil relegar algo que fue resignado en la intimidad antes de la negociación que sentir que nos lo arrebatan, inclusive cuando perderlo no era algo tan grave.
5. Dar predictibilidad dará confianza a la otra parte y, en consecuencia, mayor transparencia en el momento de interactuar.

Caso de coaching: La elasticidad de Ismael y Marcelo.
Ismael y Marcelo habían trabajado juntos por más de doce años, en distintas posiciones que los fueron llevando a crecer juntos; Marcelo, el jefe, e Ismael eran invencibles ante cada desafío por dos

principales razones: sensación de incondicionalidad (lo que los empoderaba), y los mismos objetivos comunes (si uno crecía, el otro sabía que el beneficio era para él también, ya que, en un acuerdo implícito, estaba clara la relación asimétrica, validada por ambos).

Ismael se sentía seguro bajo el ala de Marcelo, y este se sentía todopoderoso con las bases de Ismael a cargo de responsabilidades. En esta sociedad laboral los dos daban todo por el trabajo, una mezcla entre un juego y un desafío de equipo.

Año tras año esta relación se fue afianzando y quienes habían empezado en roles de analistas, hoy eran director y gerente de una gran compañía multinacional.

Como pasa en todos lados, cuando cambia una variable, puede cambiar todo en el entorno y eso fue lo que pasó un día entre Ismael y Marcelo. Este tuvo algunos cambios personales, se divorció, dejando un matrimonio rutinario y ya vencido que se sostenía solo por inercia y, tras la ruptura de su sociedad conyugal, conoció al amor de su vida, quien le cambió todos los parámetros, pues ahora el trabajo le importaba, pero ya no era lo más importante, y esto a Ismael lo desarmaba.

Para Marcelo nada había cambiado respecto a lo laboral: seguía con el mismo compromiso, con el mismo profesionalismo, solo que ahora tenía algo más (además del trabajo) que le producía mucha satisfacción. Para Ismael esto era inconcebible porque para él lo único y lo más importante era el trabajo, como siempre.

Como sucede con una pareja celosa, Ismael fue sintiéndose abandonado, solo en su carrera profesional y empezó a hacer lo que hace una persona herida, a desafiar (tirar de la bandita elástica). Al principio la tensaba y no tenía reacción del otro lado, lo cual lo enfurecía más aún porque el único objetivo de la tensión era generar en el otro alguna "reacción" que lo hiciera volver a la relación de siempre.

Entonces, empezó a tirar cada vez más de la banda elástica; sin embargo, la relación no se rompía porque Marcelo, que estaba feliz, tenía claro su expediente de persona (sabía quién era Ismael más allá de los recientes desvíos), y podía esperarlo, inclusive si erraba.

Llegado este punto, Ismael empezó a contar su historia a otras personas, y sonaba así: "Podés creer que Marcelo se puso de novio y ya no presta más atención al trabajo, está despistado, ya no tiene las mismas ganas…". Cuando contaba su historia, con su angustia, con sus variables, todos tendían a darle la razón; a nadie se le ocurrió aconsejarle que hablara con Marcelo sobre el tema.

Mi intervención apareció un poco tarde, cuando Ismael, sobresaturado con sus autoconversaciones, hizo algo que ni siquiera la relación más elástica resiste: fue desleal. En un intento desesperado por "subsistir" a su sensación de apocalipsis laboral, empezó a coquetear con el puesto de Marcelo, haciendo trampa. Con su poder de confianza, empezó a tomar temas por su cuenta, usados para desprestigiar el trabajo de su jefe y demostrar su competencia.

Luego de varias semanas de este comportamiento pasaron dos cosas: Marcelo se dio cuenta de lo que pasaba, e Ismael se dio cuenta de que Marcelo se había dado cuenta. O sea, sin hablar en forma directa, estaba todo dicho: la banda elástica del vínculo se rompió, convirtiéndolo en una relación fría y distante.

Entonces llegó el momento de negociar, pues Ismael estaba decidido a tomar el puesto de Marcelo. Un dato que Ismael no conocía y habría cambiado toda la historia es que Marcelo ya no quería aquel puesto tanto como lo había querido hacía cinco años, y si se lo hubiera pedido de otra manera, juntos podrían haber trazado un plan para que él se lo quedara sin culpas y sin sentir que había cometido un fraude. Sin embargo, las cartas estaban echadas y el problema mayor no era aquí el de Marcelo, quien había sido traicionado, sino el de Ismael, pues el que traiciona se autocondena porque queda en su inconsciente la sensación de ser enjuiciado, inclusive cuando fue perdonado, pues el juicio es un autojuicio que se traslada al otro.

Marcelo llegó a mi consultorio con toda esta historia (que pudimos construir y analizar juntos) y tomó dos decisiones: 1. Trabajar su sensación de traición, que lo tenía herido (aunque durante los encuentros entendió que él también era parte de lo sucedido porque la decisión que no había podido tomar hacía un tiempo atrás, se la había hecho tomar a Ismael por él). 2. Analizar su futuro profesional en función de sus posibilidades; era tiempo de cambiar y no entendía cómo ni por qué.

Lo primero que hicimos fue analizar el pasado y con él armar el futuro; para que Ismael se liberara de sus culpas la mejor opción era que se quedara con su puesto, con la sensación de que esto era un beneficio para Marcelo. Entonces este se sentó a hablar con su colega y le dijo: "Me parece bien que te quedes con mi posición, trabajaste mucho para eso y podrás hacerlo muy bien; sin embargo, tenemos que arreglar mi salida y te pido que negocies mi indemnización, para disponer de un tiempo de acomodamiento y rearmado de mi carrera profesional".

Ismael aceptó este pedido sin dudarlo; estaba en falta y cualquier favor era bienvenido para liberarse de su sentimiento de culpa. Iniciaron la negociación de una onerosa indemnización; Ismael la peleaba como si obtuviera un porcentaje de ella, pues cuanta más ventaja lograra más liviano se sentiría, y Marcelo, bajo mi consejo, lo dejó hacer. En definitiva, los dos ganarían en este juego que se les había ido de las manos; solo había algo que no volverían a recuperar aunque aún no se daban cuenta: la sinergia de su relación.

La negociación fue elástica y exitosa: uno se quedó con el puesto, el otro con una indemnización impensada, y luego de eso cada uno siguió su camino, con la tarea pendiente de que algún día, cuando el tiempo transcurrido fuera suficiente, hablaran de lo que había pasado; para entonces quizás podrían rearmar una relación, no la misma, sino una nueva, quizás más madura, quizás más distante, lo que se permitieran. Si la negociación no hubiera existido, seguramente la relación habría sido una "guerra" en la cual ninguno de los dos obtendría nada, y el desgaste de la tensión de la banda elástica de los dos lados la habría hecho estallar. Pues cuando una relación no termina a tiempo, suele terminar violentamente.

En este caso, la negociación no fue solo un fin, sino un camino. Un fin para alcanzar un resultado de mutuo beneficio, logrado gracias a la elasticidad de sus miembros y, para mí, un camino para actuar como mediadora de un desacuerdo.

Fue una negociación feliz; aunque, si me hubiera involucrado antes, quizás podrían haber llegado al mismo destino sin la ruptura del vínculo.

LA MARIONETA

¿Qué tomas para ser feliz?, le preguntaron.
Decisiones, respondió ella.

¿Alguna vez te preguntaste cuántas decisiones tomamos al día? La respuesta quizás no la sabías: son más de dos mil, pero no somos conscientes de todas ellas, ya que muchas se realizan de manera inconsciente para evitar volvernos locos; o sea, son tomadas por nuestro cerebro en piloto automático para liberar procesamiento mental para nuevas decisiones, pero no para aquellas predecibles (a qué hora despertarse, si primero vestirse o lavarse los dientes, qué desayunar, etcétera).

¿Alguna vez te preguntaste qué habría pasado si en lugar de haber elegido el camino A hubieras elegido el B? ¿Te arrepentiste de no haber tomado la decisión contraria?, o bien ¿estás agradecido por no haber elegido la opción contraria? Para nuestro alivio, lo cierto es que la decisión tomada siempre es la correcta porque el escenario que permite analizarla es así gracias a ella; el escenario alternativo solo podría considerarse si se hubiera elegido esa opción.

Pongámonos de acuerdo en algo: las decisiones que tomamos son la causa directa de nuestra felicidad o infelicidad. Es así porque cada decisión nos conduce a un nuevo mundo virtual, solo posible si la decisión fue tomada, con lo cual, en alguna medida, con cada decisión vamos dibujando el camino, generando nuevas variables y sensaciones que, en caso de haber tomado el camino B, nunca hubieran existido. Inclusive si retrocedemos, los trazos delineados ya marcaron historia y nunca será como si no los hubiéramos trazado.

¿Cuál es la clave para ser felices? Simple, saber a dónde se quiere llegar, saber qué es lo más sagrado, lo que denominamos "fin supremo", eso que no estamos dispuestos a negociar; en mi caso, es la familia. De ello se derivarán necesidades que debo preservar para preservar al fin supremo, mi familia. Por ejemplo, tener un buen trabajo para garantizar las necesidades de mi grupo familiar.

Una vez que tengas definido tu fin supremo, redúcelo a una imagen, una foto, algo que lo englobe: yo, por ejemplo, tengo una foto que me encanta y que sintetiza lo que para mí es "familia". Grábate entonces esta imagen y, cada vez que tengas que tomar una decisión, pregúntate: esta decisión ¿me acerca o me aleja de él?

¿Cuántos fines supremos podemos tener? Hasta tres, ya que luego entre ellos pueden afectarse generando un efecto perjudicial circular (o sea, los beneficios para un fin supremo afectan al otro).

Hasta aquí es claro, ya que hablamos de lo que conocemos; cabe preguntarnos, ¿qué pasa dentro de nuestro cerebro antes, durante y después de una decisión?

Nuestros comportamientos, nuestros pensamientos, y también nuestras decisiones se basan en la información que acumulamos a lo largo del tiempo: ante un evento concreto, el cerebro lo asocia a hechos del pasado, a nuevos datos que registramos y a los lazos que los conectan; de esta manera logramos construir un *contexto virtual* que nos genera mayor seguridad y nos permite saber, decidir y, en consecuencia, hacer.

En adelante, llamaremos *contexto virtual* al mundo en el que viven nuestras ideas, pensamientos, creencias, preconceptos, juicios, ideas; es nuestro pequeño mundo que albergamos en la cabeza.

El cerebro recibe información de nuestros sentidos, la compara con la que fue acumulando hasta ese momento y establece la probabilidad de éxito que tendrá para lograr el objetivo esperado, por uno u otro camino, seleccionando el que le parece más promisorio. Todo esto ocurre en milésimas de segundos.

Pero es necesario que nos cuidemos con los atajos, ya que el éxito de decisiones anteriores puede resultar perjudicial, porque estas tendrán un peso superlativo en la construcción del contexto virtual que mora en el cerebro.

Cuando entendamos un poco más sobre cómo funcionamos, podremos superarnos.

TE PRESENTO A LA MARIONETA

Dejemos por algunos minutos de ser humanos y vayamos al mágico mundo de los títeres, eligiendo ser una versión de nosotros mismos, pero en formato marioneta.

¡Sí!, imaginemos que somos marionetas y por un ratito vivamos en su mundo.

¿Las recuerdas? Son aquellos muñecos artísticos, por lo general de madera o trapo, que tienen el cuerpo articulado para darles movilidad; suelen tener caras y expresiones exageradas que resaltan sus atributos. Estos muñecos siempre están conectados a hilos atados a distintas partes de su cuerpo permitiendo así mover cada articulación.

Todos los hilos convergen en una cruz de madera que se llama *cruceta*. Esta es accionada y manipulada por un operador que se encuentra oculto al público desde una altura superior a la marioneta para generar sus movimientos y sus actos; así, el marionetista puede manejar cada hilo generando los movimientos y expresiones de la marioneta.

Las posibilidades de manipulación de cada marioneta dependerán de la cantidad de articulaciones que tenga asociadas a la cruceta.

Si bien la manipulación que lleva al acto parece simple, el marionetista debe tener cuidados, que deben ser aún mayores mientras más hilos tenga el muñeco, puesto que, en muchas ocasiones, la mala administración llevará a que los hilos se entrecrucen y generen nudos que alterarán la armonía del movimiento de la marioneta; en esas oportunidades, el operador debe detenerse para desenredarlos y volver a comenzar.

Ahora que contamos con un poco más de información volvamos a ser marionetas e imaginemos nuestra mejor versión como tales, con una adaptación: conectémonos a los hilos que hoy nos sujetan en la vida, aquellas varas con las que contamos, que son eje de quienes somos y que nos hacen movernos.

El marionetista será nuestra mente y nuestra intuición, la marioneta seremos nosotros en acción y los hilos representan a aquellas creencias, sentimientos y emociones que nos hacen decidir y, en consecuencia, actuar.

Para organizar nuestros hilos en la cruceta, pensemos en cuatro polos:

1. **El trabajo**: este polo representa nuestra ambición.
2. **La familia**: representa nuestra constitución, nuestra seguridad.
3. **El ambiente social**, nuestra comunidad, nuestro espejo, la devolución comparativa: nuestra inseguridad.

4. **El sistema de creencias personales**: representa nuestros valores y nuestra interpretación del mundo y de nosotros mismos.

Con estas categorías discriminadas podremos empezar a definir si el polo de la cruceta es funcional (tiene libertad de manipulación) o forzado (está atado con hilos cruzados). Por ejemplo, tomemos el polo "trabajo": trabajamos en algo que nos gusta, con un jefe con quien tenemos una relación de sinergia positiva, con nuestros pares hay camaradería y el pago es acorde al esfuerzo (polo funcional); o bien, vamos a desgano, entendiendo que es un deber aunque cueste y el estrés de ir todos los días está afectando nuestra felicidad (polo forzado).

Será una buena tarea para llevar adelante con cada polo: trabajo, familia, ambiente, creencias. Por cada aspecto positivo pondremos un +; por cada aspecto negativo un -. Si el trabajo tiene 8+ y 9 será un "polo forzado", si en cambio tiene los números invertidos, será un "polo funcional". Parece una tarea difícil, ¿verdad? No te preocupes, es un trabajo que se irá completando con la lectura de este libro, que fue preparado para repasar diferentes aspectos de tu persona y ayudar a analizarte.

LA TOMA DE DECISIONES

Es el proceso mediante el cual realizamos una elección entre las opciones o formas para resolver diferentes situaciones de la vida en diversos contextos: laboral, familiar, sentimental, empresarial (utilizando algunas metodologías probadas que veremos más adelante). La toma de decisiones consiste, básicamente, en elegir una opción, definir un camino, determinar una postura y accionarla para resolver un problema actual o potencial –aun cuando no se evidencie un conflicto latente– o para asumir un rol frente a un grupo o con motivo de un evento.

Para tomar una decisión, cualquiera que sea su naturaleza, es necesario conocer, comprender, analizar, para así darle un destino. En algunos casos, por ser tan simples y cotidianos, este proceso se realiza de manera implícita y se soluciona muy rápidamente, pero existen otras circunstancias en las cuales las consecuencias de una mala o buena elección pueden tener repercusiones en la vida y, si es en un contexto laboral, en el éxito o fracaso de la organización. En esos casos es necesario realizar un proceso más estructurado que puede dar más seguridad a partir de la recopilación de información. Las decisiones nos atañen a todos ya que somos el resultado de las que tomamos frente a cada circunstancia de nuestra vida.

En tal sentido, podemos considerar que las decisiones son el motor que hace cobrar vida a nuestra marioneta, vida que estará regida por los cuatro polos señalados. El marionetista, nuestro cerebro, y la lectura que hagamos del escenario en el cual la marioneta cobró vida, ampliarán su movilidad y la elegancia en la representación.

LA INTUICIÓN

Como les sucede a muchos economistas, muchas veces creemos que nuestras decisiones están basadas en razonamientos fríos y calculadores, pero no podríamos estar más equivocados.

El neuroeconomista de la Universidad de Cambridge, Aldo Rustichini (2009), explica que el 90 % de nuestras decisiones son inconscientes y que esto no es motivo de alarma: nuestro inconsciente decide por nosotros diez segundos antes de que lo sepamos. A pesar de que la mayor parte de estas elecciones son inconscientes están basadas en un proceso muy sofisticado que garantiza un análisis preciso y racional.

Usamos la intuición en casi todas las circunstancias de nuestra vida. Es así porque, para aumentar su eficacia, el cerebro se vale de "atajos".

Un día, los asesores de Ray Kroc[10] le aconsejaron que no comprara McDonald's. Pero él no les hizo caso y siguió su instinto. El resto es historia…

Una definición sobre la intuición que me encanta dice: la intuición es conocer sin saber cómo conocemos. Weston Agor (2000) se refiere a la intuición como la "capacidad de integrar y utilizar la información almacenada en ambos lados del cerebro", y dice también que "las señales intuitivas se transmiten en forma de sentimientos".

Darwin tenía una mente tan analítica que incluso llegó a plantearse el amor como una cuestión científica. En 1838, dos años después de haber regresado a Inglaterra tras su épico viaje por el hemisferio sur, se planteó qué hacer con su vida. ¿Buscar una mujer y casarse? ¿O dedicarse a la investigación? Tomó una hoja de papel y trazó dos columnas. En una escribió "casarse" y anotó todos los argumentos que se le ocurrieron a favor del matrimonio. En la otra, las ventajas de la soltería. Decidió que lo mejor sería comprarse un perro; semanas después, su cerebro le iba a jugar una mala pasada. Al cruzarse con su prima Emma Wedgewood, se enamoró perdidamente.

Darwin no tomó en cuenta que su cerebro tomaba decisiones por él sin que pudiera remediarlo: las decisiones, a diferencia de

---

10. [1902-1984] Empresario estadounidense que en 1954 se asoció con los hermanos McDonald para expandir la cadena de hamburgueserías y en 1961 asumió el control total de la empresa.

lo que se solía pensar años atrás, no se rigen exclusivamente por las leyes de la razón. Muchas, la mayoría, responden a intuiciones que se toman desde la subjetividad.

Hasta hace algunas décadas, la psicología social consideraba que la toma de decisiones tenía que ser consciente y guiarse por las leyes de la lógica. Las ciencias cognitivas solían menospreciar el papel de la intuición. Sin embargo, ahora sabemos que esos impulsos pueden ser mucho más eficaces que una elección racional.

No podemos dar razones por las que intuimos lo que intuimos. Si pudiéramos explicarlas ya no sería intuición, sería razonamiento. En cierto sentido, la intuición y el razonamiento son dos modos distintos de afrontar una situación.

Tenemos intuiciones sobre casi todo. Suelen ser decisiones que aparecen en nuestra consciencia sin que sepamos de dónde vienen, pero que son tan fuertes que nos impulsan a actuar. En la mayoría de las ocasiones, esos impulsos o intuiciones nos conducen a la respuesta adecuada; son atajos que tiene el cerebro, estrategias que el cerebro humano ha venido desarrollando durante miles de años para ser más eficaz.

Nuestros circuitos neuronales se encargan de que el organismo funcione bien. Y nuestro cerebro nos mantiene ajenos a esos procesos. No tenemos que pensar que queremos respirar. Algo similar ocurre, por ejemplo, cuando jugamos al fútbol. Nos lanzan una pelota, corremos y la pateamos. La neurociencia descubrió que la inteligencia funciona a menudo sin pensamiento consciente; de hecho, la corteza cerebral, donde reside la consciencia, está llena de procesos inconscientes, así como sucede con las partes más antiguas del cerebro. "Es un error presuponer que la inteligencia es necesariamente reflexiva", afirma el investigador alemán Gerd Gigerenzer (2008).

Creo que muchas veces es preferible dejarnos guiar por la intuición más que por la razón. Quizás para los más racionalistas esto sea algo imposible de imaginar, pero te propongo que para la próxima decisión que debas tomar, alguna que la razón no esté pudiendo dilucidar, o aquella que, en caso de arrepentirnos, no produzca un daño tan severo, dejemos que esa sensación que palpita desde adentro se convierta en el motor de la decisión que tomemos.

SER MARIONETAS O SER MARIONETISTAS

Se trata, pues, de tomar decisiones, nada extraño a nuestra rutina, porque lo hacemos a diario cuando decidimos enviar un mail, decidimos su contenido, decidimos coordinar una reunión, decidimos hacer un llamado y también cuando decidimos qué vamos a cenar. Decidimos todo el tiempo, cuando iniciamos una discusión, cuando la abandonamos, cuando armamos un informe y cuando lo presentamos. Otras veces –es necesario decirlo– decidimos no decidir.

Todos estamos permanentemente decidiendo, aunque solo nos damos cuenta del momento de decisión cuando su complejidad alcanza cierta magnitud y, en consecuencia, percibimos su impacto, se nos hace visible.

Muchas veces, cuando debemos decidir algo, hacemos una disociación que nos posiciona en el rol de marionetas o en el rol de marionetistas, y es en este punto donde debemos trabajar para ser dueños en la toma de decisiones.

Arrojemos algunas ideas que nos permitan caracterizar a estos personajes.

Quienes actúan como marionetas se concentran en las variables exógenas, o sea, consideran que están fuera de su control y que, por eso, no pueden incidir en las decisiones. Los marionetistas, en cambio, son protagonistas, se concentran en las variables endógenas, ya que pueden actuar para tomar decisiones considerando la maleabilidad del evento, y no su arbitrariedad.

Las marionetas se ven como entes pasivos pues sobre ellas actúa la fuerza de la suerte; en cambio, los marionetistas se ven como entes activos capaces de forjar su destino.

Las marionetas tienen la capacidad de ver las limitaciones y explicarlas para entonces armar sus excusas y justificaciones; los marionetistas, por su parte, tienen la capacidad de sortear las limitaciones y celebrar sus habilidades para eludirlas.

Las marionetas hablan en tercera persona, los marionetistas hablan en primera persona.

El marionetista decide sus movimientos, sabiendo que es dueño de sus acciones; el que es marioneta, entrega sus hilos a alguien más.

Por ejemplo:

Daniel es un empleado del equipo a quien Michael debía dar feedback sobre un proyecto que no había tenido muy buenos resultados. Daniel, claro está, sabía sobre este proyecto fallido.

Por esta razón, Michael temprano a la mañana le dice: "Daniel, más tarde te estaré llamando para conversar sobre el start-up de la nueva línea de operaciones". En ese momento Daniel lo entiende todo, baja la mirada y le dice: "Cuando quieras".

Daniel transcurre su día angustiado y ansioso por aquella conversación pendiente.

Por su lado, Michael, aún no tiene claro cómo encarar dicha conversación y entonces abarrota la agenda llegando al final del día sin haber hablado con Daniel. De alguna manera inconsciente "lo olvidó" y siendo ya las 18:00 no quedaba espacio de agenda y espacio mental para encararlo.

¿Cómo reaccionaría en este caso una marioneta y cómo lo haría un marionetista cuando se crucen al salir y Daniel le diga a Michael: "Me quedé esperando tu llamada"?

La marioneta respondería: "Te pido disculpas, la verdad es que estuve de aquí para allá y no he tenido un minuto de tiempo para frenar y llamarte; mañana hablamos".

Si el día hubiera tenido 24 horas y 5 minutos, ¿entonces, habrías podido llamarlo? Siempre hay tiempo para hacerlo, pero las marionetas tienden a encontrar la excusa que los excusa.

En contraposición, el marionetista dirá: "Te debo la llamada; no la hice porque aún estoy evaluando qué pasó y no tengo claro cómo encarar el tema, sé que es una conversación difícil, pero quiero hacerlo bien; te pido que me esperes un día más para tenerlo más claro y luego te llamaré. Te pido disculpas".

Claro, la marioneta decide no hacerse cargo, pues sus hilos, sus sesgos personales ("¿Qué pensará de mí?") o sus sesgos profesionales ("¿Qué pasará luego de mi decisión?") le impiden ser protagonista de su acción. El marionetista se hace cargo y se sincera.

En este ejemplo, nuestra posición estará determinada por la puja entre los polos de nuestra seguridad versus nuestra inseguridad, siendo el polo vencedor aquel que tenga mayor nivel de complejidad y esté más desarrollado. Si existen más hilos en el polo de la inseguridad, el cerebro conseguirá mejores respuestas de los datos acumulados que lo llevarán a elegir ser marioneta y no marionetista, o viceversa si predominan los hilos en el polo de la seguridad; entonces habremos determinado cuál es la posición más exitosa para nuestra representación en ese acto.

De acuerdo con esta división, los resultados para ambos perfiles serán distintos según el tipo de problema.

Lo que diferencia a ambos es la elección. La marioneta es reactiva al estímulo ya que se considera una víctima. El marionetista es proactivo y genera el estímulo pues se considera protagonista y capaz de generar el resultado.

Existen dos tipos de decisiones: las decisiones activas, las que tomamos de modo consciente porque decidimos decidir, y aquellas de las cuales no nos hacemos cargo y entonces se toman de manera pasiva, decidiendo no decidir.

El problema de las decisiones que se toman "solas", de forma pasiva, es que en general vienen con la consecuencia de la indiferencia. ¿Qué quiere decir? Que vienen con un detonador que las hace suceder, o sea, a falta de la impronta del decisor, aparece la impronta del conflicto.

Muy frecuentemente esto se ve reflejado en las conversaciones no afrontadas, en las cosas no dichas, tanto en el ámbito laboral como en el ámbito personal.

Te cuento un caso:

Hace algunos años me consultó Yanina con un problema grave para ella: ya no sentía amor por su esposo y no sabía qué hacer con este sentimiento. Tenían una familia de muchos años, con la integración de las familias extendidas correspondiente (padres, hermanos, sobrinos), y si bien todo era armónico desde la expectativa familiar, entre ellos la llama se había apagado.

Yanina se enamoró de otro hombre. El contraste de un sentimiento ya olvidado (el enamoramiento) con su rutina en deterioro la hicieron darse cuenta de que la llama con su esposo ya no estaba.

¿Qué pasó? Lo que pasa siempre con las marionetas, la culpa de sus sentimientos por otro hombre influyó en que no pudiera hacerse cargo de lo que pasaba, pues en la familia —suponía— todos se darían cuenta de que ella dejaba a su marido porque había "otro".

Hay una expresión que suelo usar cuando recibo una consulta sobre estos temas que dice: Cuando una relación no termina a tiempo, termina violentamente.

Esto es lo que les sucede a las marionetas: las relaciones se rompen con violencia porque no terminan direccionadas por la acción, sino por el tiempo que las detona.

Yanina no pudo hacerse cargo de lo que pasaba, su esposo sintió el frío y empezó a leer sus conversaciones en un acto desesperado por ver qué estaba pasando, y encontró chats con sus amigas en los cuales hablaba sobre lo que sentía por el otro hombre. Al leerlos, su corazón se rompió junto con su confianza en Yanina.

Yanina acudió a mí en esta instancia, cuando su relación ya estaba rota pero sin haberse hecho cargo, y cuando esto sucede, lo hace con la violencia de la espera, con la culpa y la secuela que las acompaña.

Este tema nos invitó a trabajar mucho sobre su vida, sus deseos, a entender cómo sus decisiones iban en contra de sus "fines supremos" y entonces se sentía infeliz porque tomaba decisiones que atentaban contra sus mayores deseos. Puedo afirmar que hoy Yanina es una marionetista de su vida.

Las decisiones las tomamos sobre circunstancias existentes o potenciales, o sea, situaciones que existen o que pueden llegar a existir.

Entonces, el producto de cada situación, de acuerdo con la situación y con nuestra postura frente a ella podrá ser: una oportunidad, un deber, un tema de suerte o un conflicto.

Cuando tomamos una decisión activa sobre un problema potencial logramos ventaja, incluso si la decisión no es la correcta (ya que nos da tiempo de reparación) y entonces generamos una "oportunidad". Cuando en cambio la decisión es activa y el problema es existente, se trata de un deber hacerse cargo, y el resultado será el necesario.

En general, cuando somos marionetistas, las decisiones tienen un 75 % de probabilidad de éxito, y cuando este no se produce, el cerebro lo interpreta como información valiosa para generar nuevos aprendizajes.

En cambio, cuando una decisión es pasiva, si es sobre un tema potencial (que se vislumbra, pero aún no existe) su resultado será únicamente un tema de suerte, según cómo se comporten las variables que lo conduzcan. Si en cambio se trata de un tema existente, con altas probabilidades el resultado será conflictivo, ya que, como le pasó a Yanina, los eventos que se gestionan solos corren con su propia suerte.

En general, el porcentaje de éxito que tiene un evento de solución pasiva es del 28 %. Lo más complicado de esta postura no está tan relacionado con su resultado negativo (72 %) como con su resultado positivo. Ya que al solucionarse sin actividad (de forma pasiva) se genera un aprendizaje neuronal negativo, que luego generará resistencia a otros eventos.

LA MENTE EN LA TOMA DE DECISIONES

La mejor decisión que podemos tomar es la correcta,
la segunda mejor es la incorrecta, y
la peor de todas es ninguna.
Theodore Roosevelt

La mente tiene patrones de funcionamiento propios de los cuales a menudo no somos conscientes.

En el momento de tomar una decisión recurrimos a todo el archivo de datos que nuestro cerebro conserva y, en milésimas de segundo, empieza a recopilar toda la información afín a un tema. Sin embargo, la mente también puede caer en trampas que ella misma se genera; por esto es importante cuidar la información que incorporamos, las cosas que vemos, las historias de las cuales nos nutrimos, porque todos los datos que percibimos dejan su huella en nuestra mente. Frente a nuevas circunstancias, dichas huellas dan lugar a futuras reflexiones y decisiones.

Basada en los estudios de tres docentes (John Hammond, Ralph Keeney y Howard Raiffa) de Harvard Business School, compartiré a continuación algunas trampas en las que solemos caer cuando tomamos decisiones, ya que conocer algo es el primer paso necesario para poder manipularlo.

Sucede que la mente algunas veces toma atajos para no gastar tanta energía en procesos rutinarios y, entonces, algunos de estos atajos terminan siendo una propia trampa.

Trampa de la expresión

Este principio explica que, cuando cambia el planteo de un tema puede cambiar la forma de comprenderlo y, en consecuencia, la decisión que tomemos (por eso es que cuando uno tiene un problema, cambiar el punto de vista del tema, o bien hablar con una persona que nada sabe de nuestro problema, ayuda a resolverlo). Sucede que la mente se queda no solo con el fondo (contenido) sino también con las formas en que ese contenido se expresa.

Existen investigaciones recientes que prueban esta trampa haciendo hincapié en una situación problemática erróneamente expresada para evaluar la influencia en el proceso decisorio. Por ejemplo, expresar una situación en forma de ganancia o pérdida, desde los opuestos, generará cambios en la decisión y evaluación del caso, pues estamos más dispuestos a tomar una decisión si esta implica dejar de perder algo que si implica ganar algo que no necesitamos.

La forma en la cual encaramos un tema, muchas veces, lo limita, es por esta razón que cuando no podemos encontrarle una salida a una situación, la mejor opción es compartir el problema o re-pensarlo, pero esta vez de una forma distinta. El famoso juego de: ¿Qué haría Juan si estuviera en mi lugar?

Quizás puedas pasar por este principio tu "asunto pendiente" y descubrir una nueva forma de comprenderlo y, por ende, de encararlo.

2. Trampa de la expresión

Esta falla yo la suelo denominar "principio de necedad"; sucede que nos gusta tanto tener razón que muchas veces buscamos información que ratifique la opinión que ya tenemos. De igual forma, desestimamos toda aquella información que pueda contradecirnos.

Entonces por ejemplo, si pedimos consejo a un amigo, le contamos el cuento de una forma en la cual su opinión o consejo sea exactamente lo que esperamos escuchar. O bien, buscamos información de una forma sesgada, para tener razón. Recordemos cuando vimos el efecto Google que siempre que queramos podremos tener razón.

El origen de esta trampa psicológica se basa en dos factores: uno de ellos es nuestra tendencia a decidir inconscientemente lo que queremos hacer antes de saber el porqué; y el otro es nuestra inclinación a sentirnos más comprometidos por las cosas que nos gustan que por las que no nos gustan.

¿Cuál es el problema de caer en esta trampa? Que seguramente nos quedemos felices con tener razón, sin embargo seguiremos inseguros respecto a nuestra situación (ya que de forma inconsciente comprenderemos que está manipulada) y asimismo probablemente no cambie nuestra situación de partida.

3. *Efecto del exceso de confianza*

Este tercer efecto consiste en nuestra predisposición a atribuir a nuestra destreza resultados que son claramente producidos por la suerte, lo que nos puede llevar a errores de juicio y percepción.

Entonces, algo que una vez nos salió bien de casualidad, nos hará creer que siempre puede volver a ser de esa manera.

4. *Efecto del criterio pesimista (lo mejor de lo peor)*

Para resumir este efecto, podríamos decir que es el del falso conformismo, pues tendemos a convencernos de que nuestra decisión es la mejor dentro de lo peor. O sea, el menor mal.

Este criterio tiene para algunas personas una atracción magnética; eligen, así, el riesgo psicológico menor, entendiendo que, como no había mejor opción, quedan entregados a las consecuencias sin culpas; sin embargo, siempre existe una buena decisión: si todos los caminos conducen a las decisiones menos malas, quiere decir que debemos continuar desatando hilos o incorporando variables para entonces llegar a un punto de vista del tema que nos permita tener nuevas oportunidades de solución. Lo menos malo quizás sea lo mejor que podemos ver, pero no necesariamente lo menos mal posible.

5. *Hábito de la obediencia*

Muchas personas tienen tan arraigado el hábito de obedecer que actúan así sin darse cuenta de lo que están haciendo. Hay un ejercicio muy divertido que me gusta hacer. Presento dos círculos iguales, uno de color blanco y el otro rojo y pregunto a las personas: ¿Cuál es el círculo más grande? Automáticamente todos empiezan a hacer cálculos sobre cuál se verá más grande o más chico por la influencia del color, piensan dónde está la trampa, hasta que la gran mayoría opta por uno de ellos. Sucede que los dos círculos se ven iguales pero sesgados por la autoridad de mi pregunta, optan por uno.

Esto que sucede de forma tan divertida con el juego, sin darnos cuenta, no sucede con la vida.

Jens Krause señala:

"Todos hemos estado en situaciones donde hemos sido arrastrados por una multitud, pero lo interesante de esta investigación es que nuestros participantes terminaron tomando una decisión por consenso a pesar de que no se les estaba permitido hablar o realizar ningún gesto entre ellos. En la mayoría de los casos los participantes no se dieron cuenta de que estaban siendo dirigidos por otros".

¿Cuál es el problema de este comportamiento? Que quizás lo que hacemos o nos sucede no es lo que buscamos, sino lo que otros buscan. Imagino que la otra pregunta será: ¿Cómo evitamos caer en él? Es simple: despejando las emociones de los datos, tratando de evaluar cuanto de lo que pensamos es así porque lo sentimos o porque lo vemos.

6. Efectos de pertenencia e interacciones entre grupos

Si las actitudes de un grupo están sesgadas en una dirección, su sesgo aumenta cuando se intensifica la interacción. Esto quiere decir que se sostiene la decisión o la postura tomada tan solo para pertenecer y alimentar la sociabilidad del grupo, más allá de lo correcta o incorrecta que sea para nuestro sistema de creencias.

Esto se puede ver muchas veces en el colegio primario; se conoce como el juego de "todos contra un blanco". Por ejemplo, las niñas se ponen todas en contra de "alguien" y el grupo existe y sobrevive por la crítica de ese blanco. Cuanto más alguno de los integrantes aporte (críticas, juicios, chismes) será más fiel al ADN de ese grupo.

Llega un momento en que ni siquiera saben (si se les pregunta) por qué "odian a ese alguien" pero "odiarlo" es símbolo de pertenencia y "no odiarlo" será una forma de traición.

Se ve fácil mirando a niñas de colegio, y seguro se vea más difícil en nuestras propias vida; sin embargo, si te invito a observar cosas que has dicho te darás cuenta que más de una vez has caído en este efecto, diciendo o haciendo cosas tan solo para agraciar a alguien o pertenecer.

Para resumir, nuestra mente buscará los argumentos que le permitan justificar una decisión (más allá de no considerarla) para poder gozar de los beneficios de la aprobación del grupo. Por esta razón, cuidado con esas decisiones porque, más allá del grupo, cuando volvamos a nuestra vida, estaremos solos defendiendo una decisión que quizás no solo no necesitábamos, sino que nos perjudica.

7. Analogías con el pasado

Si bien toda decisión debe basarse en el contexto y en las variables actuales, considerando los impactos esperables en el futuro, la mente recurre a analogías con hechos asimilables del pasado que suelen llevarnos a análisis incorrectos, defectuosos, que muchas veces indicarán la opción equivocada. Esto se debe a que la mente identifica los eventos exitosos y entiende que si estos tuvieron un buen resultado, el proceso que nos condujo a ellos es digno de ser replicado,

El pasado nos puede ayudar a predecir el futuro, pero nunca perdiendo de vista o desenfocando el porvenir, en el que operará la decisión que estamos analizando. Dado que a la mente le atraen el orden y el confort, tenderemos a dirigirnos a las circunstancias que propicien estas sensaciones, descartando aquellas variables que irrumpan generando entropía.

¿Cómo podemos evitar estas desviaciones? ¿Qué papel desempeña nuestra intuición en este proceso? ¿Es necesario anularla? Por el contrario, lo conveniente será aumentar su poder para contrarrestar o eliminar los sesgos perniciosos.

Las intuiciones deben ser consideradas en el proceso de evaluación al final del análisis para incorporarlas, pero deben ser expuestas y sometidas a un análisis riguroso ya que serán los conductores y conectores de la mente con los sesgos producto de la emocionalidad o sensibilidad del tema para nosotros.

Por tal motivo, para evitar estos sesgos perjudiciales será útil someternos a una autoevaluación al terminar un proceso decisorio preguntándonos: ¿Cuál será la peor consecuencia o efecto de esta decisión?, ¿con qué otros temas entra en conflicto?, ¿estoy preparado para afrontarlos?, ¿por qué motivo estoy tomando esta decisión y no otra? La consciencia de uno mismo es un criterio esencial para tomar buenas decisiones.

ETAPAS EN EL PROCESO DE LA TOMA DE DECISIONES

He desarrollado 5 etapas que nos permiten transitar por los procesos de toma de decisiones de forma calma y acertada.

1. **Etapa 1: Desenredar los hilos.**
   El primer punto importante en el momento de tomar una decisión es definir y separar las variables que intervienen.
2. **Etapa 2: Establecer diagnóstico y definir alternativas.**
   Ya definidas todas las variables es el momento de jugar, entrelazarlas, moverlas y ver cómo coinciden, se cruzan para extraer de ellas las posibles alternativas de solución entre las que podemos optar.

3. **Etapa 3: Seleccionar una alternativa.**
   Evaluadas todas las alternativas posibles, luego de ponderarlas, es momento de elegir una, la que será nuestra decisión.

4. **Etapa 4: Mezclar los hilos (riesgos).**
   Este es mi momento favorito: poner en acción la decisión de forma "imaginaria", o sea "tomarla de manera imaginaria" para ver cómo funciona, a qué otros temas afecta y cómo se comporta. Es un proceso de simulación para entender si estamos dispuestos a hacernos cargo.

5. **Etapa 5: Actuar.**
   Si la etapa 4 da positivo, es momento de ponerla en práctica. Si la etapa 4 da negativo, cabe volver a la etapa 3 y probar con otro plan.

Pasemos a un ejemplo. Me encontraba en la disyuntiva sobre si cambiar a mi hija de colegio o dejar que continuara en el que estaba. Para poder hacerme cargo de la decisión correcta y no errar en el camino, ya que las consecuencias de una mala decisión afectarían directamente a mi hija, acudí a los cinco pasos decisores para un plan de acción.

Este fue mi camino:

Etapa 1: Me hice todas las preguntas sobre por qué estaba en juego la decisión. ¿Qué me motiva a querer buscar un nuevo colegio?, ¿cuáles son las fortalezas del colegio actual?, ¿cuáles son sus debilidades?, ¿de qué manera se afecta el corto plazo, el mediano plazo y el largo plazo de mi hija?, las mejoras que tendrá el cambio ¿son mayores que las deficiencias? Respondí todas estas preguntas.

Etapa 2: Surgían entonces solo dos alternativas:

- A1: Cambiarla de colegio.
- A2: No cambiarla de colegio.

Etapa 3: Opté por continuar la opción A1, avanzar en un cambio de colegio ya que entendía que las consecuencias de corto plazo serían muchas, pero los beneficios de mediano y largo plazo eran indiscutidos.

Etapa 4: Hice todos los ensayos que pude sobre cómo sería compartir con ella la noticia del cambio, cómo sería su primer día de clases, cómo sería el recuerdo de sus viejos amigos y cómo sería su comportamiento el día que volviera a verlos en un evento (por ejemplo, un cumpleaños). También ensayé las posibilidades que en el nuevo colegio nada fuera como lo esperado, que el grupo de niñas ya estuviera formado y no le dieran lugar, traté de desterrar todas las amenazas que me harían arrepentir mucho de la decisión. Cuando supe que muchas de ellas tendrían un costo más alto que sus beneficios, entendí que debía reconsiderar mi decisión.

Etapa 5: Elegí la opción A2.

HERRAMIENTAS PARA MEJORAR LA TOMA DE DECISIONES Y CONVERTIRNOS EN MARIONETISTAS

Hay dos herramientas que proporciono muy frecuentemente en las sesiones de coaching cuando alguien las necesita ya que permiten dar claridad al pensamiento frente a una situación que no se resuelve fácilmente.

- Herramienta ETE (Emociones, Tecnicismos, Eventos vértigo)
- Herramienta *Day in Pixels*

A continuación voy a pasar a desarrollarlas para que ahora también sean herramientas a tu alcance para emplear en esos momentos en los cuales no es tan fácil decidir un camino a continuar.

ETE (Emociones, Tecnicismos, Eventos vértigo)

Existen tres factores importantes en una buena decisión: las emociones (muy claramente asociadas a la intuición), los tecnicismos (las cuestiones técnicas que las describen), los eventos vértigo (siempre negativos, son los riesgos potenciales).

Un ejemplo

Una pareja que había decidido mudarse para vivir en una casa de mayor confort resuelve poner en venta su propiedad (acción de bajo compromiso, pues ponerla en venta no quiere decir necesariamente venderla, sino "hacer algo para quizás venderla").

Pasaron algunos meses y llegó el día D, cuando apareció la oferta real de compra: la inmobiliaria llamó con una seña en mano. Entonces hubo que hablar en serio. ¿Qué hacemos?, se dijeron. Ninguna respuesta los dejaba felices. Venderla implicaba muchos riesgos que les daban miedo, no venderla les generaba frustración.

¿Qué hacer, entonces?

Les propuse hacer juntos un ETE, o sea, determinar con ambas subjetividades las emociones positivas y negativas que la venta implicaba, los eventos vértigo y los tecnicismos de la operación. El resultado fue este:

- **Emociones:** miedo, adrenalina, entusiasmo | **-3 +3 +3 = +3**
- **Tecnicismos:** mejora del confort, mayor seguridad, menos excedente de salario | **+1 +1 -1 = +1**
- **Eventos vértigo:** descapitalizarse por desfasaje de dinero | **-2 = -2**
- **Resultado: +2** La casa se vendió y fueron muy felices en su nueva vivienda.

Hacer un ETE los hizo sentir más confiados en la decisión que su intuición indicaba: era hora de dar un paso y hacer un cambio.

Day in pixels

Day in pixels es una herramienta maravillosa de autoconocimiento, que nos permite conocernos de manera integral y, a la vez, segmentada, tomando en consideración nuestras tendencias, nuestras propensiones y nuestros tiempos.

Cada uno de nosotros tiene sus momentos: están aquellos a quienes, cuando se despiertan, no podemos hablarles porque están de muy mal humor; hay quienes a la mañana se despiertan felices y cantando. Aquellos que a la noche se desintegran de sueño y ni siquiera pueden seguir el argumento de una película. Quienes disfrutan la rutina de ida y vuelta al trabajo en auto, solos, cantando. Aquellos que adoran el momento del desayuno. Seguramente encontraste tu reflejo en alguno de estos estilos.

Esta herramienta propone una actividad simple y diaria durante algunas semanas o meses, de acuerdo con cada uno. En mi experiencia, con dos o tres semanas basta para tener material suficiente.

¿En qué consiste? En apuntar sobre una hoja cuadriculada, preferiblemente con colores, para que sea más visual (o con una letra para aquellos que no quieran andar con colores encima), un indicador en cada cuadrado de acuerdo con el estado de ánimo en determinada banda horaria del día.

Esta herramienta es útil para conocernos y sacar conclusiones transversales. En mi caso descubrí que las 8:00 am (momento de soledad en la mañana y con el olorcito a café) y las 16:00 y 18:00 son momentos óptimos para tomar decisiones. Habitualmente estoy animada, serena, con ideas, con ganas y lucidez mental para decidir sin sesgos.

Por la noche llego agotada; ya no tengo fuerzas para tomar decisiones de manera adulta y consciente y mucho menos a las 6:00 cuando acabo de despertarme.

Hacer tu propio *Day in pixels* te permitirá determinar los mejores momentos para tomar decisiones, tener conversaciones difíciles o reuniones con alta demanda de atención y emoción.

EL PODER EN NUESTRAS MANOS

Tomar decisiones es tomar las riendas de nuestra vida, aceptar los errores y aprender de ellos, y hacernos cargo de los éxitos y disfrutarlos. Porque, cuando responsabilizamos a otros por nuestras acciones, les estamos entregando el poder.

La libertad se mide por el nivel de responsabilidad que tenemos sobre las decisiones que tomamos.

Ciertamente, muchas veces es difícil decidir: ser marionetas suele ser un lugar en el cual nos cobijamos cuando tenemos miedo, como si el poder de decisión de la suerte o de otro fuera una madre que nos protege de sentirnos vulnerables; sin embargo, es una ilusión.

La clave para poder decidir con autonomía, conciencia y buenos resultados es hacernos cargo de los resultados. Algunas veces tenemos la espalda para hacerlo, y cuando no es así, siempre habrá un buen colega, amigo, terapeuta, familiar, que nos preste la suya para compartir la carga.

Que seas marionetista de tu propia vida es mi mejor deseo.

CASO DE COACHING: LARA, MADRE Y EMPRESARIA,¿SERÁ POSIBLE?

Lara, Licenciada en Relaciones Públicas, de casi cuarenta años, madre de dos hijos, felizmente casada y con todas sus responsabilidades cumplimentadas tenía solo un fantasma que le daba vueltas en su cabeza: ¿hacía bien en estar todos los días once horas fuera de su casa (nueve en el trabajo y dos viajando) siendo madre? ¿Era justo quitar a sus hijos tanto tiempo de calidad en sus primeros años de vida?

Lara recordaba su crianza, su madre cada día en la puerta del colegio cuando ella salía, y cuando contrastaba la imagen con sus hijos retirándose con la mujer que muy dulcemente los cuidaba a diario se le estremecía el alma.

Sin embargo, Lara luego recordaba los beneficios económicos que generaba su empleo y que sus hijos eran los principales beneficiarios de su salario, aunque ¿era más importante para sus hijos vivir en una casa hermosa, ir a un exclusivo colegio, tener el último juguete que tener a su mamá todo el día en casa?

Todos los días, durante meses, fue a trabajar con la culpa de hacerlo. Trabajaba con la culpa de estar y con la culpa de no estar. Sentía culpa con sus hijos, pero culpa también con sus jefes, ya que cuando trabajaba pensaba en sus hijos y eso la hacía menos eficiente.

Al fin de cuentas, teniendo una vida que ella había elegido, con el correr de los meses se volvía gris y entonces no era buena madre, no era buena esposa, no era buena empleada y no era feliz.

Debía, sin dudas, tomar una decisión, pero sentía que ninguna la dejaría feliz ya que según sus palabras: siempre le faltaría algo.

Se imaginaba renunciando; en consecuencia, achicando algunos gastos ya que la familia tendría solo un ingreso mensual (el de su esposo), muy probablemente esto llevaría a que los chicos debieran cambiar de colegio, o no, pero era una posibilidad, y que, con certeza, las vacaciones fueran menos costosas y los extras menos frecuentes.

Su escenario actual le generaba las mismas angustias, al escuchar las historias de las mujeres pro-trabajo de la madre se sentía parecida a ellas y rechazaba su imagen. No podía sacarse de la cabeza la frase de una mujer que alguna vez había dicho: "Vi crecer a mis hijos mientras estaban durmiendo".

Si bien su vida estaba lejos de esa realidad, ya que nunca había faltado a los baños de la noche, a la cena familiar, al cuento de las buenas noches y a todo un fin de semana de juegos, se castigaba en esa semejanza motorizada por la culpabilidad

Aunque todo esto la torturaba a diario, no hacía nada por cambiarlo porque entendía que mucho no podía hacer.

La angustiante rutina terminó el día que, desde el colegio, llegó un pedido de reunión para ella y su esposo por Francesca, que iba a salita de tres años. Como no conocían el motivo de reunión, fueron muy alarmados.

Se encontraron con la maestra quien, muy preocupada, les contó que el motivo era hablar sobre los comportamientos caprichosos y agresivos que tenía Francesca con sus compañeros.

Al finalizar la reunión, a Lara solo le cabía pensar que todo era su culpa, que si ella fuera una madre más presente Francesca se sentiría más contenida y no tendría esas expresiones de ira y angustia en el jardín.

Con un estado de angustia infinito y un alto grado de estrés, Lara llegó a su encuentro conmigo; pudo sintetizar esta historia luego de dos encuentros, ya que le costaba contarlo porque hacerlo sería asumir lo que había pasado.

Escuchando toda su historia la primera pregunta intencional que hice a Lara fue: "¿Qué piensa tu mamá sobre esto?".

No había terminado de decir "esto" y Lara estalló en un llanto incontenible; por suerte habíamos encontrado su primera traba: el mandato familiar. Claramente la mirada enjuiciadora de su madre, o bien su creencia de dicha mirada, la amedrentaba sin que jamás se hubiera dado cuenta de ello.

En ese momento no dije nada sobre su debilidad ante la pregunta, aunque ella no se había dado cuenta, y la dejé llorar, ya que el llanto es la mejor forma de expresar lo que no sabemos decir en palabras.

Las sesiones con Lara tuvieron una frecuencia semanal, y entre semana y semana, siempre se llevaba alguna tarea de registro, de pensamiento, de trabajo, para hacer en casa, ya que necesitábamos que empezara a hacerse cargo de que su vida era producto de sus decisiones pasadas. Esta era la única manera en que podría cambiar, aceptando primero.

A lo largo de las sesiones repasamos su infancia, su etapa laboral sin hijos, luego con hijos, el rol de su madre, el cambio de sus prioridades a lo largo de los años. Hicimos muchos ejercicios sobre cómo ella se imaginaba en el corto plazo (los próximos años) y también cómo se imaginaba después de muchos años (cuando sus hijos ya fueran adolescentes y jóvenes); focalizamos en esto ya que es habitual que las personas, cuando se encuentran asfixiadas, tomen decisiones que resuelven su corto plazo pero que luego son un nuevo motivo de asfixia en el mediano plazo. O sea, toman decisiones que son parches para dejar de sufrir en el presente, sin darse cuenta de que, más adelante, eso será un nuevo motivo de angustia. También trabajamos el nivel de oportunidades intermedias que había; creía que las decisiones posibles se reducían a dos: trabajar o no trabajar; sin embargo, y por suerte, las opciones suelen ser muchas más. Luego de varios encuentros para entenderla, entenderse, conocerse, aprender, hacerse cargo, analizar, entendimos cómo funcionaba su mente y cuáles eran las decisiones que, sin oponerse, confluían a su fin supremo.

Hoy Lara continúa trabajando en la misma empresa, fue ascendida y es una gran trabajadora, que imagina llegar a una posición en el directorio en los próximos cinco años y estamos trazando un plan que le permita conseguirlo con soltura y capacidad. Todo gracias a que negoció con su jefa dos días de teletrabajo desde su casa, los cuales aprovecha al máximo para ir al colegio a buscar a sus hijos, hablar con otras mamás, con las maestras y darles a sus hijos todos los mimos que ellos necesitan recibir y que ella necesita darles.

Es una mamá libre y feliz, vive la maternidad sin culpas y, en consecuencia, sus hijos son niños felices, no son caprichosos ni agresivos, no porque ella ahora esté presente físicamente más horas, sino porque, cuando está, lo hace de manera natural, sin culpas; entonces, tienen una mamá completa.

Lara tomó dos decisiones importantes que le permitieron cambiar el curso de su vida: la primera fue aceptar que algo no estaba bien y entonces comenzó terapia, buscó ayuda, para entender qué pasaba y cómo cambiar.

La segunda decisión, aceptar que las cosas no son bipolarmente blancas y negras, sino que puede haber grises, como en su caso: trabajar y ser mamá simultáneamente, sin culpas.

LA SEMILLA

Las apariencias no engañan,
las que engañan son las expectativas.

Las relaciones, todas, tienen un pequeño secreto que las condena al éxito o al fracaso en el momento en que nacen; este secreto se llama: *expectativas*. Entiendo que te parezca algo bastante banal, e incluso hay muchas frases divertidas en torno a este tema; sin embargo, para quien lo aprende, es un arma secreta: el dominio de las expectativas.

En las universidades y academias no se ha dedicado tiempo a la enseñanza sobre la generación de expectativas; sin embargo, hoy es una de las habilidades más buscadas en corporaciones, dados sus efectos tanto positivos como negativos en su administración. ¿Te parece algo excesivo mi énfasis en el tema?; avancemos y verás que, lejos de ser excesivo, es necesario. Al margen de su magnitud, los proyectos, los deseos, los planes, la imaginación, las ideas, los sueños, las relaciones y, sobre todo, el futuro como nexo común de todas las situaciones recién mencionadas, contienen en el núcleo de su origen un embrión expectante para desarrollarse. Un embrión que solo busca, en cada mensaje y en cada situación, un estímulo de alimentación que sea la señal que permita acelerar y desplegar ese potencial que se encuentra latente. O sea, un estímulo que les transmita el mensaje: es hora de nacer, crecer y desarrollarse.

Mediante la metáfora de la semilla empezaremos a arrojar luz sobre su importancia y te ofreceré las herramientas que te permitirán ser un gestor exitoso y, en consecuencia, un ejecutivo o profesional efectivo, un padre o madre positivo, un amigo leal, un compañero funcional; en fin, los roles son siempre positivos.

TE PRESENTO A LA SEMILLA

Independientemente de su tamaño, una semilla conserva en su pequeñez un potencial incalculable de su futuro, una proyección de crecimiento cierta pero indeterminable, puesto que de acuerdo con su origen, su especie, su genética y su cuidado podrá ser una pequeña hierba o un árbol imponente.

Por lo tanto, una semilla nos podrá adelantar sobre las especificaciones de su futuro, pero no nos puede asegurar la certeza de su destino. Hasta el momento, lo que concluimos es que podrá garantizarnos que en su interior tiene latente un futuro cierto que cambiará su forma y aumentará exponencialmente su tamaño.

Luego hablaremos del futuro de esta semilla; ahora nos detendremos en la instancia en que la semilla deja de serlo, para ser una germinación, porque este es el momento bisagra que no nos permitirá volver a un estadio anterior. Es el único momento en el que somos 100 % dueños del futuro, aunque no se trate del nuestro.

Echemos un poco más de luz sobre esto.

Sin estímulos externos, como la tierra y el agua, la semilla no tiene opción de desarrollo, y puede mantener su estado y su potencial sin desarrollo por años, hasta que confluyan los elementos que le permitan alimentarla para iniciar su despliegue.

Una vez aplicada esta alimentación estímulo, perdemos el control de su crecimiento pues, al activarla, su desarrollo no dependerá únicamente de nosotros: en el ambiente, en la naturaleza, en el pronóstico, en los otros, habrá acciones y efectos que también incidirán en ella por efecto directo o indirecto; desde entonces iniciará un proceso exponencial ilimitado hasta alcanzar el despliegue de su ser.

Hasta este momento la semilla podrá seguir siéndolo por años, conservando su forma y su tamaño; sin embargo, bastará solo un estímulo para activarla y entonces la veremos crecer, siendo este crecimiento efecto y responsabilidad nuestra o bien de otros pese a nuestro desconocimiento o desinterés.

¿Qué pasaría entonces si sucediera el segundo caso posterior al nacimiento de la semilla? ¿Si un día despertáramos y viéramos una enorme planta desplegada que no alimentamos pero que ya es grande y fornida?

Según su ubicación, su tamaño, su entorno, la cuidaremos para continuar ayudándola a crecer o bien querremos eliminarla porque entorpece nuestros planes; en este caso tendremos que tener cuidado ya que, según la altura de esta planta, el golpe tendrá distintos impactos y las heridas producirán un daño más o menos grave.

La semilla es siempre una potencialidad no alimentada que, para desarrollarse, necesita un estímulo externo, y cuando este llega, el despliegue ya no podrá ser controlado en su totalidad.

Por este motivo vamos a establecer cuatro estados durante el proceso de evolución de una semilla, cualquiera que sea su destino final: un árbol frutal, una hierba, un arbusto ornamental, etc.

- **Estado semilla:** la semilla conserva su forma, recubierta por una capa que la aísla del exterior y tiene su núcleo protegido de los estímulos externos. Podría pasar años en este estado sin sufrir ninguna modificación ni tampoco pérdida de sus posibilidades futuras. Es un proyecto, un potencial de algo que podemos suponer pero que aún no conocemos con certeza.

- **Estado germinación:** la semilla perdió su potencialidad y es ahora su momento de desplegarse, pues tuvo un estímulo externo (generalmente tierra y agua) que le dio la señal de que las condiciones para su desarrollo y crecimiento estaban dados. Este es el momento bisagra en el cual la semilla ya nunca volverá a ser lo que era y deberá iniciar su inversión energética para alcanzar el propósito que tuvo latente. Asentamiento de las raíces.

- **Estado CyD (crecimiento y desarrollo):** superada la etapa de transformación durante la germinación (fin de una etapa como semilla para iniciar una como planta), iniciará su crecimiento y desarrollo, el cual variará en velocidad y calidad de acuerdo con factores controlables y no necesariamente controlables por el ser humano: medio ambiente, entorno y contexto, tierra, agua, luz, propio potencial, etc. Esta etapa variará según los factores enunciados; lo indudable es que sucederá.

- **Estado objetivo:** ya las raíces son sólidas y tienen el tamaño suficiente como para que ni siquiera un viento derribe su solidez y su altura; la planta se ha desarrollado a su máximo potencial de condiciones físicas y ahora no hace más que volverse más fuerte con el paso del tiempo. Su estructura es firme, sus colores variables y su imagen transmite salud y grandeza.

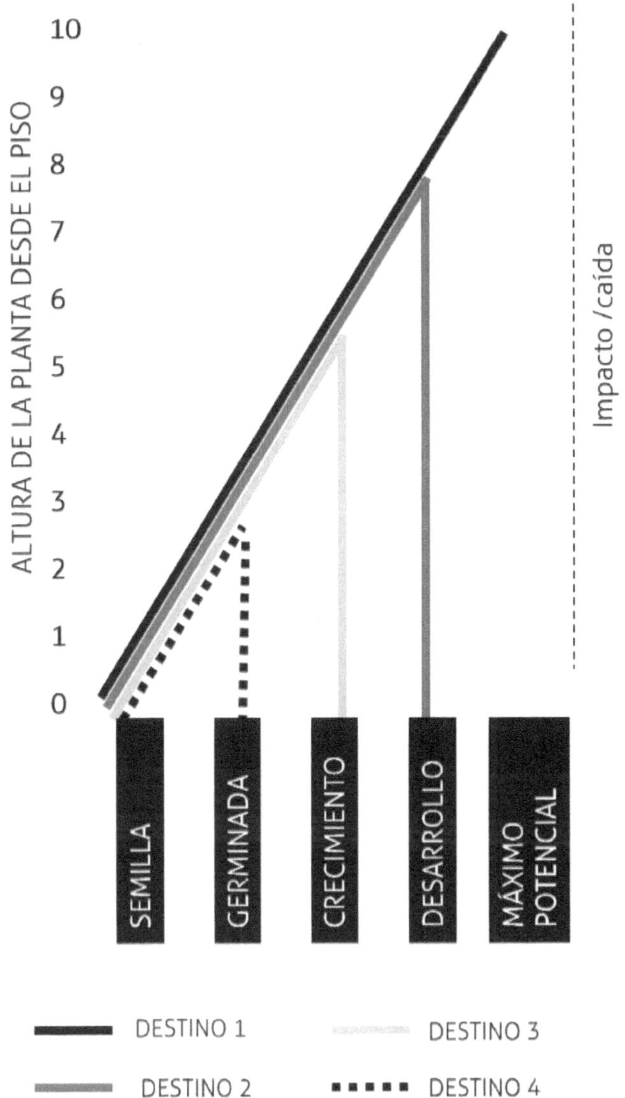

Estos cuatro estados tendrán siempre dos opciones latentes en todo su camino:

Control vs. ignorancia: los estados 2, 3 y 4 podrán darse sin nuestra decisión manifiesta y entonces podrán ser procesos que fluyan por actos indirectos nuestros o actos no registrados (ignorancia), o bien podrán ser producto de nuestra decisión; por ejemplo, decidir germinar la semilla (control).

Después de cada uno de dichos estados (2, 3 y 4), cabe señalarlo, existirá la posibilidad de que la planta muera.

LAS EXPECTATIVAS, SEMILLAS EN NUESTRAS MANOS

Siempre que dejemos lugar para un espacio de incertidumbre (espacio vacío) tanto en nuestro discurso como en nuestro accionar, haremos posible el nacimiento de una expectativa, pues habremos generado la oportunidad de su existencia.

Una expectativa es una suposición centrada en el futuro que puede o no ser realista, puede o no tener fundamentos; lo único que ciertamente hace es ocupar un vacío que dio lugar a su origen.

Entonces, cuando no somos claros, dejamos lugar a libres interpretaciones, no rectificamos argumentos incorrectos, somos ambiguos o protagonizamos comportamientos que no deben prosperar, estamos germinando una semilla que hará crecer una planta que más adelante será más difícil eliminar.

En principio, podemos asumir que una expectativa es la posibilidad razonable, cercana o probable, de realizar o conseguir algo, al ocurrir un suceso que se prevé o al hacerse efectiva determinada eventualidad. La expectativa se asocia a la posibilidad razonable de que algo suceda. ¿Por qué posibilidad razonable? Porque para que la expectativa exista tiene que basarse en información que la sustente; de lo contrario, sería una esperanza fundamentada en ideales, en la fe o en el deseo; por este motivo podremos ser dueños de hacer nuestras las expectativas del entorno, pero no de sus esperanzas.

Sin embargo, pese a las diferencias existentes entre los orígenes y los sustentos de una expectativa y una esperanza, debemos tener cuidado ya que los comportamientos sociales que las manifiestan y sus efectos son similares.

A lo largo de mi carrera profesional tuve diversas experiencias en torno a las expectativas que me dieron claridad al intentar entender la dificultad de liderazgo, las deficiencias en el clima laboral en las empresas o bien la ruptura de vínculos. También pude advertir sobre buenas gestiones de las expectativas que permitieron solidificar vínculos.

A través de estas experiencias pude comprobar que el manejo correcto de las expectativas es uno de los aspectos más influyentes en el futuro de las relaciones humanas.

Para clarificar estas ideas, pasemos a algunos ejemplos.

GERMINACIÓN GENERADA Y LUEGO NO CONTROLADA: EL ASCENSO

Luis, un ejecutivo y profesional ambicioso y abocado a su carrera se encontraba próximo a ser promovido; esta creencia se sustentaba a sus ojos y a los de sus pares en los resultados obtenidos de los últimos dos años y el feedback obtenido en las instancias de revisión de desempeño.

Meses antes de fin de año se produjo la nueva instancia de coaching individual con su jefe en la cual, luego de revisar resultados y experiencias del periodo, surgió la conversación sobre el desarrollo de carrera a corto y mediano plazo. En esta reunión el jefe le dijo: "Coincido con tu visión y por tal motivo considero que el 1° de enero podremos concretar tu ascenso profesional, junto con los otros ascensos del nuevo ciclo".

Al finalizar esta reunión Luis, entusiasmado, compartió la conversación con sus colegas, ya que la incertidumbre había dado lugar a una expectativa concreta (a una semilla) que su jefe había contribuido a germinar.

Esta expectativa, entonces, empezó a crecer con rapidez, pues el estímulo de crecimiento que dio el jefe fue acompañado del riego cotidiano de los colegas del ejecutivo, de los festejos de este con su familia al llegar a su hogar, y de las propias ideas y planes que rápidamente empezó a tejer la mente. Desde entonces, el marco mental de Luis se estructuró de manera tal que logró que las decisiones presentes y futuras, así como los planes, se solidificaran en torno a este evento; de alguna forma, la semilla se hizo árbol y esta dominó el entorno.

Para que llegara la fecha del ascenso faltaban un par de meses; fue un periodo de dedicación extrema, un reflejo de comportamiento para que nadie dudara por qué había sido elegido. En pocos días había duplicado su performance.

Sin embargo, existía en Luis una inquietante sensación: su jefe no había vuelto a mencionar el tema y en las oportunidades en que había intentado hablarle lo había postergado por otras prioridades que requerían su atención.

Acercándose la fecha del 1° de enero la ansiedad comenzó a aumentar y las autoconversaciones existían, pero en pendiente positiva, pues se imaginaba qué haría el primer día con equipo a cargo, cómo sería su nuevo sueldo y a qué mundos nuevos podría acceder, y un sinfín de imágenes que generaban esta expectativa.

Finalmente, llegó la fecha y nada sucedió.

El impacto de este día, cuando fueron nombrados todos los ascensos y promociones en la red interna corporativa, fue desilusión extrema para Luis: segundos de búsqueda que sostenían la expectativa excitante y un segundo de desplome al finalizar la lectura y no encontrarse entre los designados.

De más está decir que esto no solo afectó la confianza y dedicación de este ejecutivo sino que contagió un rastro de cultura negativa también al resto de sus compañeros.

Podrás imaginar lo que sucedió a continuación de este ascenso no concretado: la desmotivación y la falta de compromiso de Luis. No todo quedó ahí, sin embargo, porque la promoción finalmente llegó al año siguiente, cuando casi nadie entendió por qué se la habían dado a un profesional tan poco comprometido y de rendimiento mediocre durante ese año, sobre todo ante los ojos asombrados de los nuevos empleados.

Si preguntasen a Luis, diría que habría preferido no haber tenido aquella charla con su jefe en la cual hubo un reconocimiento de su crecimiento profesional que germinó en la expectativa del ascenso para el 1° de enero.

¿Qué le sucedió a Luis a lo largo de este proceso?

A pesar de su buen rendimiento, Luis tenía una incertidumbre sobre su futuro, que luego fue confirmada y alimentada por su jefe: fue transformada en expectativa. Esta no se cumplió; entonces, el escenario al cual retornó el ejecutivo fue inferior al de partida, o sea, si no hubiera existido la expectativa alimentada se habrían logrado mejores resultados.

Determinemos entonces los momentos de la expectativa:

- **Estado 1**: Semilla. Incertidumbre.
- **Estado 2**: Germinación. Expectativa concretada.
- **Estado 3**: CyD de los marcos mentales y alimentación del entorno.
- **Estado alternativo**: Muerte de la expectativa. Derrumbe de las emociones.

Los momentos 2 y 3 son los de mayor inversión de energía y, en consecuencia, los de mayor motivación; sin embargo, si bien estas etapas son de alto rendimiento en función del resultado respecto de la realidad que exista duplicarán o dividirán el compromiso.

EXPECTATIVA VERSUS REALIDAD

La expectativa siempre será una potencialidad y, por tal motivo, en su estado ulterior se contrastará con la realidad: esta será la jueza que determine la verdadera cara de esa expectativa; por lo tanto, será la vara de medición de la expectativa, siendo posibles solo tres resultados:

- Expectativa < Realidad = Sorpresa
- Expectativa = Realidad = Satisfacción
- Expectativa > Realidad = Insatisfacción

¿Qué sucede cuando se quiebra una expectativa? Insatisfacción, decepción, disconformidad. Las expectativas son muy poderosas porque son el plano de guía hacia el futuro, las decisoras sobre los ámbitos de inversión de energía, los nexos de contacto y relacionamiento con los otros y las definitorias de nuestros marcos mentales sobre los cuales cada uno de nosotros evaluamos los acontecimientos que nos rodean y, en consecuencia, a las personas con las que nos vinculamos. Por lo tanto, cuando se rompe una expectativa, se rompe un vínculo, se quiebra la confianza entre dos y el punto de partida para retomar el vínculo será inferior al punto previo a la creación de dicha expectativa.

NUESTRAS CREENCIAS Y EXPECTATIVAS
DETERMINAN LO QUE PERCIBIMOS

Los últimos años, grupos de investigadores han estudiado cómo las expectativas modelan nuestra experiencia directa del mundo, determinando entonces qué percibimos y cómo lo percibimos. Un claro ejemplo de esta aseveración serían los conocidos "efectos placebo", simulacros de medicamentos que no contienen componentes activos; sin embargo, ante la expectativa de su resultado, produce en nosotros el efecto esperado.

Para comprobar mediante un experimento esta teoría, científicos de Caltech y Stanford (2008) realizaron una investigación de laboratorio, creando el simulacro de una degustación de vinos Cabernet Sauvignon en la cual ofrecieron a los participantes diferentes precios a vinos que lucían y se nombraban con distintas marcas y procesos pero que eran iguales. La variedad tenía vinos de un costo de USD 5 hasta el más alto que alcanzaba los USD 90. Prácticamente todos los participantes, luego de realizar la degustación declararon que los vinos más caros tenían mejor calidad que los más económicos.

La degustación de los vinos se realizó dentro de un escáner; así, al evaluar con resonancia magnética nuclear las reacciones del cerebro de los sujetos de la muestra, se registró que la corteza orbitofrontal del cerebro (zona destinada a causar placer por experiencias sensoriales) reaccionó más favorablemente ante el vino "caro" que ante el vino "barato", aunque se trataba del mismo vino.

Si bien muchos de los estudios sobre expectativas son llevados a cabo por investigadores interesados en el consumidor, las estrategias de marketing y las ventas, los resultados presentan implicaciones mucho más amplias en relación con la fuerza de las expectativas.

Desde la psicología podemos concluir que las expectativas tienen poder sobre nosotros ya que dominan la realidad que queremos ver y, en consecuencia, la que vemos. La gente "esperaba" que los vinos más caros tuvieran mejor sabor y eso fue precisamente lo que mostraron sus cerebros.

Sabemos, entonces, que el cerebro humano no es tan objetivo como creíamos, sino que se sujeta a subjetividades que trascienden nuestras expectativas y nuestra historia, y se vinculan también con nuestras sensaciones.

¿Podríamos decir que el cerebro nos miente? No exactamente, pues aunque la reacción sea tendenciosa, son las regiones del cerebro asociadas a las expectativas las que pueden alterar la actividad de las áreas implicadas en la sensación y, en consecuencia, transformarlas.

Esto quiere decir que la expectativa es capaz de modificar la experiencia de cada sujeto ante un mismo objeto; entonces, cada uno experimenta la realidad como espera que sea.

Por este motivo, siempre que dejemos un espacio vacío en nuestro discurso o en nuestro accionar estaremos dando lugar a una interpretación basada en expectativas por parte de los otros. Ya que de la misma manera como fue comprobado que el cerebro afecta sus sensaciones en función de sus expectativas, se confirmó que las aseveraciones del entorno reemplazan las expectativas. ¿Por qué sucede esto? Porque las expectativas siempre van a llenar un vacío de falta de información, ocupan el lugar de lo no dicho o de lo ambiguamente expresado para cerrar el círculo del relato.

EL EFECTO PIGMALIÓN

*Si las personas definen situaciones como reales,
estas son reales en sus consecuencias.*
William Thomas

Cuenta una leyenda griega que el rey Pigmalión esculpió una estatua con la figura ideal de la mujer. A Pigmalión le gustó tanto su obra que quiso que se convirtiera en un ser real. El deseo fue muy fuerte e hizo todo lo que pudo para conseguirlo. Pidió ayuda a Venus Afrodita, la diosa del amor, quien colaboró para que su sueño se hiciera realidad. Así nació Galatea, su mujer ideal.

En esta figura mitológica se basa un concepto fundamental en psicología que hace referencia a la idea de lo que un juicio puede lograr en la realización de un acontecimiento: los juicios que tenemos sobre las personas, los proyectos, el pasado, el futuro, e incluso la imagen que tenemos sobre nosotros mismos, tienden a convertirse en realidad.

Por este motivo, la construcción de nuestros modelos mentales parten de las expectativas que nos fomentan, las que dejan que desarrollemos, las que por información errada nos inducen o bien las que por falta de información dan lugar a que despleguemos. Las expectativas son una particular forma de creación de realidad a cargo de nosotros mismos.

EN LA ESCUELA

En 1966, Jacobson y Rosenthal, dos psicólogos sociales, pudieron demostrar cómo generamos expectativas y obramos en función de ellas según la información previa que nos proporcionaron.

¿En que consistió la experiencia? Se contactaron con los directivos de una escuela primaria informando que aplicarían una evaluación de inteligencia a los alumnos que permitiría determinar su capacidad y, en consecuencia, conocer los resultados que tendrían a lo largo del año escolar; o sea, quiénes tendrían las calificaciones más altas y el mejor rendimiento, y aquellos que estarían por debajo de la media. Omitieron informar a los maestros que este test no era verdadero, ya que solo podía revelar características de los alumnos pero ninguna vinculada a su capacidad, inteligencia y, por lo tanto, mucho menos a la predicción de sus calificaciones.

Tiempo después hicieron llegar a los maestros los resultados que habían inventado para cada alumno determinando a los mejores y a los peores. Al final del curso los resultados fueron que el 90 % de estos "mejores" alumnos tuvo un rendimiento muy superior al resto de la clase. El asunto es que no existía tal test, y los alumnos habían sido seleccionados al azar. Lo que había pasado es que los profesores habían formado expectativas positivas a los predestinados a obtener resultados altos y negativas a los predestinados a obtener resultados bajos.

El criterio del maestro variaba según las expectativas fueran positivas o negativas; interactuaba más con los alumnos con expectativas positivas y con los otros no lo hacía. En estos casos el alumno percibía que no le interesaba al profesor y esto desencadenaba un desinterés, una desmotivación.

Si la expectativa coincide en los resultados, el estereotipo se refuerza y si fracasa también lo hace.

GERMINACIÓN CONTROLADA

Las relaciones interpersonales fundan gran parte de su solidez en la existencia de expectativas concretas, reales y compartidas con su interlocutor; de no existir alguno de estos tres atributos se afectarían los vínculos o bien las esperanzas construidas en el interior de la persona.

Por este motivo debemos tener cuidado en la asunción de nuestras expectativas, y también en la germinación de las ajenas. A continuación presento algunas recomendaciones:

1. Nunca dejemos crecer una expectativa que no podamos cumplir: lo no dicho cuando el otro asume una creencia es tan grave como la información erróneamente proporcionada, ya que esto generará el CyD de proyectos que no podrán sostenerse cuando cobren altura.

2. Al asumir una expectativa propia y alimentarla, ocupemos tiempo en analizar los datos que le den consistencia y la sostengan, pues de lo contrario estaremos caminando sobre un puente débil que puede dejarnos a mitad de camino. Las expectativas siempre tienen anclajes en acciones, palabras o decisiones de otros, por lo cual es importante involucrarlos en el momento de germinar.

3. Clarificar las expectativas es esencial aunque no se trate de aquellas que germinamos: es importante conocer las de quienes nos rodean aunque no tengamos influencia directa sobre ellas, ya que sin darnos cuenta podremos influir en su CyD aunque no seamos los protagonistas de la germinación. Así seremos buenos ejecutivos porque tendremos en nuestros equipos a profesionales con integridad intelectual y vínculos sólidos.

4. Las expectativas inciden en la generación de nuestros marcos mentales, los cuales luego condicionan nuestra

decisiones, nuestras acciones, nuestra forma de pensar y de ver la vida.

5. Seamos optimistas realistas. ¿Qué es? Es la elección de expectativas sobre el mundo de resultados reales posibles; o sea, decidirnos por la mejor opción entre todas las reales y no las deseadas. Por ejemplo: si soy un ejecutivo de nivel 8 en la cúpula de la compañía internacional, puedo esperar que mi jefe me convoque para dar apertura a la próxima reunión de la compañía y hacer la presentación de sus números y resultados; sin embargo, no puedo esperar que me convoque el CEO internacional de EEUU; de esta forma cuando esto no se produzca mis expectativas se frustrarán.

EL CONTRATO PSICOLÓGICO

Cuando una persona ingresa en una compañía, luego de concluir todos los procesos formales de reclutamiento y selección, en la empresa comienzan a trabajar en la integración de este nuevo empleado proporcionándole todo el conocimiento y las herramientas que le permitan desplegar su máximo potencial.

La empresa también espera de esta persona resultados y comportamientos que comparte al inicio de este trabajo y serán luego los que determinen el cumplimiento de las expectativas laborales.

Existen expectativas latentes durante todo el proceso de reclutamiento que germinan al iniciarse la relación laboral: en el momento del ingreso formal se firma entre las partes un contrato psicológico que tiene la declaración de estas expectativas que irán creciendo y desarrollándose (estado CyD) mientras dure la relación.

El contrato psicológico es el nombre que la psicología da a la faceta implícita de una relación laboral: está formado por el conjunto de compromisos que la empresa esperará de sus empleados y viceversa.

Es habitual que la persona recién ingresada traiga sus expectativas fundadas en sus experiencias anteriores y los patrones culturales que pudo observar durante el proceso y, de igual manera, la empresa lo hará conforme a lo evaluado y presentado por el ejecutivo en el proceso de ingreso. Por este motivo, ser claros en el momento de determinar lo que se espera y se dará es clave, ya que esto permitirá corregir o reforzar las expectativas previas.

Desde un punto de vista organizativo, el contrato psicológico está formado por elementos transaccionales (como los bonos), y los elementos relacionales (por ejemplo, la dedicación y la oportunidad real de desarrollo).

La reciprocidad entre el individuo y la organización permite el equilibrio organizacional. La integración persona-organización incluye necesaria e implícitamente una correspondencia recíproca basada en contratos e intereses mutuos.

El contrato psicológico es una herramienta fundamental en la relación laboral ya que influye en el comportamiento de ambas partes y en la respuesta de cada uno de ellos frente a los resultados encontrados. Un contrato es una expectativa que las personas mantienen consigo mismas y con los demás y es la vara contra la cual miden la realidad. En el fondo, cada persona representa sus propios contratos, que rigen tanto las relaciones con los otros (relaciones interpersonales) como las que la persona mantiene consigo misma (relaciones intrapersonales).

Una fuente común de dificultades en las relaciones interpersonales es la falta de acuerdos explícitos y claros. No siempre las personas dicen explícitamente lo que quieren y necesitan, y esto –aplicando la metáfora de la semilla– lleva al desarrollo de plantas que crecen en el aire sin sustento suficiente y que muchas veces caen generando grandes daños.

LAS EXPECTATIVAS DE LAS EXPECTATIVAS: LAS ENDOEXPECTATIVAS

Hasta ahora trabajamos sobre las expectativas de otros hacia sus deseos, objetos, personas, pero no hemos hablado de lo que sucede en nuestro interior: o sea, de las expectativas que tenemos con nosotros, o las que tenemos pensando que otros tienen de nosotros. ¡Parece un trabalenguas! Si cuesta leerlo, imagínate sentirlo. Tema más que interesante para que desenredemos algunas ataduras.

Nuestras creencias afectan directamente a la realidad que construimos, muy influidas por los pensamientos de los demás, que contribuyen a la imagen que creamos de nosotros mismos.

Todo lo que oímos en la niñez ("xxx es tan responsable…", "xxx es buena", "xxx es una caprichosa") son frases cargadas de expectativas de los otros que dejan huella en nuestra personalidad. Por esta razón, nuestra imagen y nuestras expectativas se construyen con lo que percibimos de nuestro entorno desde muy pequeños (padres, abuelos, hermanos, primos, profesores, compañeros, amigos, parejas y familia de nuestras parejas). Lo que esperaron de nosotros nos influyó inevitablemente en la formación de nuestro autoconcepto.

Entonces, en nuestro concepto de nosotros mismos debemos ser responsables, buenos, cuidadosos con la familia, trabajadores, atentos, cariñosos, cada uno con sus roles. Ahora bien, pregunto: ¿somos como somos, porque así queremos ser o porque así es como entendemos que los demás lo esperan?

Esto me invita a compartir una cita de Steve Jobs que me parece maravillosa y que se me hace presente cuando encuentro a alguien que se siente presionado:

"Porque prácticamente todo, las expectativas de los demás, el orgullo, el miedo al ridículo o al fracaso se desvanece frente a la muerte, dejando solo lo que es verdaderamente importante. Recordar que vas a morir es la mejor forma que conozco de evitar la trampa de pensar que tienes algo que perder. Ya estás desnudo. No hay razón para no seguir tu corazón".

Por esta razón, por nuestro propio bien y por el de los otros es importante que cada tanto nos replanteemos: ¿Esto es lo que yo quiero realmente o esto lo quiso alguna vez alguien más? ¿Así soy realmente, o alguien me dijo que así soy?

Existen tres tipos de expectativas que se manejan en nuestro interior:

- Las expectativas de los otros sobre nosotros.
- Las expectativas nuestras.
- Las expectativas que tenemos de las expectativas que tienen los otros.

Las expectativas de los otros sobre nosotros

El primer tipo de expectativas, las de los otros sobre nosotros, son las más fáciles de trabajar, pues tan solo se trata de quitar el poder que tienen. Un ejemplo habitual, en nuestra familia política, cuando nos conocen, nos llenan de virtudes y atributos propios del inicio de una relación. Esto genera una expectativa de los otros sobre nosotros, o sea, que seamos siempre igual de atentos. Afortunadamente las relaciones cambian, evolucionan con el tiempo, y entonces esta será una expectativa que sin duda cambiará (no siempre para mejor, ni para peor, solo será distinta). Entender que la gente siempre tendrá algo para decir más allá de lo que hagamos, es una buena estrategia para quitar poder de los otros sobre nosotros.

La fábula de la familia y el burro te arrojará mucha luz para aprender a desapegarte de las expectativas de los otros.

Había una vez una familia que estaba formada por un matrimonio y un hijo de doce años y que tenía un burro. Decidieron viajar y conocer el mundo. Fue así que se fueron los tres llevando al burro. Al pasar por el primer pueblo, la gente comentó: —Mira ese chico maleducado; él arriba del burro y los pobres padres, ya grandes, llevándolo de las riendas.

Entonces, la mujer le dijo a su esposo: —No permitamos que la gente hable mal del niño.

El esposo lo bajó, y se subió él.

Al llegar al segundo pueblo, la gente murmuraba: —Mira qué sinvergüenza ese hombre; deja que la criatura y la pobre mujer tiren del burro, mientras él va muy cómodo encima.

Entonces, tomaron la decisión de subirla a ella al burro, mientras padre e hijo tiraban de las riendas.

Al pasar por el tercer pueblo, la gente comentó: —Pobre hombre, después de trabajar todo el día, debe llevar a la mujer sobre el burro... ¡y pobre del hijo, qué le espera con esa madre!

Se pusieron de acuerdo y decidieron subir los tres al burro para continuar su peregrinaje.

Al llegar al pueblo siguiente, escucharon que los pobladores decían:

—Son unas bestias, más bestias que el burro que los lleva... ¡van a partirle la columna!

Por último, decidieron bajarse los tres y caminar junto al burro.

Pero al pasar por el pueblo siguiente no podían creer lo que los habitantes dijeron: —Mira a esos tres idiotas: caminan, cuando tienen un burro que podría llevarlos.

La conclusión es obvia: debes hacer lo que te parezca correcto, pues los demás siempre podrán tener una opinión que no esperas. Cuando haces lo que sientes y lo consideras una buena decisión, difícilmente las opiniones de los demás te influyan.

Las expectativas nuestras

El segundo tipo de expectativas, las nuestras, quizás sean las más difíciles de manejar, pues tienen que ver con abandonar anclas muy profundas, muy internas y que quizás están desde hace tanto tiempo que inclusive no las tengamos conscientes.

Lo que recomiendo es profundizar nuestro autoconocimiento, saber bien quiénes somos, qué queremos (retomando una idea del capítulo sobre la marioneta, cuál es nuestro pentágono del fortín).

La única manera de ser dueños de nuestras expectativas es ser dueños de nuestra esencia. La psicología, el coaching, el mentoring, la lectura de libros afines son excelentes herramientas para transitar este camino.

Las expectativas que tenemos de las expectativas que tienen los otros

El tercer tipo de expectativas solo requerirá que las dos anteriores estén trabajadas. Quizás son las más temidas: son los fantasmas que imaginamos y que nos llevan a hacer muchas veces lo que no queremos, y otras veces lo que no nos animamos a decir que queremos. Siempre son un disfraz de lo que entendimos o lo que quisimos entender.

La conclusión sobre las endoexpectativas es tan simple que parece obvia: se trata de dedicar a entender nuestra vida, nuestros vínculos y nuestros pensamientos, el mismo tiempo que dedicamos a entender otras cosas como, por ejemplo, una película compleja que nos encantó.

Las expectativas sociales

Con lo que hemos transitado hasta aquí, podemos confirmar que así como se aplica a nosotros mismos, la frustración que algunas veces sentimos con respecto a otros, acerca de cómo creíamos que alguien era, también es producto de nuestra ilusión.

Entonces, si me siento defraudado por lo que esperaba de alguien, esto tiene más que ver conmigo que con el otro, pues se trataba de mi expectativa depositada en esa persona.

Así, al entender el proceso y el mecanismo de nuestras expectativas, podemos quitarles importancia, y ser entonces más compasivos y más flexibles tanto con nosotros como con los otros. Se trata de aceptación.

Cuando las personas proyectamos una imagen negativa, esto afecta nuestra capacidad de comunicarnos con libertad.

Se requiere valor para cambiar nuestros preconceptos negativos tanto con respecto a nosotros mismos como a otras personas. Para esto te propongo el siguiente ejercicio:

Elige a una persona con la cual tengas algún problema o molestia, el que fuere, y ahora procura encontrar otra arista para considerar su historia, y pregúntate: Esta persona, ¿es realmente así? Si la respuesta fuera sí, trata de encontrar las razones por las cuales es así. Pregúntate también: ¿Es así con todas las personas o es así solo conmigo? Si así fuera con todas las personas, claramente se trata de algo de su personalidad que nada tiene que ver contigo aunque lo personalices. En caso de que fuera así solo contigo, será responsabilidad de ambos, porque los hábitos de los vínculos se construyen siempre de a dos, nunca de a uno; pues uno hace y el otro lo alimenta o lo cambia.

Muchas veces, caemos en la falsa creencia de entender que hacemos justicia pensando de manera negativa sobre alguien y que hacerlo es una manera de protegernos. En realidad, se trata de energía negativa no conducente para nosotros que envicia vínculos que, bien administrados, son más saludables.

Los cinco dedos

Mi hija y yo hacemos un juego que ella espera y disfruta, y que a mí también me hace muy feliz. Lo llamamos "Los cinco dedos".

En general lo hacemos a la noche antes de que ella se duerma, porque así siempre se va a dormir con buenos sentimientos. El juego es así: yo tomo su mano y voy diciéndole una cosa bonita sobre ella por cada dedo. Ver su carita a medida que tomo cada dedo es algo maravilloso. Cuando terminamos su mano, toma la mía y me dice una cosa bonita sobre mí por cada dedo. Muchas veces estallo de risa porque me ha llegado a decir cosas muy graciosas.

También lo usamos cuando tiene un problema con una amiga, y vuelve enojada, quejándose de ella. Le digo: "¿Hacemos los cinco dedos de India?". Entonces ingresan en su agenda de buenos recuerdos cinco cosas lindas de su amiga.

Al fin de cuentas, ver las cosas positivas de otra persona no significa hacerla íntima amiga, perdonarla, o quererla más. Implica aprender a llevarse mejor con ella y, en consecuencia, tener relaciones más sanas.

Te propongo hacer los cinco dedos en tu interior con aquella persona con quien las cosas no van tan bien; puede ser un buen inicio para sanar vínculos difíciles.

¿Vivir con expectativas o vivir sin expectativas?

Entonces, ¿debemos evitar las expectativas? No podríamos hacerlo y, además, son maravillosas, como el chocolate. Solo que hay que saber consumirlas con moderación, sin abusar de ellas y sabiendo que los planes pueden cambiar.

Las expectativas son materiales o emocionales, son de corto, mediano o largo plazo.

Cumplen una importante función, pues nos invitan a trabajar por ellas, nos inspiran confianza, motivación e ilusión para alcanzar nuestras metas.

Son la gasolina que impulsa nuestro motor ante el desgaste y el cansancio que producen las rutinas. Tener aquel puesto por el que tanto he trabajado, aprender algo que me cuesta mucho entender, conocer a una persona que me atrae mucho, ser amiga de esa persona que me cae tan bien, mudarme a otro país, conseguir aquellas vacaciones soñadas.

CASO DE COACHING: LA LISTA DE ELMER

Te voy a contar la historia de Elmer, un viejo amigo con una historia internacional.

Era mitad argentino y mitad alemán, pues su madre, de sangre alemana, había conocido a su padre argentino allá por los años sesenta y, como dice la canción: el amor es más fuerte y, pese a las distancias, su unión los llevó a vivir una vida entre naciones.

Desde que nació, Elmer vivió con sus padres y sus hermanos los primeros cinco años en Alemania, los siguientes seis en Argentina, luego cuatro años en Alemania, tres en Argentina y al llegar a los dieciocho años, si bien sus padres siguieron viajando con esta frecuencia, Elmer decidió hacer base en Argentina para estudiar una carrera universitaria y porque allí estaba la chica –argentina– que le gustaba.

La vida de Elmer siempre transcurrió en una doble nacionalidad, era argentino y alemán. Lo que para muchos puede ser una vida alocada, para él había sido "su vida"; sus padres, amantes de este proyecto contaban cientos de anécdotas y Elmer seguía repitiendo las historias de su familia como maravillosas; eran un clan con un modelo de vida que a sus padres les daba orgullo.

Por esta razón, entre los planes de vida de Elmer, estaba dar a sus hijos lo mismo que a él le habían dado, pues era la receta mágica de sus padres. Quería casarse, tener hijos y vivir con ellos en distintos lugares del mundo conociendo culturas. Se lo propuso cuando tenía dieciocho años y elaboró una lista de lo que debía hacer:

1. Estudiar una carrera que no tuviera fronteras. No podía ser abogacía, por ejemplo. Por eso decidió estudiar la Licenciatura en Marketing.
2. Buscar una empresa multinacional que ofreciera la oportunidad de expatriar a sus empleados.
3. Casarse y tener hijos.
4. Empezar a viajar.

Así de estricta era su lista; tenía un plan que había sido puesto como un chip en su mente cuando era pequeño y estaba dispuesto a ejecutarlo.

Elmer se graduó y se casó con Lola, una chica muy dulce, de una hermosa familia; la joven tenía tres hermanas y eran muy unidas. El joven estaba perdidamente enamorado de Lola, le bastaba verla para sentirse en paz.

Los primeros años con Lola fueron maravillosos, se reían, se divertían, encontraban en el otro su complemento perfecto. Decidieron tener un hijo, y aquí apareció el primer problema pues, tras mucho tiempo de búsqueda, el bebé no venía.

Comenzaron a hacerse estudios médicos, y estos daban bien; sin embargo, el primogénito no llegaba. Tener hijos no era solo un deseo: era el punto 3 de la lista de Elmer. ¡Qué frustración tenía de no poder cumplir su expectativa! Esto retrasaba todo el plan. Elmer no vivía esta situación con la claridad de este relato; él solo sentía una sensación de angustia y vulnerabilidad que lo destrozaba y no entendía por qué le hacía tanto daño.

Luego de muchos años, lograron tener sus primeras hijas, gemelas.

Aquí volvieron las esperanzas.

Entonces, Elmer le contó a su esposa sobre su plan, las oportunidades en la empresa y sus ganas de viajar. Lola, de una familia conservadora, sin esta cultura de expatriación y con un vínculo de extrema intimidad con sus hermanas, le dijo que lo olvidara; ella no estaba dispuesta a vivir esa vida sin raíces en un mismo lugar.

Aún hoy, cuando cuenta esta conversación, a Elmer se le quiebra la voz. Luego de haber superado el obstáculo del punto 3 de su vida, el punto 4 se veía en peligro. ¿Qué pensarían sus padres sobre él? ¿Qué creerían sus amigos? ¿Cómo explicaría a sus hijos que no había podido darles lo que en su mente les había prometido? Estas eran algunas de las amenazas que Elmer vivía en su cabeza.

Entonces redobló sus esfuerzos para realizar el plan. Muy despacio fue armando una estrategia que a los cuarenta años pudo concretar. Surgió una oportunidad de mudarse a Brasil, donde estaba viviendo una íntima amiga de Lola. A esto se suma que, en ese momento, una de las hermanas de Lola estaba distanciada de la familia por cuestiones personales, y entonces se dieron las condiciones para que el plan pudiera hacerse realidad. Se trasladaron los cuatro a vivir a Brasil, la primera experiencia internacional de la familia. Elmer ya se imaginaba saliendo de Brasil para mudarse a algún país europeo en unos años; soñaba y lo emocionaba imaginarse viviendo en Londres algún día.

Transcurrieron los primeros meses en Brasil, y nada fue como él esperaba. Lola extrañaba a sus hermanas, a sus sobrinos, a sus amigos. Las chicas también extrañaban a la familia, a sus amigas y el colegio. Elmer, el gran viajero aventurero, no se sentía como cuando tenía dieciocho años. Había dejado a un grupo de buenos amigos; cumpliendo el plan original, volvía a sentirse frustrado, las expectativas no se estaban cumpliendo, ni las suyas ni las de su familia, y aunque dibujaban momentos felices para complacer a los otros, nadie era verdaderamente feliz, porque sentían que el lugar de ellos estaba en Argentina.

Fue entonces que empecé sesiones con Elmer y Lola, y con ellos pudimos trazar toda esta historia que les cuento.

Elmer descubrió que sus planes a los dieciocho años, ya no eran los mismos que a los cuarenta; tal vez ni siquiera habían sido los suyos, sino los que creía que su padre quería para él.

Le sugerí que hablara con su padre, que le preguntara si estaba orgulloso de la vida que había armado en Brasil con su familia, y sorprendentemente el padre le contestó: "Nunca imaginé esta vida para ustedes; de hecho, no son felices y lo que más quiero es que sean felices". En un primer error de expectativas, Elmer estaba cumpliendo un plan que él no quería y que su padre tampoco quería, estaba cumpliendo el plan que él creía que su padre quería.

Hoy Elmer y Lola pudieron hacer juntos su lista de vida, definir qué desean hacer. Algunas de las cosas son para la familia, y otras son individuales. La propuesta es revisar esta lista todos los años, y cada fin de año ver si hay algo que está en ella que haya cambiado porque, en definitiva, la lista debe estar en función de la familia, y no la familia en función de la lista.

En la sesión de despedida que tuve con ellos, cerramos este análisis con una hermosa reflexión de Elmer: "Mi vida entera se puede resumir en una frase: *Nada salió como lo había planeado y así está bien*".

Al día de hoy, Elmer y Lola viven en Argentina con sus hijas; él ya no trabaja en una compañía multinacional y entre los dos crearon su propia empresa.

EL CATALEJO

Depresión, exceso de pasado.
Ansiedad, exceso de futuro.
La felicidad suele detectarse entre los extremos.

¿**C**rees que tomarías decisiones distintas si tuvieras conocimiento de tu futuro? Si volviera el tiempo atrás, y el presente actual fuera tu futuro, ¿harías algo distinto con respecto a lo que ya hiciste? ¿Qué pasaría si te acercara una herramienta que te permitiera adelantate en el tiempo?

¿Te gustaría conocer el futuro? O bien, ¿a qué momento de tu historia desearías volver?

En muchas oportunidades, el paso del tiempo nos facilita entender situaciones que en el pasado no habíamos comprendido (producto de nuestro crecimiento y maduración). El tiempo siempre es un factor de crecimiento, inclusive cuando retrocedemos.

Si hoy te pusieras a pensar en aquel problema que tuviste hace cinco años, ese que te quitaba el sueño y te hacía doler la panza; si ahora te invitara a revisar aquel asunto, te pregunto: ¿lo vives con la misma angustia e intensidad con que lo viviste hace cinco años? Muy probablemente tu respuesta sea no o, al menos eso es lo esperable, ya que el tiempo nos aporta dos atributos: distancia y crecimiento.

La distancia es maravillosa, porque nos permite despegarnos de las emociones, nos saca de adentro del tema para depositarlo afuera. Entonces, genera una herramienta que conocemos como abstracción. Sin embargo, y solo te doy una pista de lo que viene, no hace falta tiempo para generar abstracción: podemos usarla sin necesidad de esperar.

El crecimiento nos vuelve más grandes, más capaces, más seguros, respecto a quienes éramos antes. Más, respecto a nosotros mismos.

Sucede algo similar con la cercanía o la lejanía relativa de los eventos. Por lo general, el problema que tiene un amigo, comparado con el nuestro, siempre parece ser más sencillo de solucionar. Es probable que a esto se deba la claridad con que observamos las situaciones cuando debemos dar un consejo a un compañero.

Comencemos a acercarnos a la idea estableciendo una premisa de cabecera: me refiero a la ya mencionada abstracción; ella nos da la posibilidad de tomar la distancia suficiente de las situaciones (como si fueran las de un amigo) para poder analizar y conocer los sucesos en sus contextos y no como una parte nuestra, facilitándonos un mayor acercamiento a la comprensión del pasado y a la predicción del futuro. Esta combinación de futuro, distancia y contexto es clave para emprender esta nueva travesía.

ENCUENTRO CON EL CATALEJO

Hora de ser piratas; emprendamos un viaje en barco.

Transportémonos en el tiempo hasta mediados del siglo XV. Imaginemos un viaje de piratas, en el cual el objetivo de cada navío es apoderarse de la mayor cantidad de tesoros y naves, dentro de un espacio de aguas internacionales sin ser atrapado por otros, sean piratas o militares. Estamos en medio del océano Atlántico comandando un barco pirata capaz de desarrollar una velocidad de 10 nudos (algo así como 18 km por hora), una velocidad más que envidiable para la época; ahora imaginémonos que nuestro marinero en la cima del palo mayor grita que hay un barco a la vista. Nuestro cuerpo dispara un torrente de adrenalina que expresa la emoción del encuentro; corremos a la parte más elevada del barco y logramos distinguir un punto sobre la inmensidad del océano un poco más acá de la línea del horizonte. Damos las primeras indicaciones y la tripulación alista el barco para avanzar a toda velocidad hacia nuestro objetivo.

¿Qué hay más adelante? Sin otro instrumento, en media hora podremos distinguir de qué se trata nuestro punto en el océano, pero también sabemos que la información guardada en ese futuro próximo es vital para delinear nuestras acciones, dado que estamos navegando a máxima velocidad hacia algo desconocido, y nos preguntamos: ¿es un barco de carga u otra nave pirata? Cualquiera de estos dos escenarios supone planes muy distintos; por eso se hace crucial la presencia de nuestro pequeño amigo, el catalejo.

El catalejo nos permitirá viajar treinta minutos en el tiempo y entender qué nos depara la carrera emprendida hacia nuestro objetivo. Al observar a través de su lente vemos que se trata de un galeón español de carga, del cual sabemos que desarrolla una velocidad crucero de siete nudos; estos datos nos permiten componer un escenario sobre la cantidad de tripulantes necesarios para operar estas naves y el armamento que suelen llevar.

Mientras utilizamos el catalejo nos damos cuenta de que, si bien es una herramienta adecuada para ver el futuro, nos imposibilita ver el presente; el primer aprendizaje será que no podemos ver al mismo tiempo el presente y el futuro, se deben ver por separado para luego ser integrados. Parece algo obvio; sin embargo, en la práctica no lo es.

El catalejo nos permite ver de cerca objetos lejanos y adelantarnos al futuro, pero no nos deja ver de lejos objetos cercanos. Con lo cual, los modelos de visualización de cerca y de lejos jamás serán los mismos y debemos aprender a usar las herramientas internas de las que disponemos.

Aprender a alternar las vistas, los tiempos de las vistas y lo que implica el buen ejercicio de contemplar el futuro será nuestra tarea: esta es la función del catalejo.

El catalejo nos permite ver el futuro (proyección), sin estar en él (distancia), aunque viendo cómo sería (contexto). Esta combinación perfecta se llama abstracción. Un lugar exquisito para animarse a visitar, no para quedarse a habitar.

Por el contrario, el pasado (el recuerdo) también es un lugar recomendable para visitar y desde allí fortalecernos, aprender y crecer, pero tampoco para morar en él.

El lugar perfecto para habitar es nuestro interior íntegro, sobre todo íntegro; un interior desde el que podemos visitar el pasado sin sufrir, prever el futuro sin temor y vivir en el presente con ilusión.

Aprender a manejar el tiempo con la habilidad del catalejo es el desafío de este capítulo.

VISITAR EL PASADO

Algunas veces no reconocemos el valor de los momentos hasta que se transforman en recuerdos.

El poder del pasado, en ocasiones, puede ser más intenso que el valor que tuvo ese evento cuando era presente, y esto se debe a que –según dicen las investigaciones– nos gusta sentir nostalgia. Acudir a ella en momentos felices es un encuentro maravilloso, pero si nos vemos en circunstancias difíciles, los recuerdos nos conducen a una puerta que evitamos abrir.

Todo depende de la calidad de la relación que tengas con tu pasado; el grado de amistad con quien fuiste, con tu historia, no solo afecta a tu pasado, sino también a la integridad de tu presente. Pasemos a profundizar este tema.

Cuando nos ponemos nostálgicos, recordamos un pasado idealizado "en una combinación de muchos recuerdos diferentes, todos integrados, en cuyo proceso se han filtrado todas las emociones negativas", escribe el neurólogo y psiquiatra Alan R. Hirsch (2015).

Es decir, tendemos a olvidar con más facilidad lo negativo, quedándonos con los recuerdos positivos. Sin embargo, la memoria no es fidedigna, sino que se modifica todo el tiempo en relación con nuevos acontecimientos y de manera inconsciente, con el objetivo de que nos sea más provechosa para el futuro. La mente lleva adelante esta tarea rellenando espacios vacíos de nuestra memoria, haciendo lógico lo que no lo es, fantaseando con escenas que se hacen una verdad que no es del todo real. Por eso algunas veces nos preguntamos: "Esto que recordamos, ¿fue efectivamente así?". Durante encuentros con primos o hermanos intentamos reconstruir episodios de la historia familiar y es divertido escuchar recuerdos de los otros que para nosotros no son ciertos.

Un lugar habitual de refugio de la nostalgia es la niñez, ya que es un periodo de nuestra vida en que, por lo general, estuvimos más protegidos contra cualquier daño, y esto se debe a que estamos en una posición de mayor relajación, con menor registro de los riesgos y los problemas del contexto. Por esta razón, por ejemplo, es común que cuando pasan por momentos difíciles de salud o de otro tipo, las personas muy mayores recuerden a sus padres y pidan por ellos.

En síntesis, nos gusta sentirnos nostálgicos y estamos dispuestos a construir el recuerdo de un pasado que no es del todo cierto pero que nos es funcional.

El psicólogo Gordon H. Bowe (1973), realizó investigaciones sobre nuestra manera de almacenar y evocar los recuerdos según el estado de ánimo. Pidió a un conjunto de personas que memorizasen listas de palabras mientras se sentían en distintos estados de ánimo. Luego observó sus diferencias a la hora de recordarlas, también tomando en cuenta los diversos estados de ánimo en que se encontraban.

De esta manera encontró una tendencia a recordar con mayor facilidad los elementos memorizados en un estado de ánimo semejante al que tenemos en el momento de evocarlos. Estando tristes, evocaremos más fácilmente ideas o vivencias que se guardaron en la memoria estando nosotros tristes, y lo mismo pasa con otros estados de ánimo.

Por esta razón hay momentos en los que se hace más doloroso acudir a los recuerdos de nuestra historia. La única solución para esto será evocarlos y reconciliarnos con ellos pues, cuando recordamos algo, modificamos su almacenamiento en nuestro recuerdo. Es como si se editara la información (el hipocampo, la parte del cerebro encargada de esta labor de edición, utiliza la información reciente para cambiar las imágenes del pasado).

Del mismo modo, nuestro estado de ánimo afectará en el momento de seleccionar qué es lo que guardamos en la memoria: cuál es aquella información que será más importante para su posterior recuperación. Así, estando de buen humor, prestaremos más atención a las cosas que valoramos como positivas, y serán estos recuerdos los que más fácilmente se evoquen después. Bower llamó a este fenómeno "procesamiento congruente con el estado de ánimo" (*mood-congruent processing*).

Sin embargo, hay un dato extra que hace aún más poderoso al pasado, ya que este potencia el pronóstico del futuro. Esto se debe a que el cerebro utiliza las mismas áreas para imaginar el futuro que para reconstruir el pasado: el cerebro activa el hipocampo y el lóbulo temporal medial para todos los viajes mentales en el tiempo, tanto para cuando recordamos el pasado como cuando imaginamos el futuro. Las personas con enfermedades que les afectan la memoria tienen fallos semejantes en ambas direcciones. Podríamos decir que quienes no pueden recordar el pasado están condenados a vivir sin imaginar el futuro.

VISITAR EL FUTURO

Planeamos vacaciones, nuevos proyectos, un nuevo trabajo, una sorpresa para un amigo, encuentros, momentos que esperamos y, cuando lo hacemos, fantaseamos con lo que realmente va a suceder y hasta imaginamos cómo vamos a reaccionar y qué vamos a sentir. Permanentemente estamos navegando en el futuro, y en función de este futuro por el que navegamos, ya sea de manera consciente o inconsciente, modelamos nuestro presente.

Por ejemplo, en abril nos ponemos a pensar en unas posibles próximas vacaciones, y empezamos a imaginar lugares, investigamos en internet precios, posibles destinos, visualizamos en este juego momentos en la playa (momentos que se construyen claramente con recuerdos e imágenes del pasado), y entonces nuestra mente traza un plan para poder alcanzar este objetivo.

De esta manera siempre tenemos el poder de influir en lo que va a pasar, pues, al imaginar, ponemos una meta a nuestra mente.

Si nuestra mente "se ve allí", le resultará fácil encontrar el camino para conseguirlo, ya que de manera incesante, noche y día, buscará la forma de lograrlo, y es seguro que lo hará, sin que importe el tiempo que nos demande, puesto que el camino de búsqueda para llegar hasta allí ya merecerá la pena.

Por esta razón, visitar el futuro es casi un deber más que una opción. Pues sin imaginar nuestro futuro tendremos pasos inconsistentes; en cambio, con una visualización clara, podremos trazar un camino hacia nuestro futuro deseado.

Imaginar el futuro es importante, pues en él proyectamos nuestros deseos, nuestras ilusiones. Y tener la capacidad de soñar es el motor de nuestras acciones.

Una buena herramienta para alcanzar la visualización del futuro ya la desarrollaremos más adelante: la capacidad de abstracción; quienes desarrollan esta capacidad pueden ser arquitectos de su propia vida, ubicando los eventos del pasado y los proyectos del futuro en los casilleros que den mayor equilibrio a la estructura interior.

La abstracción puede ganarse con el tiempo o bien generarse con un buen manejo de las emociones. En el primer caso, sirve para comprender parte de nuestra historia o un evento que no supimos conceptualizar; en el segundo caso, para gestionar con integridad nuestro presente.

Sin embargo, como todo exceso, vivir en el futuro tampoco es bueno. Una rica torta se hace con medidas justas de cada ingrediente, nunca con abuso de ninguno de ellos. Lo mismo sucede con nuestra vida: una vida rica se hace con medidas justas de los condimentos que tenemos, sin exagerar ninguno de ellos.

EL EXQUISITO DESORDEN DEL TIEMPO

Estamos acostumbrados a visualizar el pasado atrás (izquierda), el presente en el centro y el futuro hacia adelante (derecha), como una línea temporal que indica que lo que pasó quedó atrás, que lo que vendrá está adelante y que el presente es un instante en el que estamos parados. Te cuento que esto no es así, para nada es así. A nuestros órdenes temporales me gusta graficarlos como el garabato de un niño; todo mezclado, yendo y viniendo la cuerda de atrás hacia adelante, entrelazándose y mezclándose de adentro hacia afuera, de un lado hacia el otro, de arriba hacia abajo y de abajo hacia arriba.

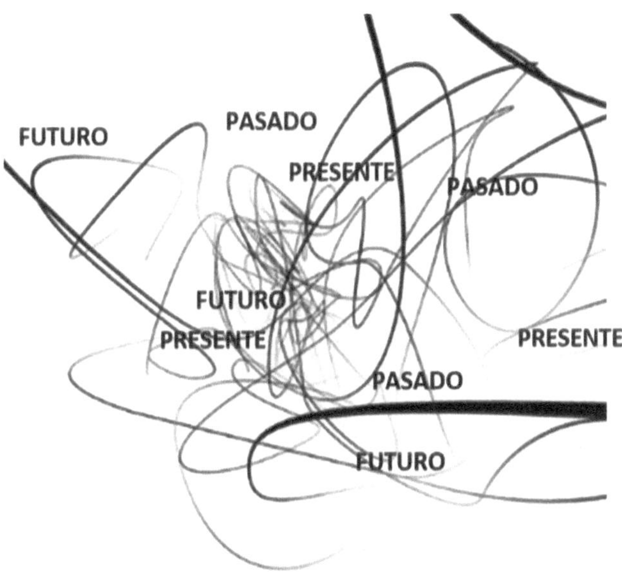

El orden de los eventos se alterna en futuros, presentes y pasados que conviven. Un futuro que se hace presente y se transforma en pasado, alimenta a un futuro lejano, que requiere de un futuro cercano que se transforme rápidamente en pasado para darle pista. ¡Claramente es más parecido a un garabato que a una línea recta!

Pasado, presente y futuro conviven y así lo hacen todo el tiempo para que tengamos una vida rica en experiencias, posibilidades y gestión.

Los expertos en el tiempo tienen muy claro esto y pueden hacer maravillas con su proyecto de vida; pueden alcanzar metas que parecen imposibles, superar dolores fuertes del pasado y vivir momentos maravillosos en su sumatoria de presentes.

ABSTRAERME A LIBRE DEMANDA

La distancia es maravillosa, porque nos permite despegarnos de las emociones, nos saca de adentro del tema para depositarnos afuera. No obstante, debemos cuidarnos de los abusos, porque vivir sin emociones es algo muy complicado; la grandeza de este aprendizaje es saber manejar el tiempo. Saber cuándo ir al futuro, cuándo visitar el pasado, cuándo sentir el presente, saber alejarse, saber acercarse, saber sentir, saber pensar.

La abstracción es la capacidad de separar en la mente las características de un objeto o un hecho, dejando de prestar atención al mundo sensible para enfocarse solo en el pensamiento. En síntesis, la capacidad de abstracción consiste en aislar las emociones del presente para entender qué sucede más allá de lo que sentimos.

Poder acceder a la abstracción a libre demanda (o sea, cuando queremos) es una habilidad que te permitirá "ser catalejo", y ganar tiempo, pues podrás elegir cuándo ver un tema como lo verías dentro de muchos años, y entonces, viendo el presente existente desde el futuro inexistente, tener más claridad para entender qué tan grave es lo que sucede, qué soluciones tenemos a nuestro alcance y cómo relativizar el tema.

TÉCNICAS PARA LOGRAR LA ABSTRACCIÓN DEL AQUÍ Y AHORA

Estas herramientas son útiles para relativizar un tema que te produce preocupación, interés, angustia o euforia y calibrarlos en su justa magnitud.

- Contarse el cuento.
- Kilómetros.
- Mucho ruido.

Contarse el cuento

Generalmente, cuando vemos la vida como si fuera de otro, los problemas parecen más pequeños, porque en ellos no hay emociones, sino eventos que pueden verse como si se tratara de una película. Por esta razón muchas veces acudo o bien invito a acudir a otros a lo que llamo "contarse el cuento" como si fuéramos "un amigo".

Es simple, hay que trasladar toda la historia, con los personajes incluidos, narrarla y verla como si le pasara a fulano. Es esencial que ese fulano no sea intangible (o sea simplemente otro) sino que sea alguien con un nombre propio.

Hace poco hice este ejercicio con Margarita, que se sentía agotada porque la rutina la agobiaba, el trabajo, los chicos, las dificultades económicas para cumplir los gastos, la demanda de su marido que la extrañaba porque exhausta caía dormida a las 9 de la noche todos los días. Margarita era un rollo de emociones que, al sentir tanta tristeza, estaba dentro de un laberinto sin salida.

Pudimos entonces hacer el juego juntas, la invité a "contarse el cuento". Entonces visualizó toda esta historia en su amiga Lorena y cuando le pedí que me dijera quién es Lorena y luego sus problemas, me contó algo así; Lorena es madre de dos hermosos hijos, Felipe y Santiago; tiene un matrimonio de muchos años, sólido y feliz, aunque un poco golpeado por la rutina y los roces diarios. Lorena ama su trabajo, es maestra, y cuando entra en el aula y se conecta con los chicos se llena de alegría, aunque a veces está un poco cansada del ruido, porque como tiene mucho ruido adentro, el de afuera la aturde. Si bien tiene lo que siempre soñó, Lorena está muy preocupada por los gastos, por el temor a no poder cubrir a fin de mes las cuotas pendientes y, sobre todo, ¡¡tiene mucho sueño!! Hace muchos meses que no puede dormir bien de noche y entonces de día está agotada.

Cuando Margarita terminó de presentarse por medio de Lorena, le pregunté: ¿Lorena disfruta todo lo lindo que tiene o solo se ve agobiada por la parte incómoda de su vida?

La invité a darse cuenta de cómo, algunas veces, agobiados por los problemas y los disgustos, damos más valor a lo malo que a lo bueno y entonces dedicamos más horas a quejarnos que a disfrutar.

Algo paradigmático sucede cuando nos "contamos el cuento" y es que al describir quién es o qué le pasa al otro, completamos la historia con todo lo bueno que tiene esa persona, no solo los pesares. Cuando narramos la historia en primera persona los problemas son más visibles, ya que siempre incluimos más emociones que cuando la vemos desde afuera.

Cuéntate el cuento de aquello que te aqueja, de lo que no te gusta; date el consejo que le darías a un amigo y seguramente lograrás la abstracción del evento que este realmente merece.

Kilómetros

Viajar, hacer kilómetros físicamente, indefectiblemente nos traslada a una gran distancia de nuestra realidad mental. Es bueno ver cómo pasan los kilómetros y por esta razón los viajes en automóvil son tan maravillosos, porque en la medida que viajamos y nos alejamos de nuestro punto (hogar), nos alejamos también de nuestra realidad (emociones situacionales) y empezamos a navegar en la inmensidad de los niveles de nuestra historia.

Cuando viajamos dejamos de lado nuestro día a día, y eso puede ayudarnos a completar nuestra perspectiva de quiénes somos y qué queremos exactamente en nuestra vida (abstracción).

Mucho ruido

Cuando tenemos mucho ruido adentro (de la cabeza), no podemos alcanzar estados de conexión, abstracción u objetividad similares a los logrados en aquellos momentos en que estamos más libres de ruido. Al "aturdirnos" con el sonido de la rutina, de los problemas, de las emociones, nos cuesta más alejarnos del aquí y ahora; es como si ese ruido fuera una enredadera que nos atrapa y no nos deja salir. Por eso y aunque parezca extraño, para algunas personas, para apagar el ruido interior les ayuda subir el ruido exterior. Que haya más ruido afuera que adentro les permite focalizar mejor en las propias ideas, pues el contraste con el entorno en lugar de ser perjudicial les es favorable. Uno de los lugares donde resulta más fácil aislarse de emociones y del aquí y ahora es por ejemplo el subterráneo, también el local de comidas rápidas, allí donde el ruido anónimo y los empujones no nos conciernen directamente.

Claro que esto no aplica a todos, cada uno en su proceso de conocimiento irá encontrando herramientas; por ejemplo, las personas llamadas PAS (personas de alta sensibilidad), justamente huyen a estas técnicas, porque el ruido exterior las aturde aún más y entonces necesitan aislarse.

LA INTEGRIDAD DEL PRESENTE

Un presente en paz tiene armonía con el pasado (no por tener un historial de momentos gratos sino por tener aceptación de todo lo sucedido) e ilusión con el futuro.

Quienes pueden ir al pasado sin salir heridos, y visitar el futuro sin tener temor, viven en general un presente íntegro, un presente feliz.

En mayor o menor medida, en algún momento todos nos hemos quedado atrapados en un tiempo inexistente. Por ejemplo, cuando estamos trabajando y fantaseamos con las próximas vacaciones o cuando estamos en vacaciones y recordamos un relación rota de nuestro pasado que nos angustia. También suele pasar cuando decidimos ver una película o manejamos en automático pero, en vez de disfrutar el momento, nos *colgamos* a pensar en un tema complejo y de golpe volvemos a la realidad sin saber qué pasó en la película o cómo llegamos a determinado lugar sin registrar el recorrido que hicimos.

Las invitaciones al pasado y al futuro tienen que ser genuinas. Debemos ir al pasado para:

- Encontrar paz recordando un hermoso recuerdo.
- Buscar un aprendizaje sobre algo que ya nos tocó vivir.
- Resolver un problema pendiente.
- Buscar un sentimiento que hemos perdido.
- Reencontrarnos con alguien que ya no está.
- Recontarnos nuestra historia y reconstruirla.

Debemos ir al futuro para:

- Soñar.
- Imaginar proyectos: vacaciones, nuevos negocios, innovaciones.
- Visualizar nuestros deseos.
- Practicar conversaciones.
- Ensayar posibilidades.

En cambio, cuando llenamos el presente con culpas y remordimientos provenientes del pasado, o cuando combinamos el presente con la incertidumbre y las preocupaciones del futuro, en general nos llenamos de angustia, ansiedad e insatisfacción.

El presente se vuelve maravilloso cuando podemos movernos en el tiempo con esta habilidad, con decisión, con inteligencia. Así, el presente se vuelve un mágico lugar para permanecer y transcurrir porque reúne a quienes fuimos con quienes seremos. Quienes pudimos ser y quienes queremos ser.

ABSTRACCIÓN Y OBJETIVIDAD: PARA SEPARAR LAS EMOCIONES

La capacidad de ser más objetivos, aunque no logremos serlo plenamente, es una habilidad de gran importancia en nuestros vínculos sociales y en nuestro desempeño profesional, ya que nos permite salirnos de nosotros para observar las mismas situaciones y la realidad de la manera en que lo hacen quienes nos rodean o la mayor parte de los involucrados.

La objetividad es la cualidad perteneciente o relativa al objeto en sí mismo, con independencia de la manera de pensar o de sentir (o de las condiciones de observación) que pueda tener cualquier sujeto que lo observe o considere.

La subjetividad es la propiedad de las percepciones, de los argumentos y del lenguaje basados en el punto de vista del sujeto, y por tanto influidos por sus intereses y deseos particulares. La propiedad opuesta es la objetividad, que se basa en un punto de vista intersubjetivo, no prejuiciado, verificable por diferentes sujetos.

Desde el punto de vista sociológico, la subjetividad se refiere al campo de acción y representación de los sujetos siempre condicionados por circunstancias personales, emocionales, históricas, políticas, culturales, etc.

Podemos reducir entonces el concepto de objetividad a la mirada puesta desde el objeto y el de subjetividad a la mirada desde el sujeto.

Pasemos a un ejemplo: imaginemos una rosa roja y pensemos cuáles podrían ser las miradas sobre ella desde estas dos perspectivas: una mujer que acostumbraba recibir rosas rojas de su marido en cada uno de sus aniversarios y este es el primer año que no las recibe, tendrá una mirada muy distinta sobre el objeto de la que pueda tener un florista; si bien ambas serán "miradas subjetivas" serán completamente distintas del mismo objeto.

Existirán miradas desde la subjetividad que serán intrascendentes para nuestros vínculos sociales y serán trascendentes para nuestra comprensión de la realidad o de la visión que tenemos. También existirán miradas desde la subjetividad que serán trascendentales socialmente, afectando los posibles acuerdos con otros o las decisiones que tomemos.

La funcionalidad del catalejo es ayudarte a lograr miradas múltiples sobre una situación y que ellas te permitan componer conceptos más amplios y diversos. Por ejemplo, la mujer que ese año no recibió su rosa, quizá se angustie (desde su subjetividad), pero con su propia mirada objetiva, o en diálogo con una amiga o alguien cercano, podrá comprender que el cambio se debe a una razón sólida y así aliviar su sufrimiento ante el evento, tratando de descubrir qué ha sucedido.

MIRADAS DE LA VIDA EN 1D, 2D Y 3D

Si bien la objetividad total es inalcanzable, podemos decir que es abordable desde lo que denomino una mirada 3D de la vida.

Partamos del concepto 1D (una dimensión) que es la subjetividad en su estado más profundo, es la mirada desde lo que me sucede ahora. La más parecida a la de los niños, que quieren algo y lo quieren ya, que no pueden ver que pasan cosas más allá de lo que sienten.

Por lo general todos tenemos momentos de subjetividad 1D y está bien que así sea; el problema surge cuando la mirada 1D se torna habitual o inoportuna.

Cuando Benja, mi sobrino de tres años, llora cuando no gana, y se enoja cuando en tele no se puede ver lo que quiere, y patalea cuando le dicen que NO, está operando en mirada 1D, algo esperable, ya que sus impulsos e instintos están a flor de piel; no existe el control, el registro del otro con sus necesidades. Con el adulto algunas veces pasa esto, por ejemplo, cuando lloramos, nos enojamos, elegimos ignorar a alguien porque estamos disgustados. Me parece una respuesta válida, siempre y cuando se aplique de manera oportuna.

La mirada 1D no se limita a circunstancias dolorosas; también se da cuando nos cerramos en una idea, y vamos ciegos contra un objetivo que ya ni sabemos por qué lo queremos. Cuando no podemos ver otra cosa que a nosotros mismos y nuestro deseo. Esto, por ejemplo, le pasó a Carlos, que se peleó con su hija porque ella lo increpó frente a una falta que su padre había cometido. Enojado por haber sido juzgado, el hombre no pudo escuchar y se limitó a enojarse (como mecanismo de defensa para no responder al juicio), situación que se extendió por meses.

La mirada 2D aparece cuando aprendemos a complementar nuestro punto de vista con otros puntos de vista. Señalamos tres posibilidades:

- **2D hermano**. Para referir como complementos de opinión al sistema de pares en un tema: ejemplo, colegas, amigos, hermanos, etc.

- **2D hijo**. Como complemento de mirada al sistema de sucesores: ejemplo, empleados, hijos, generaciones menores que tengan una visión producto del cambio generacional, niños, etc.
- **2D padre**. Como consejeros u referentes de opinión al sistema de adultos o superiores: padres, jefes, personas de una generación mayor que nos permitan entender desde la experiencia, la maduración, la edad.

Abordar cualquier situación agregando miradas, sumará nuevas subjetividades al pensamiento, que en conjunto podrán integrar un pensamiento común.

Las personas inteligentes operan con distancia (catalejo) y para hacerlo necesitan cobrar dimensión. El dimensionamiento algunas veces se produce cobrando abstracción y otras convocando la mirada de diferentes personas, lo que nos permite ampliar la mirada más allá de nuestro punto de vista. El manejo de todas estas dimensiones es el 3D.

¿POR QUÉ ES IMPORTANTE SABER MANEJAR NUESTRO PASADO Y NUESTRO FUTURO?

Cuando alguien no está bien consigo mismo, es imposible que esté bien con el resto; en cambio, cuando alguien está en su sano equilibrio, tenderá a generar relaciones más saludables con su entorno, podrá ayudar, sumar valor e inclusive esto será visto por todos.

Es habitual la frase: "Desde que está en pareja, está radiante" y nada de esto indica que estar solo no genere la misma sensación, ya que muchas veces también hemos de escuchar: "Desde que se separó, está radiante". Todo tiene que ver con su sano equilibrio. Ninguna condición implica un resultado determinado, sino que existen los "*matchings*", las combinaciones adecuadas que no para todos son las mismas, al igual que tampoco son las mismas para una persona a lo largo del tiempo. Hoy quizás necesito algo que antes no necesité o que en el futuro tampoco necesitaré. Esto se debe a que afortunadamente cambiamos todo el tiempo.

Es por esa razón que nadie que no esté bien consigo (conciliado con su pasado o conectado con su futuro) podrá generar relaciones positivas, pues tendrá prejuicios, miedos, angustias, frustraciones, autoconversaciones que lo condicionarán en su naturalidad y, en consecuencia, en la fluidez del vínculo.

¿Cómo una mujer que aún no tiene resuelto el divorcio con su ex podrá dar buenos consejos a su hija adolescente que se pelea con el novio? ¿Cómo un hombre con miedos del futuro podrá dar buenos consejos a un amigo que quiere independizarse?

Estar bien puede ser un motor para uno mismo o para los otros. Lo cierto es que, cualquiera que sea el motor, es una tarea indispensable.

Para esto es importante amigarse con uno mismo, aceptar que el pasado tendrá fisuras, que debemos aceptarlas (lo cual no quiere decir ni comulgarlas, ni taparlas, sino solo asumirlas), debemos tener plena consciencia de nuestras fallas (sin castigos), de nuestros aciertos (sin vergüenza), de nuestras oportunidades (con orgullo) y de nuestras debilidades (sin prejuicio).

Ya lo decía mi abuela, una mujer sabia: "Disculpa que no cumpla tus expectativas, pero en este momento estoy cumpliendo con las mías". Y claro está que no conozco a ningún ser querido que haya salido dañado por tener a su lado a alguien seguro.

CASO DE COACHING: ¿ROMEO ES FELIZ?

Romeo, con sus cuarenta y cinco años recién cumplidos, el mayor de tres hermanos, vivía una vida de éxitos profesionales pero de muy poco disfrute. Era trabajador, inteligente, responsable, habilidoso, cariñoso, buen padre, buen amigo, leal a sus convicciones, tenía proyectos, pero todo esto se opacaba a la vista de todos por una sola razón: Romeo no era feliz.

Para quienes lo veían desde afuera, lo que le sucedía era incomprensible: había partido de una clase social baja, con escasos recursos, y había logrado montar su propia empresa, negocios que garantizaban su bienestar y seguramente el de sus hijos; estaba casado con la mujer de sus sueños, por la cual había luchado muchos años y pese a los tropiezos propios de la vida llevaban juntos veinticinco años. Tenía dos hijos, sanos, inteligentes, cariñosos, que para él eran su mejor creación. Sin embargo, teniendo (como dice el dicho): salud, dinero y amor, Romeo no era feliz.

¿Cómo sabíamos que no era feliz? Porque sus momentos de risas eran muchos menos que sus momentos de quejas, porque estaba peleado con muchas personas (y aunque uno sea un guerrero de la vida a nadie le gusta que no lo quieran), porque le gustaba más mirar desde afuera que participar en cualquier evento de diversión, porque había temas que cuando surgían él prefería irse a quedarse, porque escucharlos le activaban la tristeza.

Lo que nadie sabía es que, para Romeo, visitar el pasado era un mundo temible, no porque le hubiera pasado nada muy grave, sino porque para él era un mundo oscuro, y entonces, tan solo acercarse a esas sensaciones lo volvían loco de angustia, y se llenaba de culpas, resquemores, celos. Lamentablemente, quien no puede visitar su pasado con armonía, tampoco puede construir su futuro con certeza y muchos menos habitar el presente con felicidad.

Romeo tenía muchos asuntos no resueltos con su madre y con la mirada de su padre hacia él; había sido jefe de familia en la casa en la que realmente era hijo, y esto nunca había sido explicitado; entonces, vivía en un híbrido de emociones: era padre de sus hermanos en un rol técnico, pero hermano en un rol emocional y hasta quizás hijo único en su deseo más íntimo.

Producto de esto, Romeo tenía una relación terrible con su madre (a quien íntimamente culpaba de todos sus males), una relación muy tímida con su padre (ya que en su interior sentía culpa por su comportamiento), una relación de competencia con sus hermanos (en ese juego eterno por ser validado en un rol que nadie legitimaba) y de mucha distancia con la sociedad, porque aislarse es protegerse; quien poco se expone se siente más protegido.

Los años pasaban y Romeo cada vez se fortalecía más en su castillo, pues era su lugar más seguro; entonces desde afuera era visto como un ogro solitario y por dentro era más frágil que nunca, pues cuanto más grande es la coraza, más doloroso es lo que se guarda adentro.

El tamaño del futuro de Romeo era pequeño, había mucho ruido en su interior y nadie en esas condiciones logra usar la abstracción ni puede imaginar su futuro.

Transcurrieron muchos años en este fortalecimiento del castillo mental de Romeo, quizás veinte, porque el tema empezó como empieza todo lo que se hace grande, un día tímidamente, pasando desapercibido. Pero cuando se convierte en una fortaleza, se requiere de mayor fuerza para derribarla.

Romeo nunca acudió a buscar ayuda externa, de alguien que lo acompañara a entrar en este pasado tomado de la mano, porque cuando hace mucho que no visitamos un lugar, la mejor forma de visitarlo es acompañados.

El día que Romeo rompió su coraza fue por un gran golpe, por la enfermedad de su mamá, y cuando la coraza se abre contra la propia voluntad, sin decidirlo, el dolor es muy intenso.

La mamá de Romeo enfermó y entonces él pudo hacer el primer contacto con el presente y el futuro, pues se dio cuenta de que el porvenir era finito, y si bien no podía tener una mirada de amplio alcance temporal (de la cual gozaba aunque no utilizaba), la consciencia de finitud le permitió conectar los tres tiempos: su pasado herido, su presente desperdiciado y su futuro amenazante.

Te puedo contar solo un poco cómo sigue esta historia, porque al día de hoy continúa en proceso de transformación.

Romeo se encontró con el dolor necesario de su pasado, que lo hizo entender, pensar, recordar y reescribir lo que lo acosaba. Sobre esa base pudo soltar la rienda y relajarse porque descubrió que no era tan doloroso como imaginaba; entonces pudo empezar a imaginar otra vez el futuro que había abandonado, llenándolo de momentos con la gente que más quiere, llenándolo de planes para recuperar los tiempos perdidos, llenándolo de ilusiones para compartir su experiencia con sus hijos.

UN REGALO ANTES DE TERMINAR

Cuando mi hija, Delfi, tenía 8 años hacíamos un juego muy divertido; si ella se enojaba con alguien, o estaba cansada o triste, mirábamos al cielo y buscábamos formas en las nubes. Era un juego tan maravilloso. Al principio (cuando estaba molesta), Delfi veía en las nubes cosas increíblemente insólitas: tiburones comiéndose personas, leones enojados, ladrones, todas cosas relacionadas con lo negativo y oscuro.

Luego de hacer este ejercicio durante un rato, Delfi empezaba a sentirse mejor, y en donde antes veía un tiburón asesino, empezaba a ver un unicornio feliz. Claramente esto se debía a su procesamiento de emociones a través de la libre expresión. Mediante este juego podía exteriorizar lo que sentía y de ese modo convertirlo en algo que ya no le hacía daño.

¿Por qué? Pues porque cuando procesamos las emociones, –les damos un ordenamiento, un lugar, un entendimiento– este proceso permite liberarnos de ellas. Cuando una emoción queda reprimida (guardada) estará tratando de asociarse a todo lo que nos suceda y entonces hará ruido en nuestra cabeza impidiéndonos ser libres de su existencia.

Debemos hacer tangibles las emociones, debemos expresarlas. Hay muchas formas de hacerlo: mediante el arte, la música, la literatura, el deporte, el diálogo, la escritura... Cada uno tiene su secreto, y todos están bien. Porque no se trata de qué hagamos precisamente, sino de convertirlas en algo que las conecte con el exterior.

Si algo te duele, te enoja, no lo comprendes, o te inquieta, no te lo quedes adentro, porque así –lejos de anularse– se hará más grande, lastimando tu cuerpo.

Las emociones que no decimos, las tragamos; con la mala suerte de que el sistema digestivo puede digerir casi cualquier alimento, pero no emociones, no fue preparado para eso. Por esta razón, las cosas que nos duelen se alojan en alguna parte del cuerpo y de ahí emergen todas esas enfermedades que sin explicación alguna nos abordan.

Claro que hay emociones que requieren de acompañamiento más complejo (un terapeuta), pero el resto (las cotidianas) solo necesitan no hacer *efecto pila*, no guardarse dentro esperando que desaparezcan.

Estamos llenos de herramientas a nuestro alcance, herramientas que pueden transformar nuestras emociones en evolución personal, y este es mi regalo para terminar el libro, una pequeña guía que te ayudará a saber qué hacer según la emoción que te lidere:

CINCO BUENOS CONSEJOS

Angustia:

Si tienes un problema que te angustia y no le puedes encontrar solución, ¡camina!, ¡camina muy lejos! ¿Por qué? Porque he descubierto con los años que los pasos que damos con el cuerpo se replican en la mente y entonces así, y solo así, podremos alejarnos de las emociones que nos angustian y nublan la claridad para resolver el problema.

La abstracción es una parte esencial en la resolución de problemas, porque cuando nos alejamos de una situación podemos entonces verla de afuera, lo que trae aparejado la oportunidad de análisis con mayor (y digo mayor, no absoluta) objetividad.

¿Viste que los problemas de "otros" siempre parecen más sencillos de resolver que los propios? Todos tenemos un consejo para dar sobre qué puede hacer otra persona, pero quizás se hace más difícil cuando el problema es propio. Bien, esto se debe a la interferencia emocional que tenemos en nuestra propia historia. Al alejarnos, ganamos distancia emocional.

Por eso me encanta viajar en la ruta, hacer muchos kilómetros sintiendo cada uno de ellos…, porque con la distancia física, gano distancia emocional y entonces puedo ver la misma vida pero con otra sensación.

De aquí la enseñanza de que nadie que vuelve de un viaje vuelve a ser la misma persona, pues volver a la vida de siempre, pero con otra mirada, cambia la forma de ver la vida y, en consecuencia, cambia las oportunidades.

Estrés:

Si tienes estrés, ordena algo. Cuanto mayor sea el estrés, que más grande sea el orden. Ordenar lo que hay afuera ayuda a ordenar lo que tenemos adentro.

Las acciones que hacemos nos afectan internamente aunque no nos demos cuenta. El cerebro entra en procesos mentales para "hacer algo" y replica esos mismos procesos mentales "para analizar algo".

De aquí que muchas personas no puedan, por ejemplo, concentrarse cuando hay desorden afuera. Entonces, para poder estudiar, necesitan primero ordenar la mesa.

Suena ridículo, ¿qué tendría que ver la mesa con la incorporación o interpretación de nuevo conocimiento? Pues bien, van bastante asociados y son atajos que tenemos para ordenarnos cuando el desorden nos habita.

Enojo:

Si sientes enojo, llama a una persona con la que no hablas hace mucho tiempo. Pero, ¡cuidado con esto! No se trata de llamar a ese amigo con el que hablamos una vez por semana, sino a alguien que llevamos quizás meses o años sin hablar. Siempre hay en la agenda alguien que pueda ser sorprendido con nuestro llamado. Un ex compañero de trabajo, de colegio, un viejo vecino, etc. ¿Por qué? Pues nada tan productivo como cambiar las variables y agregar historias nuevas para salirse de las emociones presentes.

Cuando hablamos con las personas de siempre damos mucha información por sentada, las conversaciones suelen estar viciadas por el ritmo y los roles de la relación.

Sin embargo, cuando hablamos con alguien que no vemos hace mucho, la conversación "amable" de la falta de confianza nos invitará a compartir cosas de nuestra vida amables (lindas) y a conectarnos con todo aquello que quizás no estamos viendo solos. Asimismo, la otra persona, agradecida por el llamado y su sorpresa, también nos contará cosas novedosas, distintas, lindas, que nos conectarán con un formato de pensamiento positivo y, en consecuencia, que nos relajará del enojo.

El enojo suele ser una expresión más explosiva, por eso, el principal consejo cuando este enojo, lejos de empujarte, te afecte, es desactivar la bomba. Y una buena forma de desactivarla es cambiando las variables.

Miedo:

Si sientes miedo, abraza por un buen rato a alguien que te quiera. El contacto físico nos da seguridad y esa seguridad nos hace más fuertes para enfrentarnos a los miedos que tenemos.

La duración media habitual de un abrazo entre dos personas es de tres segundos, pero los investigadores han descubierto algo fantástico: cuando un abrazo dura veinte segundos, se produce un efecto terapéutico sobre el cuerpo y la mente.

La razón es que un abrazo sincero produce una hormona llamada oxitocina, también conocida como la hormona del amor. Esta sustancia tiene muchos beneficios en nuestra salud física y mental, nos ayuda, entre otras cosas, a relajarnos, a sentirnos seguros y calmar nuestros temores y la ansiedad.

Este maravilloso tranquilizante se ofrece de forma gratuita cada vez que tenemos a una persona en nuestros brazos, que acunamos a un niño, que bailamos, que permanecemos en brazos de alguien, o que alguien permanece en los nuestros.

Tan solo veinte segundos de abrazo pueden cambiarte el día.

Tristeza:

Si estás triste, escucha la música que te gustaba en tu adolescencia. Esa música tiene un poder enorme, porque nos recuerda quienes éramos, quienes queríamos ser. Nos conecta con nuestra identidad, y contra la tristeza, nada mejor que empoderarse.

La adolescencia es una etapa fuerte de construcción de identidad, por esta razón la música que escuchábamos en esa época está asociada a esa construcción. Al conectarnos con su estímulo nos conectaremos con todos esos momentos que son un origen.

Cuando perdemos el rumbo, volver al origen es una buena forma de recuperarlo, porque necesitamos saber de dónde venimos para saber adónde vamos.

CONCLUSIÓN

Muchas veces me preguntan de dónde obtengo la seguridad para enfrentarme a las situaciones de la vida y mi respuesta siempre es la misma: la seguridad nace de la confianza que me dan mis herramientas, algunas de ellas son los mag-ins que estuvimos compartiendo en este libro.

La confianza de saber poner un límite que me proteja y que también proteja al otro; ese bendito límite que, lejos de poner frialdad a la relación, la salva y la eleva.

La confianza de negociar conociendo mis propios límites y los del otro. La confianza de tomar decisiones como protagonista de mi vida, reconociendo que puedo confundirme, errar o acertar, con la seguridad de saber que ningún resultado anulará mi propósito en la vida.

La confianza de conocer mis expectativas y depositarlas en los otros de manera realista y no pasional porque, al fin de cuentas, las personas estamos lejos de la perfección.

La confianza que me da moverme en los tiempos de mi vida (pasado, presente y futuro), sabiendo que todos son necesarios e importantes en mi vida.

La confianza de aceptar los problemas que me tocan y resolverlos, no escaparme, no ocultarlos, no evadirlos, porque, aunque los quite de mi radar, no se irán. La confianza de saber que voy a enfrentarlos.

La confianza de aceptar y promover el cambio, mi cambio, porque representa movimiento y el movimiento es vida.

La confianza de saber que cuento conmigo, como lo saben quienes me conocen, porque la responsabilidad y la valentía son la única garantía en tiempos difíciles, y en buenos momentos también.

Estos ocho mag-ins son el resumen de mi fórmula de vida, que construimos, juntos, Mariano y yo, con su guía y mi filosofía; hablándola y practicándola.

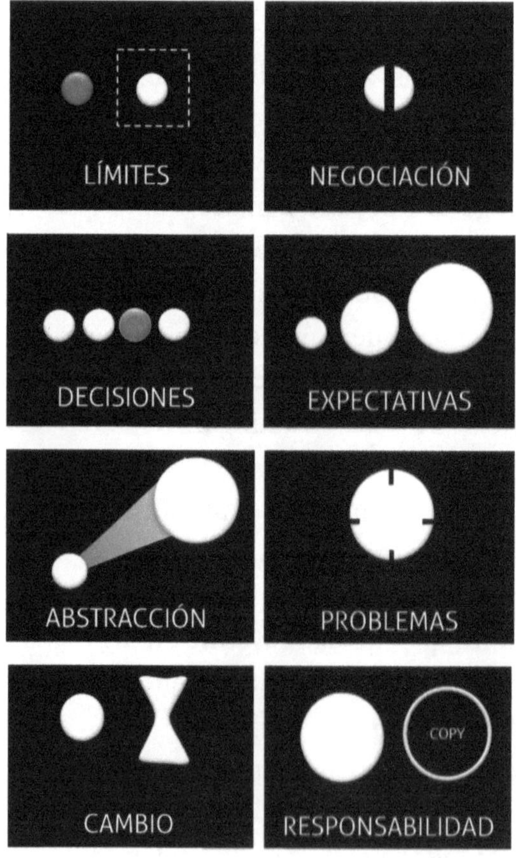

Todos tenemos la oportunidad de ser felices, de ser exitosos, de tener relaciones sanas y armar una vida que nos dé orgullo, y esa oportunidad no se presenta cada tanto: está todos los días frente a nosotros. Cuando somos sanos, construimos relaciones sanas; cuando somos honestos, construimos relaciones honestas; cuando somos libres, construimos relaciones libres. Es como una gran espiral, basta iniciarla para que se propague.

Por eso este libro es para mí un resumen muy especial, porque me permite extender el secreto de mi vida, y qué más lindo que ir caminando por el mundo encontrándonos con personas que vibran en la misma sintonía: la de ser felices.

Me encantó que hayamos compartido esta cita, porque como empezó este libro, una cita es un encuentro, y la vida, justamente, consiste en el arte del encuentro.

Sigamos en contacto, te leo en:
giselagilges@gmail.com

www.instagram.com/giselagilges

REFERENCIAS BIBLIOGRÁFICAS

BALCETIS, Emily (2014): "Wishful seeing", en *The Psychologist*.

BAUER, Patricia (2006): Artículo "Por qué no recordamos nuestros primeros años de vida". Universidad de Emory.

BERGER, Peter L. y Thomas Luckmann (2003): *La construcción social de la realidad*, Ed. Paidós.

BRAIDO, Pietro (1989): *La experiencia pedagógica de Don Bosco*. Ed. LAS, Roma.

CÁRDENAS ESPINOSA, Rubén Darío (Abril 2010): Artículo "*La física cuántica y el pensamiento humano*". Citado en eumed.net.

CIALDINI, Robert (1984): *Influence, the psychology of persuasion*. Harper Collins, 2009. Collins Business Essentials.

DAVIS, K. & Newstron, J. (1991): *Comportamiento Humano en el trabajo, Comportamiento Organizacional*. México: McGraw-Hill.

FREUD, Sigmund (1923-1925): Volumen 19: *El yo y el ello, y otras obras*. Buenos Aires: Ed. Amorrortu.

GAVIRA STEWART, Elena; Cuadrado Guirao, Isabel; López Sáez, Mercedes (2009) "*Introducción a la Psicología Social*". Ed: Sanz y Torres.

GIBBS, Michael (2011): *Negociación creativa, los 7 principios*. HAMMOND, John; Keeney, Ralph & Raiffa, Howard (1999): *Smart Choices:*

A Practical Guide to making better decisions, Harvard Business School Press, Boston, Massachusetts.

HARDIN, Russell (2007). *David Hume: Moral and Political Theorist.* Oxford, Oxford University Press.

HAYNESS, J. D. (2008): *Unconscious Determinants of Free Decisions in the Human Brain.* Ed. Natura Neuroscience.

HUME, David (2001): *A Treatise of Human Nature.* Oxford: Oxford University Press.

JAQUES, Elliot (2000): *La organización requerida.* Buenos Aires: Ed. Granica.

JESS A. Sampedro, Arnoldo A. Arana (2014*): Liderazgo Visionario: El arte de convertir la visión en realidad.* Ed. CreateSpace Independent Publishing Platform.

LARSSON, Rikard (2006): "El estilo de toma de decisiones del ejecutivo experimentado", publicado en marzo de 2006, revista *Harvard Business Review.*

LÓPEZ MORATALLA, Natalia y SUEIRO, Enrique (2008): Conferencia "Cerebro ético, atajo emocional ante dilemas".

MACKNIK, Susana; Sandra Martínez Conde (2012): *Los engaños de la mente.* Ed. Booket.

MATURANA, Humberto (2009): *La realidad ¿objetiva o construida? (i): Fundamentos biológicos del conocimiento.* Ed. Anthropos.

MELGOSA, Julián (1999): *Sin Estrés.* Ed. Safeliz, S.L.

MORGADO, Ignacio (2002): *Cómo percibimos el mundo. Una exploración de la mente y los sentidos.* Ed. Ariel.

MORIN, Amy (2016): *13 cosas que no hace la gente mentalmente fuerte*. Ed. Aguilar.

OWEN, Adrian (2017): *Into the Gray Zone: A Neuroscientist Explores the Border Between Life*. Ed. Reviews.

PEIRÓ, J. M. Salvador (1992): *Desencadenantes del Estrés Laboral* (1ª ed.). España: Editorial UDEMA S. A.

ROWE, G; HIRISH, J. B. y Anderson, A. K.: PNAS January 2, Edited by Edward E. Smith, Columbia University, New York, *Positive affect increases the breadth of attentional selection*.

RUBIA VILA, F. J. (2005): Conferencia en la Real Academia Nacional de Medicina, 24/05/2005.

TAJFEL H, M.G. Billig, R.P. Bundy & C. Flament C (1971): "Social Categorization and Intergroup Behavior". *European Journal of Social Psychology, 1(2)*, 149-178.

VIRGIN, Carola (Marzo 2011): "Neuronas espejo". Revista *Ohlala*.

Esperamos que este libro
haya sido de su agrado.
Para información o comentarios,
contáctenos en la dirección
que aparece debajo.

Muchas gracias.

HOJAS DEL SUR

www.hojasdelsur.com

/hojasdelsur